社会科における多文化教育

多様性・社会正義・公正を学ぶ

森茂岳雄、川﨑誠司、桐谷正信、青木香代子 [編著]

明石書店

Multicultural Education in Social Studies:
Teaching Diversity, Social Justice, and Equity

Takeo Morimo, Seiji kawasaki, Masanobu Kiritani, and Kayoko Aoki, Editors
Akashi Shoten Co., Ltd., 2019
ISBN978-4-7503-4859-9

まえがき

　今日の多文化社会の進展の中で、世界的に「多様性（diversity）」は社会のあり方を考えるキー概念になっている。イタリアのファッションメーカーのグッチは、2018年秋冬シーズンの商品として販売していたニット製品「バラクラバジャンパー（Balaclava Jumper）」のデザインが黒人に対して人種差別的だと物議を醸したことを受け、社内に多様性と包括性に関するディレクターのポジションを設置することを含む四つの方針を公式インスタグラムおよびツイッターに投稿した。また、アップルは、2019年にiPhoneの次期アップデートとなるiOS13で、肌の色の異なる同性愛カップルや、従来は肌の色のバリエーションがなかった同性愛カップルと子どもなど、性や人種の多様性に配慮した新作絵文字を多数利用可能にすることを発表した。

　このような多様性の実現に向けた取り組みや改革は、日本社会においても企業や公共機関、学校などで様々な取り組みが始められている。教育の分野における、この文化的多様性の理解と共生の実現にむけた取り組みが多文化教育（multicultural education）である。

　多文化教育とは、民族、宗教、言語、社会階層、ジェンダー、性的指向性、障がい、年齢など、多様な文化集団に属する人々に構造的な平等の達成、および集団間の共存・共生の実現をめざす教育理念であり、教育実践であり、教育改革運動である。学校教育に関して言えば、多様な文化集団の視点に立ったカリキュラムや教材の開発、文化的に多様な学習者の自己実現を支援する文化的に対応力のある授業（culturally responsive teaching）、学習者の文化的背景を考慮したカウンセリング、学習者の言語的多様性の尊重、すべての学習者の学力保障や多文化コンピテンシーの育成などなど、学校環境全体の改革が含まれる。

　そのような文化的多様性に配慮したトータルな学校環境の創造という多文化教育の実践の中で、本書では、特に学校教育のカリキュラムに設置された社会系教科に焦点を当て、それを支える理論の検討と具体的な実践の分析、提案を

行うものである。

　多文化教育は、アメリカでは1960年代の公民権運動を背景に、平等で公正な社会の実現をめざして始まったものであるが、授業実践においては文化の多様性や差異に焦点を当てた脱政治化された異文化理解学習が多く展開されてきた。このような異文化の表面的理解に終始する授業実践に対して、1990年代以降、批判的教育学や白人性研究の影響を受け、文化間の偏見や差別を軽減し、社会正義に立ったより平等で公正な社会の実現という多文化教育の本来の目的を志向した教育の理論と実践が模索され、それらを指して「社会正義のための教育（social justice education）」とも呼ばれている。そのため、近年の多文化教育では、「社会正義／公正」を志向する研究・実践が強調されてきている。

　社会正義は文化的多様性を支える重要な理念である。またその実現は民主主義国家がめざす理想であり、「グローバル化する国際社会に主体的に生きる平和で民主的な国家および社会の形成者」（「中学校学習指導要領　社会」2017年告示）の育成をめざす日本の社会科教育にとっても重要な課題である。日本における社会科教育に関する最大の研究団体である日本社会科教育学会においても、現在ダイバーシティ委員会が設置され、広範な調査や実践の検討を通して社会科における多様性への対応が検討されている。

　以上のような社会的背景の中で、本書の編集母体となった多文化教育研究会では、早い時期から多文化教育の意義に注目し、長年にわたって教科教育における多文化教育の研究を続けてきた。本書は、これまでの研究会の成果の中から、特に社会科における多文化教育の理論と実践に関する論考を集めて出版するものである。

　本書は、全4部、17章で構成される。第Ⅰ部では、本書への導入として、多文化教育とはどのような意義と課題を持った教育領域なのかを明らかにするために、多文化教育における歴史的・理論的展開およびその批判的検討、多文化教育において求められる資質・能力、さらに日本における多文化教育政策の展開についての論考を集めた。

　第Ⅱ部では、社会科において多文化教育の授業を開発したり実践したりする際の理論について論じている。特に、多文化教育の基底にある理念である「多様性」と「社会正義／公正」に焦点を当て、それらの視点からカリキュラム開発や実践が行われている北米の例に学んで、日本の社会科において多文化教育

を展開する場合の示唆について提案している。

第Ⅲ部では、社会系教科において「多様性」と「社会正義／公正」を扱った小学校、中学校、高等学校の多文化教育の実践事例を収録した。そこで取り上げられた題材は、戦争残留孤児・中国残留孤児、刺青、ピクトグラム、多文化共生都市政策、在日外国人、国籍法など、多岐にわたっている。

第Ⅳ部は、多文化教育の実践、研究が活発に行われているアメリカ合衆国とカナダの社会科における多文化教育の展開についての論考を集めた。各国・地域において社会科の内容領域が「多文化教育として」どう展開されているか、それが社会科においていかなる意味をもつかを検討した研究と、公教育カリキュラムが「多文化教育として」どう企図されているかを検討した研究を掲載した。

多文化教育の根底にある理念である「社会正義」については、ロールズの『正義論』(1971年)を持ち出すまでもなく、様々な思想的潮流から多くの議論が重ねられており、それを整理することは本書の目的ではない。本書では、社会正義をグットマン (D. J. Goodman) にしたがって、「権力や資源をより公平に分配し、あらゆる人が尊厳や自己決定権を持って、心身ともに安全に暮らせる方向を模索するもの」(出口真紀子監訳、田辺希久子訳『真のダイバーシティをめざして—特権に無自覚なマジョリティのための社会的公正教育』上智大学出版、2017年、5頁)とらえたい。より具体的には、2019年1月19日、ニューヨークシティーのウィメンズマーチ (Women's March) で、米国史上最年少の下院議員アレクサンドリア・オカシオ-コルテス (Alexandria Ocasio-Cortez) が行った演説に象徴的に示されている。オカシオ-コルテスは、ヒスパニック系の女性で民主社会主義者である。その講演の抜粋を引用したい。

　この瞬間、そしていま私たちのいるところは、公民権運動が中断したところからの再開だからだと思うからです。そのたいまつを前に運ぶため、私たちはここにいます。というのも、私たちは人種的・経済的正義、人種的・社会的正義を、経済的正義・環境的正義の問題へ、そして私たちの闘いすべての交差性・相関性の課題へと広げはじめているからです。
　正義は、本で読む概念ではない。
　正義は、私たちが飲む水のこと。

正義は、私たちが吸う空気のこと。
　正義は、いとも容易く投票できること。
　正義は、女性たちの賃金がいくらかということ。
　正義は、母たち、父たち、すべての両親が子供たちと一緒にちゃんと時間を過ごせること。
　正義は、お行儀いいのと黙っているのは同じじゃないと確かめること。事実、しばしば最も正しい行動は、テーブルを揺さぶること。

（https://courrier.jp/news/archives/150572/ 最終閲覧日：2019年4月19日）

　日本では、準備の整わないまま、2019年4月1日から新たな在留資格「特定技能」を創設し、外国人労働者の受け入れを拡大する新しい出入国管理法が施行される。この制度により、日本社会の多文化化がさらに進み、教育の現場においても多文化共生がこれまで以上に大きな課題になることが予想される。また4月19日には、アイヌ民族を法律上初めて「先住民族」と位置づけたアイヌ新法が参議院本会議で可決され、成立した。アイヌ文化を守り育てる施策を国の責務と定めたことに「一歩前進」という評価がある一方、アイヌの人々が長年求めてきた「先住権」は明記されず、生活や教育の支援も含まれなかった。このような社会的状況の中で、公正な社会に向けて多様性と社会正義の実現を目指す多文化教育は今後ますます重要になってくると考えられる。

　本書の第Ⅲ部では、多様性の要素の中から主に民族や外国人問題に焦点を当てた実践を取り上げた。多様性のほかの要素であるジェンダーや性的指向性、障がいなどを対象とした実践については、次の課題にしたい。本書が、社会科における多文化教育の可能性を拓くパイオニアになることを願ってやまない。

2019年4月

編集委員を代表して　森茂 岳雄

目次

まえがき ……………………………………………………………◆森茂 岳雄　3

第Ⅰ部　多文化教育の現代的課題……………………………………13

第1章　多文化教育再考
　　　　──社会正義の実現にむけて ……………◆森茂 岳雄／青木香代子　14

1. アメリカにおける多文化教育の成立背景　14
2. 多文化教育の五つのアプローチ　15
3. 多文化教育に対する批判からの脱却　18
4. 学校改革としての多文化教育　20
5. 多文化教育における「社会正義」概念の重要性　23
6. おわりに──多文化教育の課題　27

第2章　多文化教育で育成がめざされる資質・能力 …………◆松尾 知明　32

1. はじめに　32
2. 白人性と多文化教育　33
3. 多文化教育と社会的不平等　35
4. 多文化教育で育成が求められる資質・能力　38
5. おわりに　42

第3章　日本における多文化教育政策の展開 ……………◆福山 文子　44

1. はじめに　44
2. 在日朝鮮人子弟の教育に関する文部事務次官通達と内閣調査室『調査月報』、そして参議院日韓条約等特別委員会の議論　45
3. 多文化教育政策の到達点　50
4. 今後の多文化教育政策　51
5. おわりに　53

　　コラム1　全米多文化教育学会（NAME）の理念 ……………◆川﨑 誠司　57
　　コラム2　社会正義のための教師団体 ………………………◆青木香代子　58

第Ⅱ部　社会科における多文化教育の理論 ……………………………… 59

第4章　社会科における多文化教育のカリキュラム・デザインと単元開発 …………………… ◆森茂 岳雄　60

1. はじめに　60
2. 多文化教育のカリキュラム・デザインの手順と視点　63
3. 多様性と社会正義の視点に立った多文化教育のカリキュラム
    ——ブリティッシュ・コロンビア州の「メーキング・スペース」を事例に　69
4. 日本の社会科における多文化教育の単元開発　74
5. おわりに——社会科における多文化カリキュラム開発の課題　77

第5章　地理教育における多様性の学び方 ……………………… ◆宮崎 沙織　81

1. はじめに　81
2. 日本の地理教育における多様性の扱い　82
3. カナダの人口学習における多様性の扱い　87
4. 日本の人口学習で多様性を取り入れるための視点　91
5. おわりに　92

第6章　歴史教育における多様性の学び方 ……………………… ◆桐谷 正信　95

1. はじめに　95
2. 「新しい社会史」に基づく多文化的歴史カリキュラム——1987年版合衆国史カリキュラムの改訂　97
3. 「多様性」と「統一性」のはざま——1996年版合衆国史スタンダードの開発　101
4. おわりに——日本の多文化的歴史カリキュラムに向けて　105

第7章　公民教育における公正の学び方 ………………………… ◆川﨑 誠司　110

1. はじめに　110
2. 多文化教育をめぐる近年の状況　112
3. 公正学習（Equity Studies）の必要性　115
4. ケーススタディを活用した学習による多様性への対応　119
5. おわりに——公民教育への提言　123

コラム3　全米社会科協議会（NCSS）の多文化教育ガイドライン ◆森茂 岳雄　127
コラム4　生徒による運動に導くための活動 ……………………… ◆青木 香代子　128

第Ⅲ部　社会科における多文化教育の授業実践 ……………………… *129*

＜小学校における実践＞

第8章　戦争孤児・中国残留孤児の経験から戦争について考える歴史教育実践………………………………………………………◆太田　満　*130*

1. 実践の背景　　130
2. 単元の概要　　133
3. 学習活動の展開　　134
4. 学びの軌跡　　137
5. 新たな実践に向けて　　140

＜中学校における実践＞

第9章　刺青拒否から文化的多様性を考える地理授業実践　◆木村 真冬　*145*

1. 実践の背景　　145
2. 単元の概要　　147
3. 学習活動の展開　　150
4. 学びの軌跡　　153
5. 新たな実践に向けて　　159

第10章　ピクトグラムづくりを通した教科横断型多文化教育実践 ……………………………………… ◆津山 直樹　*162*

1. 実践の背景　　162
2. 単元の概要　　164
3. 学習活動の展開——パフォーマンス課題とルーブリック　　167
4. 学びの軌跡　　172
5. 新たな実践に向けて　　178

第11章　政策づくりから多文化共生都市を考える地理授業実践 ……………………………………………… ◆中澤 純一　*180*

1. 実践の背景　　180
2. 単元の概要　　183
3. 学習活動の展開　　187
4. 学びの軌跡　　189
5. 新たな実践に向けて　　194

＜高等学校における実践＞

第12章　在日外国人の問題から日本人生徒の偏見・差別・排外意識に
気づく「現代社会」授業実践 ……………………………◆山根 俊彦　*197*

1. 実践の背景　197
2. 単元の概要　201
3. 学習活動の展開　202
4. 学びの軌跡　203
5. 新たな実践に向けて　208

第13章　国籍法違憲訴訟から外国人の子どもの人権を考える公民科
授業実践 ………………………………………………………◆坪井 龍太　*213*

1. 実践の背景　213
2. 単元の概要　221
3. 学習活動の展開　222
4. 学びの軌跡　223
5. 新たな実践に向けて　228

コラム5　「実践研究」の類型 ……………………………………◆桐谷 正信　*230*

第Ⅳ部　北米の社会科における多文化教育の展開 …………… *231*

第14章　アメリカの社会科における多文化法教育の展開 … ◆磯山 恭子　*232*

1. はじめに　232
2. 多文化法教育の理念　233
3. 多文化法教育の背景　236
4. 多文化法教育プログラムの特色　237
5. 多文化法教育プログラムの分析　243
6. おわりに　243

第15章　アメリカにおける「社会正義」を志向するシティズンシップ
教育――アクション・シヴィックスの事例分析…… ◆久保園 梓　*246*

1. はじめに　246
2. アメリカのシティズンシップ教育における「社会正義」の位置づけ
　247

3. アクション・シヴィックスの理念　249
4. アクション・シヴィックスのアプローチ　251
5. おわりに　256

第16章　グアムの社会科における先住民学習と多文化教育　◆中山 京子　*259*

1. はじめに　259
2. 多文化化するグアム　259
3. 社会科におけるアイデンティティの育成　261
4. おわりに　269

第17章　カナダにおける多文化主義的カリキュラムへの挑戦と新たな課題——WCPプロジェクトに焦点を当てて　◆坪田 益美　*272*

1. はじめに　272
2. カナダにおけるシティズンシップ教育の概況　273
3. WCPプロジェクトの概要　276
4. WCPプロジェクトにおける社会科カリキュラムのフレームワーク　279
5. 「深い多様性」に立脚したカナディアン・シティズンシップ　281
6. おわりに　282

あとがき　◆編集委員　*286*
索　引　*288*
著者紹介　*295*

第Ⅰ部
多文化教育の現代的課題

　第Ⅰ部は、多文化教育の全体像をつかむため、多文化教育における理論的展開の歴史的背景およびその批判的検討と今後の課題、多文化教育において求められる資質・能力、さらに多文化教育政策の側面に焦点をあて、多文化教育の現代的課題にせまろうとするものである。

　第1章は、アメリカにおいて多文化教育が生まれた歴史的背景と理論の展開とその批判的検討、近年盛んに研究が進められている社会正義のための教育における理論をもとに、今後の多文化教育の課題について考察するものである。

　第2章は、アメリカを中心として進められてきた白人性研究や批判的人種理論が多文化教育にもたらした影響を分析し、それらから得られる示唆をもとに、日本における多文化教育に求められる資質・能力について論じられている。

　第3章は、多文化教育政策の視点から、日本における多文化教育政策がどのようになされてきたかを、文部事務次官通達（1965年）、教育再生会議第9次提言（2016年）と報告書（2016年）における外国人児童生徒に対する教育政策から読みとき、求められる多文化教育政策の在り方について論じられている。

第1章

多文化教育再考──社会正義の実現にむけて

森茂岳雄・青木香代子

1. アメリカにおける多文化教育の成立背景

　多文化教育は、1970年代から80年代にかけて、欧米の移民国家において提唱され、展開されてきた。本章では、アメリカ合衆国（以下、アメリカと略）を例に多文化教育の歴史的展開や今日の理論的動向について論じる。

　アメリカにおける多文化教育の歴史は、教育における平等と公正を求める歴史であると言っても過言ではない。その成立の大きな要因となったのは、1950年代から60年代にかけての公民権運動（Civil Rights Movement）と、それに起因する民族研究運動（Ethnic Studies Movement）というアフリカ系アメリカ人を中心に始まった運動である。アメリカでは長く続いた奴隷制の結果としてアフリカ系アメリカ人に対する不平等や差別が顕在化し、その解消を求めた公民権運動が展開した。その中で、人種隔離を行ってきた学校は、公民権運動の重要な戦場となっていった。1954年の公立学校における人種隔離を違憲としたブラウン判決によって、南部およびそれに近接する州で長年にわたって行われてきた学校における人種隔離が廃止された。

　この運動に後押しされて、1960年代後半には、それまで大学や学校のカリキュラムの中にほとんど取り上げられなかったアフリカ系アメリカ人の歴史的経験や文化を取り入れようとする民族研究運動が広がった。これらの運動は、その後ヒスパニックやアメリカ先住民、アジア系アメリカ人による同様の運動にも影響を与えた。1972年には「民族遺産研究振興法（Ethnic Heritage Studies Act）」が成立し、連邦政府の援助の下に多くの州でその研究と実践が始められ

た。

　加えて、同じ時期に並行して展開された運動や実践の中に多文化教育の成立につながる契機を見ることができる。その一つが、1950年代に展開された「文化間教育運動（Intercultural Education Movement）」である。これは、対外的には19世紀末から20世紀初頭に始まるヨーロッパを中心とする移民の急激な増加や、国内的には南部の農業地帯から北部の工業地帯への主にアフリカ系住民の移動などによって都市が多民族・多人種化する中で起こる人種・民族間の緊張を和らげ、人種・民族間の望ましい人間関係を築くことを目的に展開された運動である。

　第二は、1960年代初頭以降のヒスパニック系移民の増加の中で、英語能力が十分でない（Limited English Proficiency）主にヒスパニック系の児童生徒に対するバイリンガル教育の主張である。1968年には、彼らの学力レベルの向上を目的とした「バイリンガル教育法（Bilingual Education Act of 1968）」が成立した。その後1976年には、カリフォルニア州で言語に限られていた対象を「文化遺産への理解」と「母国の歴史と文化の学習」に拡大し、「バイリンガル・バイカルチュラル教育法（Bilingual-bicultural Education Act of 1976）」[1]の成立を見た。

　第三に、前述の1950年代から続くマイノリティの平等と公正を求める運動や実践は、1960年代から1970年代にかけてジェンダー研究、クィア研究、ディサビリティ（身体障がい）研究にも影響を与え、その後いくつかの大学においてこれらを研究する学科や専攻が設置され、また多くの大学のカリキュラムにおいてこれらの科目が設置された。その後、その動きは初等中等学校においても展開された。

　これらの動きを受けて、1970年代から1980年代にかけて、人種や民族だけでなく、言語、年齢、ジェンダー、性的指向性、障がい、宗教など、すべての文化集団の文化的多様性を尊重し、その集団に属する成員の平等の達成を目指す教育に対し「多文化教育（Multicultural Education）」[2]という用語が使用されるようになった。

2. 多文化教育の五つのアプローチ

　アメリカにおいて多文化教育に関する著書や論文が出され始めるのは1970

年代初頭からである。スリーターとグラント (Sleeter and Grant, 2009) は、それらの広範な文献調査に基づいて多文化教育関係の用語やそのアプローチについての分析的研究を行い、多文化教育のアプローチを次の五つの類型に分類した。それは歴史的展開にしたがって、①特別な教育を必要とする生徒および文化的に差異のある生徒のための教育、②人間関係、③単一集団学習、④多文化教育、⑤多文化・社会正義のための教育[3]、の五つである。その五つのアプローチの特色を、社会目標、学校目標、対象生徒、カリキュラム、授業の視点によってまとめたものが表1-1である[4]。

①は、1960年代の学校における黒人差別撤廃の努力の中で、白人教師たちが非白人の生徒たちを文化的に収奪された存在として「発見」していく過程を契機に取り組まれたものである。このアプローチは、収奪された生徒を支援して、主流文化に適応させ、その中で効果的に行動できるように、バイリンガル教育やESL (English as a Second Language) クラスなどの補習的なプログラムを提供して学力の向上を促すことを意図した教育である。

②は、前述した文化間教育運動の延長として①と並行して1960年代に展開したもので、学校において文化的に異なる背景をもつ生徒への愛情や敬意の念を育成し、それらの生徒との間に効果的なコミュニケーション能力を発達させることによって、異なる文化をもつ人への差別や偏見の軽減を図ることに焦点を置いた教育である。これらのアプローチは、その後人種・民族間のみならず、ジェンダーや健常者・障がい者間にも適応された。

1960年代は、一方でマイノリティをアメリカの主流文化へ適応させようとする主張への批判がなされた時期でもある。それらの主張を受けて、③は、マイノリティへの同化圧力を取り除き、「女性研究」や「黒人研究」など、特定の文化集団の歴史や文化の学習を通してその社会的認知を高め、社会的平等の実現に向けた行動の育成をめざす教育として展開された。

④は、1970年代初頭に出現し、展開したものである。このアプローチは、焦点を人種・民族のみならず言語、宗教、文化、性別、障がい、社会階層に拡大し、学校がこれらの多様性を反映し、平等の機会を実現するところにならなければならないという課題意識に立って取り組まれたものである。具体的には、カリキュラム、授業、評価、課外活動、教員の構成など学校教育全体を多元的で、平等な機会を実現する場として変革しようとするものである。

表1-1　多文化教育のアプローチの類型

アプローチ	①特別な教育を必要とする生徒および文化的に差異のある生徒のための教育	②人間関係	③単一集団学習	④多文化教育	⑤多文化・社会正義のための教育
社会目標	既存の社会構造に適応させる。	既存の社会構造内の結束、寛容、受容の感覚を促進する。	特定集団の構造的平等と承認を促進する。	構造的平等と文化多元主義を促進する。（「ドレッシングをかけてかき混ぜたサラダ」としての合衆国）	社会構造的平等と文化多元主義を促進する。
学校目標	生徒と学校の要求に橋をかけることによって、より効果的に主要で伝統的な教育目的を教える。	生徒の肯定感を促進する。ステレオタイプを軽減する。生徒の自己概念を促進する。	特定集団の益になる社会変化に向けて働くために生徒に自発性と知識を促進する。	学校における平等な機会、文化多元主義と選択的ライフスタイル、多様な人々への尊重、および集団間の権力を公正にするための支援を促進する。	社会構造上の平等に向けて積極的に働く市民を育成する。文化多元主義と選択的ライフスタイルを促進する。学校における平等な機会を促進する。
対象生徒	下層階級、労働者階級、特別支援教育生徒、英語能力が十分でない生徒、標準テストの合格を必要としている女子生徒、あるいは主要教科の達成度が劣っている非白人の生徒	全生徒	対象集団の生徒、あるいは全生徒、カリキュラムと授業に影響をもつ生徒	全生徒	全生徒
カリキュラム	生徒の経験的背景に関係させる。基本技能と基本知識の溝を埋める。テストに合格するために教える。生徒が理解できる言語で内容を教える。標準英語を教えるための基礎として生徒の第一言語を用いる。	ステレオタイプや中傷に関する授業をする。個人の差異性と類似性に関する授業をする。生徒が成員になっている集団の貢献についての授業を含む。	ある集団の文化についての単元あるいはコースを教える。その集団がどのように不当に扱われてきたか、その集団が直面する最近の社会問題をその集団の視点から教える。	複数の集団の貢献や総体的観点に関連した概念を組織する。批判的思考を教える。相違点と同様共通点といった多様な方法で分析する。すべての生徒に学問的に挑戦する。生徒の経験的背景に関連づける。複数の言語に基づいた授業をする。	人種差別、性差別、性的指向性、障がいを含む最近の社会問題に関連する内容を組織する。合衆国のいくつかの異なる集団の経験や総体的観点に関連した概念を組織する。抑圧を分析するための出発点として生徒の生活経験を活用する。批判的思考、選択的視点の分析、社会行動とエンパワーメントの技能を教える。
授業	生徒の学習スタイルを確立する。生徒の技能レベルに適応する。生徒が遅れを取り戻すことができるためにできるだけ効果的・効率的に教える。	共同学習を活用する。他者との実際あるいは代替経験を活用する。	生徒の学習スタイル、特にその集団に特有のスタイルを確立する。	生徒の学習能力に基づいた授業をする。生徒を共同の生産的で知的な活動に積極的に巻き込む。	共同学習を活用する。他者との実際あるいは代替経験を活用する。

（C. S. Sleeter and C. A. Grant, 2009, pp.44, 86, 123, 164, 199 をもとに筆者作成）

⑤は、1980年代に発展を見たもので、④のアプローチを社会的行動スキルの形成にまで拡大し、人種差別や性差別など、差別の解消に向けて行動できる市民の育成を目指したものである。④が学校における多様性と平等の実現を目指したものであったのに対し、このアプローチにおいては、社会正義の視点に立って特に社会構造上の多様性と平等の実現に焦点が置かれた。

公民権運動を背景に成立した多文化教育は、本来、⑤のアプローチにあるような社会改革や反人種主義といったラディカルな思想基盤の上に構築されたものであったが、学校現場では誰にでも受け入れやすい、いわゆる3Fアプローチと呼ばれる食べ物 (food)、服装 (fashion)、祝祭日 (festival) などをテーマにした脱政治化された異文化の表面的な理解に終始する授業実践も多く見られた。そのような傾向に対し、1990年代に入ると、批判的教育学や白人性研究の影響を受け、文化間の偏見や差別を軽減し、社会正義に立ったより平等で公正な社会の実現という本来の目的にむけて、批判的人種理論や批判的多文化主義などの批判理論に基づいた多文化教育の理論と実践が模索された。そのような社会的、理論的背景のなかで、第五のアプローチは「多文化・社会正義のための教育」(Multicultural and Social Justice Education)[5]と名づけられ、この類型化の分析を行ったスリーターとグラントもこの第五のアプローチを自分たちの立場として選択したいとした。

3. 多文化教育に対する批判からの脱却

スリーターとグラントが示してきたように、多文化教育の重要な役割の一つは、カリキュラムや制度を変革し、あらゆる形の差別や抑圧を理解し、それに立ち向かうための社会的行動を起こす能力を身に付けることを支援することである。しかし、多文化教育の実践が、表面的な文化の理解に焦点があてられることが多く、抑圧の理解や差別の軽減は見過ごされてきたことはすでに述べたとおりである。

プエルトリコ系で自身も英語を第二言語として学んだ経験をもつニエトは、多文化教育は（マイノリティの）文化や言語の保持などの関心をはるかに超える「変革的なプロセス」であるとする。同時に、多文化教育は「社会における権力や特権の問題に関わること」（ニエト, 2009: 21）であり、多文化教育における

「多様性の肯定」とは、単に差異をほめたたえるだけではなく、不公正な政策や実践、不平等な構造や人種差別をはじめとする抑圧に異議を申し立てることでもある（ニエト, 2009: 21）。多文化教育を広義に解釈することによりジレンマが生じるのは、包括的な多文化教育の枠組みは教育者にとって受け入れやすいが、人種差別と向き合い、それについて議論することは厄介であるからなのである（ニエト, 2009）。さらにニエトは、多文化教育において、アメリカ合衆国の歴史的成り立ちや移民の歴史、過去と現在の社会や教育を特徴づける不平等や排除を考慮に入れる必要があると主張する。しかし多くの場合、「軽いタッチの」多文化教育ではそれは無視され、多様性に対する否定的な考えは生徒や教師、学校に及んでいる（ニエト, 2009: 17）。教員は非白人生徒の背景を考慮することなく、むしろ非白人生徒の文化や言語の多様性を問題とみなしている場合さえある。これは、教員の生徒への期待度、ひいては生徒の学力格差につながっている。つまり人種差別をはじめとする差別に挑戦することというのは、教師自身が意識的・無意識的に持っている差別意識とも向き合うことを意味するといえる。

　これは人種差別だけでなく、あらゆる種類の抑圧にも同じことがいえるであろう。多文化教育を実践する教師が問われているのは、教師自身が抑圧する立場であること、またそうなってしまう可能性や潜在性と向き合うことができるかということでもあるのである。

　たとえばアフリカ系アメリカ人の女性学者であり、思想家・文化批評家でもあるフックスは、（大学の）女性学の授業において、非白人女性について学期の最後で取り上げたり、人種や差異については全部まとめて一単元でお茶を濁すといった実践は、「ただうわべだけでとりあげようとする行為」であり、「アリバイ的なやり方」、「だれもができるお手軽な改革」で、「多文化主義の考えに立った変革とはいえない」（フックス, 2006: 47）と強く批判している。その上でフックスは、変革を目指す教育の中心的課題は、「教室を、民主主義的な場にするということ、誰もがそれに寄与する責任を感ずる場」（フックス, 2006: 47）にすることであり、一人ひとりの「声」が尊重される「学びの共同体」を創り出すことでもあるとしている。それには、教師自身がそれまでの知識がいかに狭い枠組みの中で教育されてきたかを自覚する必要があるのである（フックス, 2006）。

そしてニエトは、世界の様々な問題や歴史、その複雑さを理解するために、批判的な視点をもつことの重要性を説く。どんな問題にも複数の視点があり、それらを「批判的に分析し、自ら見つけ出した矛盾点を理解し、それに基づいて行動する」ことを促すことにより、変化をもたらすために活用することができるとしている（ニエト, 2009: 698-699）。

4. 学校改革としての多文化教育

　ニエトとボード（Nieto & Bode, 2018）は、前述した3Fに象徴される脱政治化された多文化教育に対し、社会政治的文脈を強調して多文化教育を次の七つの特性で定義している。これらの特性は、多文化教育が学校を改革し、すべての生徒に対して平等で卓越的な教育を提供する上での役割を強調するものである。
　①多文化教育は反人種差別教育である。
　②多文化教育は基礎教育である。
　③多文化教育はすべての生徒にとって重要である。
　④多文化教育は学校教育の全領域に行き渡るものである。
　⑤多文化教育は社会正義のための教育である。
　⑥多文化教育はプロセスである。
　⑦多文化教育は批判的教育学である。
　　（Nieto & Bode, 2018: 32）
　①は、これまでアメリカの学校が人種差別の問題に取り組むことを避けてきたことに起因している。自らが属する人種、ジェンダー、社会階級などによって歴史的に優位な立場にある人たちにとって、これらの問題が煩わしいトピックだからである。ここで反人種差別的であることは、特定の生徒がほかの生徒に比べて不利益を被っているあらゆる領域、たとえばカリキュラム、教材の選択、教員と生徒やその家族との相互作用や人間関係に注意を払うことを意味している。また、反人種差別的であることは、人種差別の闘いに積極的に取り組むことを意味している。それは、反人種差別主義的内容をカリキュラムの中にきちんと組み込むことや、人種差別と対峙する力を若者につけさせること、さらには生徒が人種差別に対する罪の意識を超えて、行動を起こす段階まで進む

必要がある。

　②は、多文化教育が育成をめざす資質・能力である多文化リテラシーは、読み、書き、計算、コンピューター・リテラシーと同様に、今日の世界で生活するために不可欠なものであるという認識に立っている。多文化教育を実践する上での障害の一つは、学校におけるカリキュラム規範（カノン）の固定化である。現在のアメリカにおける公教育において理解されているカノンは、最も重要で基本的な知識はすでに定められており、その起源と概念は、必然的にヨーロッパ的で男性的で上流階級的なものであるということである。たとえば、芸術史の授業で「偉大な作品」を扱う際に、フランスやイタリアに触れないことはまずない。音楽の授業で扱われる「クラシック音楽」はヨーロッパのクラシック音楽で、アジア、アフリカ、ラテンアメリカにもクラッシク音楽はあるがそれらは扱われない。同様の自民族中心主義はアメリカの歴史教科書の中にも見受けられる。そこでは、ヨーロッパ人やヨーロッパ系アメリカ人は「俳優」として、他者はすべて受動者、見物人、あるいは脇役として配置されている。だからと言って、ニエトとボードは、カリキュラムの中ですべてのものに対して「同じ扱いをすべき」と言っているわけではない (Nieto and Bode, 2018)。また各文化集団の歴史、文学、芸術への単なる「貢献アプローチ」(Banks, 2009: 18-19) を言っているのではない。多文化リテラシーが何を意味しているかは当然、学校ごとに異なるが、ニエトとボードは少なくとも次のことを期待したいと述べている。つまり、自分のことば以外に一つのことばに精通し、多くの異なる民族の文学や芸術を理解し、アメリカ合衆国のみならずアフリカ、アジア、ラテンアメリカ、ヨーロッパ諸国の歴史や地理を理解し共感できる社会的・知的能力を身につけること、これこそが基礎教育である。

　③については、これまで多文化教育は非白人生徒、「文化的に異なる」あるいは「不利益を被っている」生徒たちのための教育だという考えが行き渡ってきた。しかし、支配的な文化の中で育った(白人)生徒ほど多文化教育を必要としている。なぜなら彼らは一般的に多様性に関しては最も過った教育を受けているからである。カリキュラムを通して、ヨーロッパ系アメリカ人の男子生徒は、自分たちが規範であり、他者は従属するものであることを学ぶ。お金持ちの生徒は富と権力をもつものが歴史の真の形成者であり、文明化に寄与してきたのだということを学ぶ。異性愛者の生徒たちはゲイやレズビアンの生徒た

ちを異常で不道徳ゆえ排斥されるべきというメッセージを受け取る。このような教育を受けることで、被支配集団の生徒たちは劣等感を抱き、支配集団の生徒たちは優越感を抱くことにもつながっている。このように、多文化教育は、被支配集団の生徒のニーズに応える教育であるとともに、支配集団の生徒たちの意識を変える教育でもある。その意味で、多文化教育は、あらゆる人々を対象とするものであり、またあらゆる人のためのものである。

④多文化教育は、一日の特定の時間に行われる活動でもなければ、ほかの教科領域によってカバーされるものでもない。多文化教育の本来のアプローチは、学校教育の全領域に行き渡るものである。すなわち、学校の雰囲気、環境、カリキュラム、教員、および生徒と地域社会の関係などに関連している。多文化教育とは、一つの哲学、つまり世界を見る見方であり、単なるプログラムや授業や教師に関わる問題ではない。多文化的哲学に立って組織される学校では、人種と関連して決定されてきたトラッキングが廃止され、学校全体の教職員を社会全体の多様性を反映した構成にする努力がなされる。多文化教育の全面性は、授業方法の多様性や創造性にもおよび、あらゆる集団の生徒が従来の授業方法以外の方法から恩恵を得ることになる。またカリキュラムや教科書、教材には、多様な民族や女性の歴史や視点が取り入れられ、生徒はそれらの学びを通して批判的に思考することが奨励される。そのほか、食堂では多国籍の食事が提供され、生徒は母語で話すことが奨励され、生徒の母語が授業で用いられる。このように、学校はカリキュラム、教育方法、そのほかの活動すべてにおいて多文化的哲学と合致した学習環境になる。

⑤多文化教育は、生徒や教師に社会正義のために学んだことを行動に移すことを促す。多文化教育が民主主義社会における生徒の権利と責任に関わっていることは明らかであるが、多くの若者はこのような責任や民主主義社会の課題、あるいは民主主義社会の特権を確保し維持するための市民の役割について学んでいない。この転移により、生徒や教師は多大な力をもつことができる。多文化的視点は、教室で社会正義についての議論ができるようにするだけでなく、そのような議論を歓迎し、さらに議論の誘発を積極的に計画すべきであると考える。このような議論では、文化的に多様な地域社会に関する問題—たとえば貧困、差別、戦争、国家予算など—そして、生徒がこれらの問題を変革するために何ができるか、ということが中心になる。

⑥多文化教育は次の二つの意味でプロセスであるといえる。一つは、多文化的人間の形成には終わりがないという意味で多文化教育は継続的でダイナミックなプロセスである。もう一つは、多文化教育は主に人々の諸関係を伴うゆえにひとつのプロセスである。すなわち、教師が生徒たちに示す感性や思慮は、教師が異なる民族集団や文化集団について持っている知識や集団像よりも、生徒たちの学習を促す上でより重要であるからである。さらに多文化教育がプロセスだというのは、それが、生徒の学業への教師の期待度、学習環境、生徒の学習スタイルや、学校においてすべての生徒が成功するために必ず理解する必要があるほかの文化的な諸要因といった目に見えないものと関わっているからである。

⑦多文化教育と批判的教育学は、スリーターのいう「学校教育の支配的モードに対抗する形態」(Sleeter, 1996: 2) として共働するという意味で同じ意図を持っている。批判的教育学も多文化教育同様、文化的多様性の承認を前提にしているが、それを知識として生徒に伝達するだけのものではない。たとえば、第二次世界大戦中の日系アメリカ人の強制収容について学ぶことそれ自体は、批判的教育学ではない。生徒たちが異なる視点を批判的に分析し、自ら見つけた矛盾点を理解し、それに基づいて行動するために異なる視点を用いるならば、それは批判的教育学になる。批判的教育学は、また神話を解体する起爆剤ともなる。当然だと思われている事実の仮面を剝いだり、神話を取り除いたり、親和性を解体したりすることや、それを批判的かつ慎重に分析することに貢献する。すべての者にとっての正義、法の下の平等、教育の機会均等などは確かに、信ずるに足る、かつ追求するに値する理想であるが、必ずしも実現されているとは限らない。問題はこうした理念が例外なく常に実現され、事実であると教えられていることである。批判的教育学を通して、無批判に現実を受け入れることによってではなく、このような理想を信ずることができるのである。批判的教育学はまた、生徒の経験や視点を出発点としているという点で、本来的に多文化でもある (Nieto & Bode, 2018: 32-45)。

5. 多文化教育における「社会正義」概念の重要性

前述のように、1990 年代以降多文化教育は、批判理論を基盤とする批判的

人種理論、批判的教育学などに影響を受けた展開がなされてきているにもかかわらず、多文化教育をめぐる議論において、本来多文化教育の目的でもあるとされてきた不平等や不正義、差別に立ち向かうための実践、すなわち、ニエトやスリーターとグラントのいう「社会正義のための教育」に関して、必ずしも十分に議論がなされてきたわけではない。そのため、本節では、支配・被支配の関係や抑圧が生み出す不平等な社会構造、それを維持する特権性の脱構築にも焦点をあてる社会正義のための教育における概念をみていく。

特権集団に属する人々のための社会正義の教育について研究したグッドマンによれば、社会正義 (social justice) [6] とは、「権力や資源をより公平に分配し、あらゆる人が尊厳や自己決定権を持って、心身ともに安全に暮らせる方向を模索するもの」(グッドマン, 2017: 5) である。社会正義の実現のために、グッドマンは、「不公平な制度的構造や慣行を変え、支配的イデオロギーを批判的に問い直す」ことが必要であるとする (2017: 5)。しかし社会正義に対して積極的に行動したいと考えている人がいる一方で、抵抗感を抱いている人がいることも事実である。特に、特権集団に属する人々にとって、社会的に構築されてきた特権集団の価値観や制度を批判的にとらえ直し、自分自身に特権があることを認めることは容易ではない。それだけでなく、社会正義のためには、社会政治的な要因や心理的要因を克服する必要がある (グッドマン, 2017)。社会正義は、周縁化された人々を認識し尊重する社会的プロセスでもあるのである (Bell, 2016)。

社会正義のための教育において重要な点の一つは、抑圧について理解することである。グッドマンは、抑圧には様々なものがあるが、その例として、次のように挙げている (各項目の次に書かれているカッコ内の内容は、抑圧の対象となるものである)。①人種差別 (人種)、②性差別 (生物学的な性)、③異性愛主義 (性的アイデンティティ)、④トランスジェンダーへの抑圧 (ジェンダー・アイデンティティ、ジェンダー表現)、⑤階級差別 (社会経済的地位)、⑥障がい者への抑圧 (能力)、⑦年齢差別 (年齢)、⑧宗教的な抑圧 (宗教)、⑨外国人差別 (国籍) がある。これらのほかに、民族、言語、体形や外見などに対する抑圧がある (表1-2)。

グッドマンは、すべての人は複数の社会的アイデンティティを持っており、カテゴリーによって「特権集団と劣位集団のどちらにも属しうるし、権力構造のどちら側にも立ちうる」(グッドマン, 2017: 11) としているが、これらのカテ

ゴリーは社会的に構築されてきたものであり、人々の生活に大きな影響を及ぼしている。また、社会的不正義は、様々な制度だけでなく、個人の意識にも埋め込まれているものである。そのため、抑圧が社会的システムだけでなく個人の生活やコミュニティにおいてどのように機能し、維持されてきたかを理解することは重要である（Bell, 2016）。

表1-2　様々な抑圧

抑圧・差別 （抑圧の対象となるもの）	支配的（特権集団）	従属的（劣位集団）
人種差別（人種）	ヨーロッパ系の人々（白人）	非白人、複数の人種的ルーツをもつ人々
性差別（生物学的な性）	男性	女性、インターセックスの人々
異性愛主義 （性的アイデンティティ）	異性愛者	レズビアン、ゲイ、バイセクシュアル、クィア、アセクシャル
トランスジェンダーへの抑圧 （ジェンダー・アイデンティティ、ジェンダー表現）	生物学的性とジェンダーが一致する男性、女性	トランスジェンダー
階級差別（社会経済的地位）	上流階級、中産階級	労働者階級、貧困層
障がい者差別 （身体的・精神的能力）	健常者	障がい者
年齢差別（年齢）	若者、壮年	高齢者
宗教的な抑圧（宗教）	キリスト教信者	ユダヤ教、イスラム教、ヒンドゥー教、無神論者、そのほかの宗教的少数者
外国人差別（国籍）	その国で生まれた人	その国で生まれていない人

（グッドマン, 2017をもとに筆者作成）

　上記（表1-2）のグッドマンの抑圧に関する分析では、「支配的集団（特権集団）」と「従属的集団（劣位集団）」の二項対立構造のように見えるが、グッドマンが述べているように、すべての人は複数の社会的アイデンティティを持っていることに鑑みれば、二項対立ではなく、より複雑な構造であることがわかる。これは、抑圧が起こるレベルにも関係しているといえる。つまり、抑圧は個人、集団・コミュニティ、制度のレベルにまたがっており、構造的な不平等はそれぞれのレベルで起こるのである（Adams and Zúñiga, 2016）。そしてそれは、

人種、民族、性別、ジェンダー、性的指向性、社会的階級、宗教、年齢、障がいなどに対する抑圧とお互いに関係し、交差しながらそれぞれに影響し合っている。図1-1は、それを図にしたもので、個人、集団、制度のそれぞれのレベルにおいて、あらゆる種類の抑圧が起こり得ることを表しているものである。

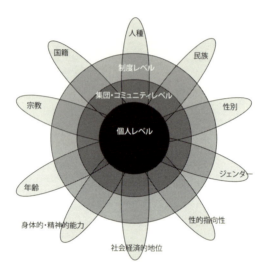

図1-1 抑圧のシステムと種類
（Adams & Zúñiga, 2016とグッドマン, 2017をもとに筆者作成）

社会正義のためにどのようなことをすべきかについて、ベル（Bell, 2016）は次のようなことが必要であると述べている。1）批判的意識（critical consciousness）を発展させること、2）二分法（binaries）を脱構築すること、3）カウンターナラティブ（批判的人種理論など）を活用すること、4）権力を分析すること、5）利害の一致を探ること、6）グローバルなつながり（global connections）を作ること、7）連合と連帯を構築すること、8）被抑圧集団のリーダーシップに従うこと、9）責任あるアライ[7]となることである（Bell, 2016）。

そして、社会正義のための教育においては、抑圧的な状況を認識し、行動を起こすための知識とスキルを身に付けることを支援する。教育における社会正義は、指導、学習、生徒に関する態度、信念（beliefs）、行動であり、指導法の

基盤を形作るものである（Nieto, 2013）。ニエトは、教育における社会正義は、以下の四つの要素があるとする（Nieto, 2013: 21）。

1. 教育における社会正義は、構造的な不平等や差別を引き起こし悪化させる誤解や真実ではないことや、ステレオタイプに挑戦し、直面し、それらをこわす。
2. 教育における社会正義は、すべての生徒に、彼／彼女らの最大の可能性の限界まで学ぶことができるリソース（教材だけでなく、期待感や尊重といった情緒的なものも含める）を提供する。
3. 教育における社会正義は、特定の背景をもつ生徒は欠点があるという理論を拒否し、すべての生徒には学力を伸ばすことができる長所をもつということを理解することを求める。
4. 教育における社会正義は、民主主義社会において役割を果たすために、批判的思考を促し、社会運動を支援する学びの環境を作る。

社会正義のための教育のアプローチは、不平等や貧困、人種差別などの教育や社会における問題の社会政治的な内容に気づくことであり、これは、ときに現状に疑問を投げかけ、挑戦するという一般的にあまり好まれないスタンスをとることを意味する（Nieto, 2013）。また、生徒が疑問を持ったり、議論や対話をしたりすることを促し、生徒自身が批判的な視点をもつことにより、抑圧に対して働きかけることができるようになることをめざす（Bell, 2016; Christensen, 2012）。これは、多文化教育が本来目的としてきたことであり、多様性の不寛容や、変革への抵抗感があからさまに表現される現代において、重要性はむしろ増しているといえる。多文化教育がめざしてきた平等で公正な社会のための教育に立ち返るためには、不可欠な要素である。

6. おわりに――多文化教育の課題

ここまで、アメリカにおける多文化教育の成立背景や多文化教育のアプローチの類型、学校改革としての多文化教育の特性、多文化教育における社会正義の概念について論じてきた。多文化教育は、人種、民族、言語、年齢、ジェンダー、性的指向、障がい、宗教などいかなる集団に属する人も平等かつ公正に教育がなされるべきであるという考えのもとに発展してきた。しかし実際

には、多様性や差異の理解に焦点が当てられ、不平等や抑圧、またそれが生み出される構造は見過ごされがちであることが指摘されてきた。ニエトも指摘したように、多様性を認めるということは、不公正な政策や実践に異議を申し立て、抑圧に立ち向かうことでもある。アメリカの学校現場に目をむけると、様々な背景をもつ生徒が増加している一方で、公立学校の教師は白人女性が大半であることに大きな変化は見られない[8]。多文化・社会正義のための教師教育もまた、重要性を増しており、さらなる研究が必要である。そして、都市部や地方における貧困や経済格差、学校銃撃や、特に非白人生徒に対する警察による暴力など、アメリカの生徒たちが直面している問題は、人種や民族、宗教や性的指向などに対する抑圧と深く関係しているものもあり、社会正義のための教育の重要性を見過ごすことはできないであろう。これらの複雑に交差した問題に立ち向かうための実践の試みにも注目していきたい。

　最後に、多文化教育における課題について述べたい。アメリカにおける多文化教育の展開は、日本のみならず、世界に影響をもたらしている。たとえば、ヨーロッパにおける人権や公正、市民教育について研究しているオスラー（2017）は、ヨーロッパにおける多文化教育は、アメリカにおける反人種主義教育やバンクス（J. A. Banks）の多文化教育の理論研究の影響を受けているものの、アメリカ以外で起きている教育への平等なアクセスを目指す闘争があまり注目されてこなかったと指摘している。さらにオスラーは、バンクスは国際的な広い文脈から国家的統合（unity）と教育における多様性の認識との間に生じる理念や実践の緊張関係をほぐすための社会正義を強調しているとし、「ただ危険なのは、マイノリティのコミュニティに欠陥があるという見方をする政策立案者が、多様性を代償とする統合を強調することであり、とりわけ社会正義に関連した政策目標を犠牲にすること」（オスラー, 2017: 71）であると述べている。また、多文化教育が国家的な枠組みの内部で理解され、「支配的な国家的政治文化がナショナリストによる多文化教育の解釈を補強し」（オスラー, 2017: 71）、グローバル的な視点を組み入れることを妨げ、多文化教育のモデルが国家的なモデルにとどまってしまうことに注意を促している。

　バンクスは、「多文化シティズンシップ教育の主要な目標は、生徒が文化的、国家的、そしてグローバルなアイデンティティの微妙なバランスを獲得することを助けることである」（Banks, 2006: 29）と述べ、生徒の多元的なアイデンティ

ティ形成という視点から、多文化教育におけるグローバルな次元を強調している。そしてそのためのカリキュラム改革のプロセス・モデルとして、A 主流中心モデル、B 文化付加モデル、C 多文化モデル、D グローバルモデルを挙げ、「カリキュラム改革の究極の目標であるモデル D おいて、生徒は異なる国内における多様な集団の視点から事象、概念、問題を考察する。モデル D は多文化教育のグローバルな次元を実現している」（Banks, 2006: 28）と述べている。

バンクスの「グローバルモデル」は、多文化教育においてグローバルな視点を取り入れようとするものであり、それまで国内の問題を、国内の多様性の視点からのみ焦点が当てられていた多文化教育に、新しい視点をもたらすものであるといえる。しかし、ここでも課題は残されている。それは、「異なる国内における多様な集団の視点」が、国家的枠組みに集約され、国家的アイデンティティ、つまり国の枠組みを超えて問題を見ることができるのかという点である。トランスナショナルな視点で国をまたぐ社会的不正義や抑圧について考え、多元的・複合的なアイデンティティの形成という視点に立った多文化教育の取り組みが一層期待される。(1. 2. 4. 6. 森茂、3. 5. 6. 青木)

＊ 3.5 節については、青木（2019）をもとに加筆修正したものである。

《注》

1) ここでの対象言語には、ヒスパニック系の第一言語であるスペイン語だけでなく、中国語、日本語など、そのほかのエスニック・グループの言語・文化も含まれている。
2) スリーター（2018: 5）は、「多文化教育」という用語が出版物のなかで最初に使われたのは、アメリカ教員養成大学協会（AACTE）の多文化教育委員会によって出された「多文化教育の推進に関する声明」（No One Model America：A Statement of Multicultural Education, 1973）であるとしている。
3) 本アプローチは、最初「多文化的・改革者の教育（Education that is Multicultural and Reconstructionist）」（Sleeter and Grant, 1988: 175-201）と名付けられた。
4) 原著の各表にある、「教室支援サービスの他の側面」、および「他の学校全体の関心」の項は除いた。
5) このアプローチの理念を共有する教育には、後述する「公正教育学（equity pedagogy）」などがある。
6) Social justice の訳として、「公正」と訳されることもあるが、本書では「社会正義」を用いる。「公正」は equity の日本語訳として用いる。

7) アライ、もしくはアリー（ally）とは、ベル（2016）によれば、抑圧されている人々が求めているものを聞き、彼らと共に連帯して抑圧に立ち向かう人のことである。
8) 2015–2016 年に実施された全米教育統計センター（National Center for Education Statistics, 2018）の調査によれば、公立学校における白人教師の割合は約 80% であった。

【引用文献】
青木香代子（2019）「アメリカにおける社会正義のための教育の可能性――多文化教育の批判的検討を通して」『茨城大学全学教育機構論文集　グローバル教育研究』第 2 号、103–115 頁。

Adams, M. & Zúñiga, X. (2016). Getting started: Core concepts for social justice education. In M. Adams, L. A. Bell, D. J. Goodman, and K. Y. Joshi (Eds.), *Teaching for diversity and social justice* (3rd ed., pp.97–130). New York: Rutledge.

Banks, J. A. (2006). *Cultural diversity and education* (5th ed.). Boston: Allyn and Bacon.

Banks, J. A. (2009). *Teaching strategies for ethnic studies* (8th ed.). Boston: Allyn and Bacon.

Bell, L. A. (2016). Theoretical foundations for social justice education. In M. Adams, L. A. Bell, D. J. Goodman, and K. Y. Joshi (Eds.), *Teaching for diversity and social justice* (3rd ed., pp.3–26). New York: Rutledge.

Cho, H. (2017). Navigating the meanings of social justice, teaching for social justice, and multicultural education. *International Journal of Multicultural Education, 19* (2), 1–19. http://ijme-journal.org/index.php/ijme/article/view/1307/1180（最終閲覧日 2019 年 2 月 15 日）

Christensen, L. M. (2012). Teaching about social justice and power. In J. A. Banks (Ed.), *Encyclopedia of diversity in education* (pp.1992–1995). Thousand Oaks, CA: Sage.

Goodman, D. J. (2011). *Promoting diversity and social justice: Educating people from privileged groups* (2nd ed.). New York: Routledge.（ダイアン・グッドマン著、出口真紀子監訳、田辺希久子訳（2017）『真のダイバーシティをめざして――特権に無自覚なマジョリティのための社会的公正教育』上智大学出版）

hooks, b. (1994). *Teaching to transgress: Education as the practice of freedom.* New York: Routledge.（ベル・フックス著、里見実監訳（2006）『とびこえよ、その囲いを――自由の実践としてのフェミニズム教育』新水社）

National Center for Education Statistics. (2018). *Characteristics of public elementary and secondary school teachers in the United States: Results from the 2015–16 national teacher and principal survey.* Retrieved from https://nces.ed.gov/pubs2017/2017072rev.pdf（最終閲覧日 2018 年 12 月 18 日）

Nieto, S. (2004). *Affirming diversity: The sociopolitical context of multicultural education* (4th ed.). Boston: Pearson.（ソニア・ニエト著、太田晴雄監訳、フォンス智江子、髙藤三千

代訳（2009）『アメリカ多文化教育の理論と実践——多様性の肯定へ』明石書店）

Nieto, S. (2013). *Finding joy in teaching students of diverse backgrounds: Culturally responsive and socially just practices in U.S. classrooms.* Portsmouth: Heinemann.

Nieto, S. & Bode, P. (2018). *Affirming Diversity: The Sociopolitical Context of Multicultural Education* (7th ed.). Boston: Pearson.

Osler, A. (2015). The story we tell: Exploring narrative in education for justice and equality in multicultural Contexts. *Multicultural Education Review, 7,* 12–25.（オードリー・オスラー著、木村涼子、キム・ハリム、片田真之輔他訳（2017）「〈翻訳〉私たちが語る物語——多文化的文脈において正義と平等のための教育におけるナラティヴの役割を考える」『大阪大学教育学年報』22号，65-80.）

Sleeter, C. E. (1996). *Multicultural education as social activism.* Albany, NY: State University of New York Press.

Sleeter, C. E. (2018). Multicultural education past, present, and future: Struggles for dialog and power-sharing. *International Journal of Multicultural Education, 20* (1), 5-20. Retrieved from http://ijme-journal.org/index.php/ijme/article/view/1663/1216（最終閲覧日2019年2月19日）

Sleeter, C. E. and Grant, C. A. (1988). *Making choices for multicultural education.* Indianapolis: Merrill Publishing Company.

Sleeter, C. E. and Grant, C. A. (2009). *Making choices for multicultural education* (6th ed.). Hoboken, NJ: John Wiley & Sons.

第2章

多文化教育で育成がめざされる資質・能力

松尾知明

1. はじめに

　グローバル化や知識社会が進展するなかで、社会を生き抜く力の育成が求められており、コンピテンシーに基づく教育改革が世界的な潮流となっている。新学習指導要領においても、変化の激しい予測の困難な社会で、よりよい未来の社会を築き、自らの人生を切り拓いていくことのできる資質・能力の育成が中心的な課題となっている。コンテンツ（内容）からコンピテンシー（資質・能力）への転換が焦点となる今日、シティズンシップを育てる教科として成立した社会科教育では、「公民としての資質・能力」の育成がめざされており、教育課程全体を通して培うことが期待される「生きる力」を育む中核を担ってきた役割がさらに大きくなったといえる。なかでも、急激な少子高齢化に伴い本格的な移民の受け入れの議論が現実味を帯びてきており、異なる他者と共に生きていく資質・能力の検討が、直近の課題の一つとなっている。
　では、多文化社会へと大きく変貌を遂げ、移民と共に生きていくことが不可避な日本社会の到来が予想される現在、日本人にこれから求められる資質・能力とはどのようなものだろうか。また、そうした資質・能力は、社会科教育にいかなる示唆をもたらすのだろうか。本章では、アメリカ合衆国（以下、アメリカと略）における多文化教育の近年の動向を手がかりに、日本における多文化共生の実現にむけてどのような資質・能力の育成が期待されるのか、社会科教育への示唆は何かについて考察したい。

2. 白人性と多文化教育

2-1 多文化教育における白人性

　多文化教育とは、マイノリティの視点に立ち、社会正義の立場から多文化社会における多様な人種・民族あるいは文化集団の共存・共生をめざす教育理念であり、その実現に向けた教育実践であり教育改革運動でもある（松尾, 2013）。公民権運動を背景に生まれた多文化教育は、独自の文化を捨て主流文化へ溶け込むことを強いる同化主義に対抗して、文化の多様性を価値ある資源として尊重する文化多元主義あるいは多文化主義に理論的基礎を置き、さまざまな文化を理解し尊重することを通した「多様性の統一」を追究してきたといえる。

　多文化教育は黒人を中心とした公民権運動を背景に誕生したこともあり、当初は人種主義（racism）による不平等な社会構造を変革する教育改革運動という性格をもっていた。しかし、この社会変革への指向は、1970年代に多文化教育が大きな発展を遂げ制度化される過程で、主流集団の言説に囲い込まれ、次第に脱政治化されていった。大多数を占める白人の教師が多文化教育を実践するようになるなかで、異なるエキゾチックな文化を表面的に理解するようなアプローチが主流になっていったのである。

　それが、1990年代になると、ポスト構造主義や批判理論の影響を受けて、多文化教育の研究や実践では、文化を本質主義的にとらえるようなアプローチは批判されるようになり、人種主義や不平等な社会構造の問題が議論されるようになっていく。こうした新しい動きが展開するなかで、アメリカにおける人種関係を問うキー概念として、「白人性（whiteness）」が注目されることになったのである。

2-2 白人性研究の背景

　では、1990年代という時期に、どのような理由で、白人であることの社会的な意味を問う白人性研究といった新しい研究の潮流が登場することになったのだろうか。

　白人性が問われるようになった背景には、一つには、アメリカ社会において人種主義は根強く残っており、むしろその深刻さを増しているという社会状況があった。たとえば、黒人やヒスパニック系など特定の人種に偏向した警察に

よる取締り (racial profiling) やイスラム教徒に向けられた偏見・差別など、人種的な対立や軋轢はなくなるどころか深刻な状況が続いていた。そのため、人種問題を一部の偏見をもった個人の問題としてではなく、白人全体に関わる不平等な社会構造の問題としてとらえ直す必要に迫られたのである。

　もう一つの背景には、ポスト構造主義の考え方が浸透するなか、人種概念というものが再考され、その社会的な構築性を問う新たな視座が生まれたことがあった。ものごとには本質があると考える本質主義は批判されるようになり、人種を本質的な実体をもつものではなく、社会的に構築されたものとしてとらえる見方が広がっていったのである。こうした言語論的な転回を背景に、白人性の社会的意味を構築主義の視点から分析するといった研究アプローチが提案されるようになったのである。

　このような人種問題を抱える社会状況や構築主義への理論的な転回を背景に、白人であることを問う白人性研究は大きな発展をみせることになった。ここで、白人性とは、白人／非白人の差異のシステムによって形づくられるもので、白人が自分や他者や社会をみる視点、無徴で (unmarked) 名前のない (unnamed) 文化的な実践、人種的な特権という構造的に優位をなす位置などから構成されているものをいう (Frankenberg, 1993)。

　白人性研究は、1990年代以降、歴史学、社会学、カルチュラル・スタディーズ、文芸批評、法学、教育学など多くの学問領域で展開する、人種やエスニシティへの新しい研究アプローチとなっていった。

2-3　批判的人種理論と多文化教育

　多文化教育において、白人性への問いは、批判的人種理論の導入という形で展開した。批判的人種理論は、多様性の概念や不平等な社会構造についての伝統的なアプローチへの挑戦として、人種の理論や概念の活用を試みようという法学の研究から生まれたものである。

　アメリカ社会においてはメリトクラシーが機能しており、肌の色の違いによる差異はもはや社会的に意味をもたないとする「カラー・ブラインド」の考えが白人の主流集団の間では支配的であった。この考えに立てば、人種主義は人種偏見をもち差別的な言動をする少数の個人の問題であり、大多数の白人にとっては関係のないことになる。

これに対して、批判的人種理論は、人種による違いは社会的に決定的な意味をもつとする「カラー・コンシャス」の立場から、人種主義はアメリカ社会のなかにごく普通に存在するという前提に立つ。すなわち、白人であることは自然であたりまえとして生きられているが、この歴史的・社会的に構築されている白人性こそが人種主義を支え社会の階層構造を形成していると考える。したがって、同理論において人種主義は、偏見やステレオタイプをもつ個人の問題ではなく、人種をめぐる人々一般の意識や常識によって生み出されるアメリカ市民全体の問題としてとらえ直そうとするのである。

　批判的人種理論は、1970年代半ばに、リベラルな公民権運動のもとで遅々として進まない改革に業を煮やしたベル（D. Bell）やフリーマン（A. Freeman）などの法学研究者の間で提案され、1990年代の中頃までには法学の主要な論文や単行本として数多くの出版物が出るまでに発展した（Ladson-Billings, 2009）。

　教育においては、人種概念の理論化の必要性を感じたラドソン-ビリングズ（G. Ladson-Billings）らによって紹介され、1990年代の終わりには多文化教育の中でも浸透していった。学術雑誌においても、1998年には *International Journal of Qualitative Studies in Education* で、2002年には、*Qualitative Inquiry* および *Equity and Excellence in Education* などにおいて批判的人種理論の特集が組まれるまでに成長している。

　批判的人種理論では、アメリカ社会において白人の社会的意味が、意識化されない文化的な規範や構造的な特権として、いかに社会的に構築され機能しているのかといった白人性と人種関係の問題の解明がめざされてきたといえる。

3. 多文化教育と社会的不平等

3-1　多文化教育と教育の不平等

　では、批判的人種理論を取り入れることで、多文化教育では、アメリカ社会における教育の不平等の問題にどのように切り込んでいるのだろうか。

　批判的人種理論によれば、白人性は、アメリカにおいて所有の権利と結びつきながら歴史的に構築されてきたという。すなわち、だれが白人に含まれるかという白人の定義については歴史的に変化してきている。その一方で、白人性というものは、白人がアメリカに渡り先住民の土地を収奪して以来、人権では

なく所有権とつねに結びつき、白人であることが所有を許される資格をもつものとして一貫して意味づけられ、実践されてきたことを、批判的人種理論に基づく研究は実証的に明らかにしてきたといえる。

　批判的人種理論の教育への援用を試みているラドソン−ビリングズらは、次のような三つの基本的な考え方を提示している（Ladson-Billings & Tate, 1995）。それらは、①人種はアメリカにおいて不平等を決定する際に重要な要因であり続けている、②アメリカ社会は所有権に基づいている、③人種と所有権の交差は社会的（結果として、学校の）不平等を理解する分析的な道具となる、である。

　教育の中の不平等をみると、白人性と所有権（知的所有権も含む）とが結びつき、白人の持てる者が最もすぐれた教育を受ける機会にアクセスする特権を享受している。教育費が固定資産税に基づくアメリカでは、白人と人種的マイノリティの居住パターンの違いにより、学校の施設設備の面で著しい格差を生んでいる。大都市の豊かな地域では、一人当たりの教育費が1万ドルを越えるような学校区がある一方で、人種的マイノリティの集住する貧しい地域では学校の施設設備は劣悪な状況にあり、場所によっては十分な教員を雇用できないようなところもある。

　人種間の格差はまた、そこで学ばれる教育内容といった知的所有権にも及んでいる。学校で教えられる公的知識（official knowledge）は、客観的で政治的に中立と見なされがちであるが、現在の社会秩序を維持する白人の主流集団の文化に偏向する傾向にある。主流である白人がその内容の編成の決定を担う地位にいる場合が多く、意図的というよりは無意識に当然なこととして西洋中心主義的な社会秩序を保守する内容が選ばれてしまうのである。

　さらに、教育の質は選択する学校や課程に依存しており、主流の白人の子どもは一般に、選択の幅が大きく豊かで挑戦的なカリキュラムや指導を経験する一方で、貧しい人種的マイノリティの子どもは、選択の余地のない基礎的なカリキュラムで記憶中心のドリル学習に終始しがちである。教育評価についても、人種間に教育機会の不平等がある中で、教育条件を改善することなく標準テストによる評定を下す現行のやり方は、文化資本をもつ主流集団に優位に機能している。こうした格差は、教室の資源、テクノロジー、教員雇用条件、待遇や力量など、教育の質に関わるさまざまな領域にまで浸透しているのである。

このような白人の特権性の生み出す文化的実践は、所有権と結びつきながら教育のさまざまな領域において人種間の格差をつくり出しているといえる。批判的人種理論は、学校の予算配分や人種的隔離だけではなく、教育の目標、内容、方法、評価など、現在の学校教育で行われている実践の全体を広く分析し批評する新しい方法を提案するものであった。

3-2　白人性の視点と多文化教育の課題

　多文化教育は、白人性という概念を導入することで、たとえば以下に示すような人種問題に対峙する新たな視点を獲得したといえる。

　第一に、白人性を問うことで多文化教育は、人種主義における隠されてきた中心を問う視点を得ることになったのである。これまで意識の外にあった白人であることに焦点をあて、白人のものの見方、特権、文化的規範といった人種主義を支えるマジョリティの文化実践や力作用、それによって生産・再生産される不平等な社会構造の解明が試みられるようになったのである。

　第二に、白人性の概念によって多文化教育は、人種主義をすべての人々に関わる問題として扱うことが可能になったのである。人種主義はこれまで、差別の対象となるマイノリティ集団の闘うべき問題として扱われる傾向にあった。しかし、人種問題において白人である意味を問うことで、マジョリティを含めたすべてに関わる問題として人種が再概念化されたのである。

　第三に、多文化教育は人種主義を温存している白人性を脱構築し、人種的に平等で公正な社会へと変革していく視点を得たといえる。白人性が本質的な実体をもつものではなく、社会的につくられたということは、理論上はつくり変えることができることを示唆している。不平等な社会構造を再生産する白人性の脱構築を進める視点は、社会変革への可能性を拓いたのである。

　多文化教育において白人性を問うことへの転回は、これまで不可視であった人種主義を維持する権力装置を正面から取り上げ、社会変革へ向けた教育実践への新たな地平を拓くものであった。多文化教育は白人性を問題にすることで、マジョリティの大きな物語を脱構築するとともに、マイノリティの視点から平等で公正な多文化共生をめざす教育を再構築する新しい理論的な枠組みを得たといえる。

4. 多文化教育で育成が求められる資質・能力

4-1 アメリカの多文化教育が示唆するもの

では、アメリカにおける多文化教育の展開が、多文化共生を担う日本人に求められる資質・能力の議論に、どのような示唆を与えてくれるのだろうか。

ここでは、白人性研究に着想を得て、「日本人性（Japaneseness）」の概念を設定することにしたい（松尾, 2007）。日本人性（日本人であること）とは、白人性の定義に従えば、日本人／非日本人（外国人）の差異のポリティックスによって形成されるもので、日本において、目に見えない文化実践、自分・他者・社会を見る見方、構造的な特権から構成されるものとしてとらえることができる。

すなわち、日本人性（日本人であること）は、第一に、不可視な文化実践をもつことを意味する。日本社会では、日本人の制度、慣習、好みにしたがって生活が営まれるが、こうした文化的な慣行はあたり前のことであり、通常意識されることはほとんどない。第二に、日本人であることは、自分・他者・社会を見る見方をもつことを意味する。日本社会の中で何がノーマルで価値があるかは、マジョリティ（日本人）の基準をもとに決定される。第三に、日本人であることは、構造的な特権をもつことを意味する。日本人は、目に見えない文化的な規範をもつため、自らのルールが暗黙のうちに優先されるという人種関係における特権を有している。

これらの文化的な標準や特権は、空気の存在を意識しないように、マジョリティ（日本人）側には当然のこととして認識されない。そのため、マイノリティ（非日本人）の主張は、マジョリティの不可視な日本社会の基準に合わないものとして排除されてしまう傾向にある。多文化共生をめざすには、このような日本人性に伴う日本人と外国人の間の非対称な社会関係や不平等な社会構造を変えていく必要があるだろう。多文化共生の実現には、暗黙の了解とされている力関係や文化実践を「見える化」するとともに、マジョリティとしての日本人自身が変わっていくことが不可欠なのである。

4-2 多文化教育で育成がめざされる資質・能力

次に、日本人性の概念を手がかりに、多文化教育で育成がめざされる資質・能力として、以下の３点を提案したい。

(1) 日本人性に気づき、自分自身が変わろうとする資質・能力

第一に、日本人性に気づき、マジョリティである自分自身が変わろうとする資質・能力が求められるだろう。日本人であることの自文化中心主義的なパースペクティブを自覚し、自らが日本社会の脱中心化を試みようとする意識改革が必要である。

自分たちの生まれ育った経験や文化が、ものごとについて考えたり理解したりする基本になるため、私たちは日頃、身の回りの世界、他者、自分自身について、自文化の視点からとらえている。たとえば集団行動を重視するといった視点は、日本人性で検討したように、日本社会の中では、マジョリティとして、目にみえない文化的な規範を形成しており、そのルールが暗黙のうちに優先されるように機能している。

一方、こうした文化的な規範や特権は、マジョリティ側には当然のことであるため認知されることはほとんどない。そのため、マイノリティのものの見方や考え方は、(マジョリティ) 社会の基準に合わないものとして排除される傾向にあり、「踏まれた足の痛みは、踏まれた者にしかわからない」ことになるのである。

したがって、社会の人間関係を変えていくには、マジョリティが変わることが不可欠である。私たちにはまず、日本人性のもたらす自らの自文化中心主義に気づき、多文化共生に向けて自分自身が変わろうとする資質・能力を培っていくことが求められるのである。

(2) 文化的な差異を理解し、マイノリティの声に耳を傾ける資質・能力

第二に、文化的な差異を理解し、マイノリティの声に耳を傾ける資質・能力が求められるだろう。文化的な多様性と同質性についての敏感な感覚や認識をもち、自分とは異なる他者の語りを真摯に傾聴していくことが必要である。

私たちはしばしば、文化の差異にばかりにとらわれ、自分とは異なる他者を二項対立的にとらえてしまう傾向にある。異なる文化間のコミュニケーションを考えると、この文化を実体化する本質的な見方である文化本質主義が、人と人との間に境界を作り相互理解を困難にしている場合も多い。

一方、多様性というものは、現実には、きわめて重層的であり状況に依存している。個人は複数の文化集団（国籍、人種・民族、言語、宗教、ジェンダー、セク

シャリティー、社会階層、障がいの有無、年齢、そのほかの集団）に同時に帰属しており、個人の視点からいずれの集団が意味をもつかは状況によって異なる。同じ個人であっても国境を越え、あるいは、文化集団の境界を跨げば、立場は逆転することも多い。また、時間的な経過により、所属する集団やその重要度が変化することもありうる。多文化社会に生きる私たちは、状況に応じていかなる位置取りをしていくかで、自らの立ち位置は多様な現れ方をするものといえる。時として、私たちはマジョリティになったりマイノリティになったりするものなのである。

　したがって、私たちは、文化的な差異だけではなく、個人的な差異をもち、また、人間としての共通性をもつ存在といえる。換言すれば、私たちは、異質性と同質性を合わせもち、異なる存在であると同時に等しい存在であるといえる。私たちは、このような多様性と同質性のあり様に敏感になるとともに、そのような理解のもとにこれまで沈黙させられてきたマイノリティの声に真剣に耳を傾けていくことが大切になってくるのである。

(3) 多文化共生社会を築いていこうとする資質・能力

　第三に、多文化共生社会を築いていこうとする資質・能力が求められるだろう。自分とは異なる人々と共に生き、よりよい社会をつくっていくことへの決意と意思が必要である。

　多文化社会の現実というものは、アメリカの事例が示すように、サラダボールやオーケストラのイメージのような平和的共存というよりは、異なるパースペクティブのために、利害が対立し競合する衝突の絶えない社会といった性質のものであろう。さまざまな視点をもつ人々がいることを考えると、そういった摩擦や軋轢はしかたのないことかもしれない。

　しかし、共に生きていくためには、こうした困難さを認識しつつ、お互いの違いを認め合いながら、共通のルールを見出していく必要があるだろう。その際、自文化中心主義的な自己主張に終始すれば、意味のあるコミュニケーションは成立しない。異なる視点を知り、個々の物語にしっかりと耳を傾け、共に生きる道を探っていかなければならない。そこで大事なのは、異なる他者を完全に理解することはできないという現実を受け止めつつも、可能な限り理解しようと努力する前向きで誠実な姿勢であろう。

私たちは多文化社会の形成者として、自律した個人同士が、異なる他者と関わり合い協働して、さまざまな課題を共に乗り越えていくことで、よりよい社会を創造していくことが求められている。グローバル化が加速する今日、多文化共生社会に向けて、社会正義の視点をもち、相互理解を図りながら、ともに問題解決していく責任ある多文化市民となっていく決意と意思が求められるのである。

4-3　多文化教育で育む資質・能力と社会科教育

　以上に示した多文化教育で育むことがめざされる資質・能力は、多文化の視点から社会科教育を再考していく上で大きな示唆を与えてくれるものでもある。すなわち、日本社会の多文化化が進む中で、社会科教育の刷新に向けて、多様性や多文化共生という課題をその中核に位置づける一つの指針を示すものといえるだろう。

　社会というものは、多様な背景を有する人と人との関係により構成されている。個人は、複数のさまざまな文化集団に属し、時間的・空間的な状況に応じて多様な位置どり（positioning）をしていることを考えると、差異と共に生きることが社会の基本といえる。社会科教育は、公民としての資質・能力の育成を目的とするが、その構成員に多様性として特徴づけられる日本社会をよりよいものに共創していく資質・能力を育てることが不可欠なのである。

　したがって、社会（地歴・公民）科教育の核心には、自分とは異なる人といかに生きていくのかという課題があるといえるだろう。歴史教育では時間的な認識を育て、地理教育では空間的な認識を培い、また、公民教育においては時間軸と空間軸の交わる現代の社会や生活の課題の発見や解決を追究していく。こうした時間的・空間的認識や現代社会の課題発見・解決の力量を培う際に、多文化の視点をもつことがきわめて重要になってくるのである。

　多文化の共生は、きわめて困難な課題である。白人性の議論からわかるように、偏見や差別、不平等な社会構造といった問題を解決することは、それほど容易なことではない。マジョリティの文化的な規範や社会的特権は、通常彼らの意識にのぼらないため、知らず知らずのうちに実践され再生産されてしまうのである。私たち日本人もまた、日本社会の文脈において、多文化共生の難問に直面していることを自覚する必要がある。

こうした認識に立って、社会科教育においては、多文化の視点から、時間を超えた人々、空間を異にする人々を理解したり、現代社会の課題について多様な人々と共に解決したりする力量を身につけることがきわめて重要な課題となってきている。そのためには、前述したような、①日本人性に気づき、自分自身が変わろうとする資質・能力、②文化的な差異を理解し、マイノリティの声に耳を傾ける資質・能力、③多文化共生社会を築いていこうとする資質・能力を育んでいくことが求められるといえる。

　すなわち、マジョリティとしての日本人が、自らの日本人性のもたらす自文化中心主義的な傾向を認識し、自己の脱中心化を図っていく必要があるだろう。また、多様性の現実の理解をめざして、多様な他者の声に傾聴しようとする姿勢や意欲を育てることが必要であろう。さらに、異なる人々との対話による相互交流を深め、多文化市民として協働しながら、多文化共生の実現に向けて取り組んでいくことが求められるだろう。ここで示した三つの資質・能力は、多文化社会を前提とする社会科教育を構築していくための方向性を示すものといえる。

5. おわりに

　日本においては現在、新自由主義的な経済政策の下で、グローバル化の著しい知識社会で活躍するグローバル人材を育成するための議論がさかんである。もちろん、ボーダレスな国際社会で主体的に行動できる資質・能力を育てることは重要であるだろう。しかし、移民時代を迎えようとしている日本社会を考えると、国際社会での競争を勝ち抜く外向きの人材育成だけではなく、日本という足下のインクルーシブな多文化社会を共創する責任ある市民の育成が求められているといえる。

　この点で、アメリカにおける多文化教育は、日本の文脈において、多文化共生を考察していく上で重要な示唆を与えてくれるものであった。多文化教育における白人性をめぐる展開は、日本において「日本人性（日本人であること）」を問うことの必要性を示唆している。隠れた中心を表現する「日本人性」という概念を設定することで、日本人であることの目に見えない文化規範や社会的特権を浮き彫りにすることができ、日本人の視点から構成された日本という多

文化社会の脱構築を進めていく可能性が拓かれるのである（松尾, 2005）。日本人性とは何かを追究することは、日本社会において多文化共生を進めていく上で一つの指針となるものなのである。

　公民としての資質・能力の育成をめざす社会科教育においては、異なる人々が共生するという難問を直視し、多文化共生を築いていく市民の醸成を進めていくことは直近の課題となっている。すなわち前述したような多文化社会を担う資質・能力の育成をめざして、マイノリティの視点に立った平等で公正な多文化社会を再構築していく多文化教育としての社会科教育のあり方が求められているのである。

　人口減少社会の進展に伴い移民時代の到来が現実的になり、多文化共生の課題がますます重要度を増している今日、差異にかかわらずだれもが自分らしく生きられる社会を築いていくためにも、日本人であることの特権を自ら問い直し、多文化共生の実現にコミットできる資質・能力の育成をめざした多文化教育の推進が社会科教育の大きな課題の一つとして期待されているのである。

【引用文献】
松尾知明（2005）「『ホワイトネス研究』と『日本人性』——異文化間教育研究への新しい視座」異文化間教育学会『異文化間教育』22、アカデミア出版会、15-26頁。
松尾知明（2007）『アメリカ多文化教育の再構築——文化多元主義から多文化主義へ』明石書店。
松尾知明（2013）『多文化教育がわかる事典——ありのままに生きられる社会をめざして』明石書店。

Frankenberg, R. (1993). *White women, race matters: The social construction of whiteness.* Minneapolis, MS: University of Minnesota Press.
Ladson-Billings, G. & Tate, W. F. (1995). Toward a critical race theory of education. *Teachers College Record, 97*(1), 47–68.
Ladson-Billings, G. (2009). Race still matters: Critical race theory in education. In M. W. Apple, W. Au, & L. Armando Gandin (Eds). *The routledge international handbook of critical education.* New York: Routledge. （グロリア・ラドソン-ビリングズ著、松尾知明訳（2017）「人種はいまなお問題である——教育における批判的人種理論」M. W. アップル、W. アウ、L. A. ガンディン編『批判的教育学事典』明石書店、161-177頁）

第3章

日本における多文化教育政策の展開

福山文子

1. はじめに

　本章では、多文化教育政策を「異なる文化的、人種的、民族的、宗教的集団に対する肯定的態度の育成」[1]に関連付けられるものと位置付けた上で、日本における多文化教育政策の展開について論じていく。このような態度の育成を多文化教育政策の指標として援用する理由は、多文化教育が単なる知識・理解の教育ではなく、人種差別、階級差別、性差別などに対抗する実践的教育方略であり、その主要な目的の一つが、このような態度の育成であると指摘されているからである（森茂, 2001: 117）。また、多文化教育が「一国内の多様性を尊重し、―中略―あらゆる文化集団への理解と受容を促進することを通して、差別や偏見をなくし、それらの人々に等しい教育の機会と文化的選択を提供することを目的として行われる教育の総体」（福山, 2007: 137）であることから、この態度の育成は、マジョリティを中核としたすべての子どもたちに求められるものと考えられる。

　1985年時点で小林は、「日本に多文化教育の概念を導入することが可能かどうかはまだ今後の課題である」と述べつつ、「在日外国人のなかでもその最大多数を占め、また過去に最も深い関係をもつ在日韓国・朝鮮人子弟の教育を、日本における多文化教育の最も緊急な課題と位置づけることができる」（小林, 1985: 345-346）と論じている。この小林の言葉からは、1985年時点で多文化教育政策は存在していないこと、および当時既に多文化教育に関連する課題が存在していたにもかかわらず、その導入が簡単ではないと認識されていたことが

読み取れる。加えて、2016年時点においても、「文部科学省は、依然として多文化教育なり多文化共生教育という言葉の積極的な使用は避けている」との指摘がある（佐久間, 2016: 16）。多文化教育導入の難しさはどこから来るのか。また、文部科学省が、その言葉の積極的使用を避けるのはなぜなのか。日本における多文化教育政策の展開を論じるためには、先ずこれらの疑問に向き合う必要があると思われる。

そこで本章ではまず、その後の外国人児童生徒教育の指針となったと言われる（太田, 2005: 58-59）、1965年12月28日付の「日本国に居住する大韓民国国民の法的地位および待遇に関する日本国と大韓民国との間の協定における教育関係事項の実施について」（以下、在日朝鮮人子弟の教育に関する文部事務次官通達）が出された当時の日本政府の考え方に迫ることで、これらの疑問に向き合うこととする。次に先行研究によって、現時点までの日本における多文化教育政策の到達点を確認する。さらに、今後の多文化教育政策を窺い知る資料として、教育再生実行会議第9次提言（2016年5月）と「学校における外国人児童生徒などに対する教育支援の充実方策について」（報告）（2016年6月）を取り上げる。以上の一連の作業を通して、日本における多文化教育政策の展開をとらえると同時に、今後の課題について検討することを試みたい。

2. 在日朝鮮人子弟の教育に関する文部事務次官通達と内閣調査室『調査月報』、そして参議院日韓条約等特別委員会の議論

1965年は、「日本国と大韓民国との間の基本的関係に関する条約」（以下、日韓基本条約）が、日本（佐藤榮作）と韓国（朴正熙）との間で調印された年である。同年6月に調印されたこの基本条約を契機として同年12月28日に二つの文部事務次官通達が出されている。「在日朝鮮人子弟の教育に関する文部事務次官通達」、および「朝鮮人のみを収容する教育施設の取り扱いについて」である。その後の外国人児童生徒教育の指針となったと言われるものは、前者である。本節では、この文部事務次官通達の概要をおさえたうえで、1965年7月の内閣調査室『調査月報』、およびこの通達が出された直前の1965年12月4日に開催された、参議院日韓条約等特別委員会の議論に着目し、当時の日本政府の考え方に迫る。この作業は、当該通達の根底にある意識をあぶりだすこと

につながるだろう。

2-1　在日朝鮮人子弟の教育に関する文部事務次官通達

　この通達は、「協定の実施に伴う事項」と、「協定の実施に関する事項」の二つから構成されており、後者の「協定の実施に関する事項」には、以下の四つの項目が含まれている。

　①授業料などの扱い関係
　②盲学校、ろう学校および擁護学校関係（ママ）
　③永住を許可された者以外の朝鮮人の教育上の取り扱いに関する事項
　④教育課程に関する事項

　③には、永住を許可された者以外の朝鮮人についても、日本の小学校または中学校において教育を受けることを希望する場合には①、②に掲げる内容の取り扱い、つまり日本人の子弟や、永住を許可された者と同様の扱いをすると書かれている。④には、一条校に在籍する永住を許可された者およびそれ以外の朝鮮人の教育については、日本人子弟と同様に取り扱うものとし、教育課程の編成・実施について特別の取り扱いをすべきでないこと、と書かれている。その後の外国人児童生徒教育の指針となったと言われるものは、この通達の中の③、および④である。さらに多文化教育政策と関連付けられるのは④であると考えられる。

2-2　内閣調査室『調査月報』7月号

　内閣調査室は、内閣の重要政策に関する情報の収集および分析そのほかの調査に関する事務などを行っている現在の内閣情報調査室の前身である。『調査月報』7月号には、その前月の日韓基本条約調印が影響していると推察されるが、「韓国の政治経済情勢——朴政権『民政一年半』の歩み」、「北朝鮮の政治経済情勢——外交政策の展開と経済建設の現状」、「在日朝鮮人に関する諸問題」など、韓国・朝鮮にかかわる事項が多く含まれている。そして、「在日朝鮮人に関する諸問題」の中には、以下のような記述があり、当時の日本政府の「在日朝鮮人子弟の教育問題」への意識を窺い知ることができる（以下の下線の強調は筆者によるものである）。

> 「在日朝鮮人子弟の教育問題も、わが国社会に定着してその構成分子となり、除去することのできない異民族の各個人の人格形成の問題としてきわめて重要な問題点を含んでいるのである」(『調査月報』p.63)
>
> 「わが国に永住する異民族が、いつまでも異民族としてとどまることは、一種の少数民族として将来困難深刻な社会問題となることは明らかである。彼我双方の将来における生活と安定のために、これらのひとたち(在日朝鮮人)に対する同化政策が強調されるゆえんである。すなわち大いに帰化してもらうことである。帰化人そのものは、たとえば半日本人として日韓双方の人から白い眼で見られることもあり、大いに悩むであろう。しかし、二世、三世と先にいくにしたがって全く問題ではなくなる」(『調査月報』p.73)。

　上記のように、日韓基本条約の調印直後に国の見解として「同化政策が強調」された事実は、看過されてはならないだろう。そして、その5ヵ月後に出された「在日朝鮮人子弟の教育に関する文部事務次官通達」に「日本人子弟と同様に取り扱うものとし、教育課程の編成・実施について特別の取り扱いをすべきでないこと」と記されたことは、この「同化政策の強調」と連動するものととらえられよう。「彼我双方のため」と言いつつも、「除去することのできない異民族」の文化を配慮するはずはなく、「日本人子弟と同様に取り扱う」「教育課程の編成・実施について特別の取り扱いをすべきでない」との方針が打ち出されたものと考えられる。

2-3　参議院日韓条約等特別委員会の議論

　参議院日韓条約等特別委員会は、1965年11月20日から、同年12月4日にかけて10回開催されている。本項では、主に教育について論じられている10回目の会議に着目する。この会議においては、四つの案件が付されているが、そのなかで、教育に関係するものは「日本国に居住する大韓民国国民の法的地位および待遇に関する日本国と大韓民国との間の協定」である。同協定の第四条を以下に記す。

> 第四条　日本国政府は、次に掲げる事項について、妥当な考慮を払うものとする。
> （a）第一条の規定に従い日本国で永住することを許可されている大韓民国国民に対する日本国における教育、生活保護および国民健康保険に関する事項

　また、この会議の議事録（第五十回国会参議院日韓条約等特別委員会会議録第十号）は 24 ページにわたって書かれているが、出席者の情報部分などを除くと、議論に関わる部分は 18 ページのみである。そのうち、教育についておよそ 8 ページと極めて高い割合で紙面が割かれていることをここに強調しておきたい。内容は主に小林武議員（日本社会党）からの質問と、それに対する、時の内閣総理大臣佐藤榮作、および文部大臣中村梅吉の答弁である。この議論の直後に出される、事務次官通達と関係が深いと思われる質問と答弁を、同議事録より以下に抜き出す。

> 【小林の質問と内閣総理大臣佐藤榮作の答弁】
> 小林：「法的地位の第四条（a）項にある問題は、日本の教育を受けさせるということに関する問題であります。―中略―三十六年間植民地支配をやってきた、その植民地支配のもとにおいて一体失われたものは何であるか、こういうことを考えますとき、総理が日ごろご発言なさっているように、善隣友好というような問題、あるいは長い歴史的な関係という問題をさらにこれを含めてみました場合に、これらの問題については単に四条の（a）項に盛られた問題だけで足れりとするわけには私はいかないと思うわけであります。―中略―お考えがあったらここにお示しを願いたいと思うわけであります」
> 佐藤：「……植民地を解放して独立したのだ、独立した教育をしたいのだ、ということであれば、それはその国においてなされることはいい。ここは日本の国でございますから、日本にまでそれを要求されることはいかがかと、かように私は思うのであります。はっきり申し上げておきます」

　この佐藤の答弁に対し、小林は「単に日本の教育を日本人としての教育を受けさせる便宜を与えるだけだということでは私は済まないと考えているわけであります」と応じている。

【小林の質問と文部大臣中村梅吉の答弁】
小林：「文部大臣にお尋ねをいたしたいわけです。―中略―この第四条の教育に対する「妥当な考慮」ということは、内容的にはどういうことなのか、これを詳細にひとつお話しをいただきたいわけです。とにかく、この協定の中に「教育」という文字は二字しか使われていない。たった二字の問題でございますけれども、これは両国間の教育の問題――先ほど申し上げました教育の問題からさらに発展して、一体、外国人の教育はどうするのかという問題にも発展するさまざまな要素を持っておるわけでありますから、―中略―お尋ねいたします」

　中村の答弁の中で、重要と思われる言葉を以下に抜粋する。

中村：「現在各種学校として認可されております朝鮮－韓国および北鮮系の学校が三十四校ほどございますが、これはさしあたり私どもこの認可を取り消すとか、その他さような具体的なことは考えておりません。ただ一つ考えられますことは、日本の国も独立国で日本国憲法があるのでありますから、憲法を誹謗したり、憲法を否定するような教育を盛んにするような学校があれば、これに対しては今後適切な処置を講じていかなければならない、かように考えております。―中略―まあ、一口に言えば、日本国憲法は自由主義の憲法だと思いますが、こういうことを否定し、反日的な教育をするような者がもしあるとすれば、そういう者に対しては今後どうするかは検討していく必要がある、かように申し上げたわけでございます」

　上記に象徴される一連の中村文部大臣の答弁に対して、小林は強く反発する。たとえば、「学校の中で憲法を否定するというのはどういうことなんですか。明らかでないですよね」「さっぱり明快ではないですな。こういうことをわれわれが国会の中で議員とそれから政府との間で討論したというようなことは恥ずかしいことですよ。そうではありませんか。事実、反日教育をやったというような具体的な事例がある、日本の憲法を破壊しようというような行動をしたというようなことになれば、事実があるならばわれわれといえどもそれは許さない。しかしながら、ないものを、起こったら困るなどというようなことでいろいろ考えるのは、これはどういうものですか。」「北鮮のほうではやっているということを耳にしていますなんというようなことを、私は、一国の文部大臣が、一体、そういう不正確なことをいっちゃいかん、そういうことで私は問題だと思

> うんです」「事実を指摘できないのに、一体こういうものを世間に流布しているようなこういうものに対しては私は軽蔑を感ずる。そういうものを一体国会の中の答弁として言うことについても、私は不謹慎だから取り消してもらいたいと思っている」「そういう立場で少なくともこれから外国人の教育というものをやるということになると、文教政策の一大汚点なんだ」

　中村文部大臣の答弁には、「偏見」と断じられても反論できない要素が含まれている。少なくとも、「異なる文化的、人種的、民族的、宗教的集団に対する肯定的態度」を認めることはできないだろう。以上のことから、在日朝鮮人子弟の教育に関する文部事務次官通達が出された当時の日本政府の考え方が浮かび上がってくると思われる。当該通達は、「これらのひとたち（在日朝鮮人）に対する同化政策が強調される」ことがあたり前だった中で、「異なる文化的、人種的、民族的、宗教的集団に対する肯定的態度」が欠落しているともいえる文部大臣の下で出されている。そして、この通達がその後の外国人児童生徒教育の指針となっているのである。

3. 多文化教育政策の到達点

　ここでは、地方自治体が行っている多文化教育政策について論じている森茂の記述を中心に、日本のこれまでの多文化教育政策の到達点を確認する。森茂は、地方自治体が行っている多文化教育政策について、奈良県、広島県、大阪府、および神奈川県を事例として挙げ論じている。特に神奈川県については、1990年の3月に「在日外国人（主として韓国・朝鮮人）にかかわる教育の基本方針」が出され、次いで1994年には神奈川県在日外国人にかかわる教育研究協議会が作成した『民族共生の教育を拓こう』において、「多文化教育を教育内容原理の一に置きたい」との表現が用いられたことに触れ、「自治体の出した在日外国人に関する『指導指針』や『手引き』の中に『多文化教育』という言葉が使用されたのは、おそらくこの文書が初めてでないかと思われる」と述べている（森茂, 2001: 101）。さらに下記の基本方針にも、また奈良県、広島県、大阪府の教育指針においても「多文化教育」や「多文化共生社会の実現」という文言は使われていないものの同じベクトルの記述がある。

【「在日外国人（主として韓国・朝鮮人）にかかわる教育の基本方針」（神奈川県）】
①学校教育では、人間尊重の精神を基盤にした国際理解教育を深め、正しい認識に立って差別や偏見を見抜く感性を養うとともに、差別や偏見を批判し排除しようとする勇気ある児童・生徒を育成する。また、在日外国人児童・生徒に対しては本名が名乗れる教育環境をつくり、民族としての誇りをもち、自立できるよう支援する。
②社会教育では、差別や偏見を根絶し、共に生きることのできる国際社会の実現をめざし、指導者の啓発・研修をはじめ、生涯学習の充実に努める。
③教育行政では、在日外国人にかかわる教育に関する理解と認識を深めるため、学校教育および社会教育の充実を図るとともに、あらゆる機会をとらえて啓発活動を進める。

　上記の、「在日外国人（主として韓国・朝鮮人）にかかわる教育の基本方針」（神奈川県）には、「人間尊重の精神を基盤にした国際理解教育を深め」という表現や、「差別や偏見を見抜く感性を養う」、あるいは「差別や偏見を批判し排除しようとする勇気ある児童・生徒を育成する」という表現が使われている。「多文化教育」などの言葉は使用されていないが、「異なる文化的、人種的、民族的、宗教的集団に対する肯定的態度の育成」に向けたものであると言えよう。
　以上のことから、地方自治体レベルでは、「異なる文化的、人種的、民族的、宗教的集団に対する肯定的態度の育成」に向けた多文化教育政策が実施されていることを確認することができる[2]。

4. 今後の多文化教育政策

　前節ではこれまでの多文化教育政策の到達点を確認したが、ここでは、今後の多文化教育政策を考える上で、教育再生実行会議第9次提言と、「学校における外国人児童生徒などに対する教育支援の充実方策について」（報告）[3] に関して検討する。

4-1　教育再生実行会議第9次提言
　2016年5月20日に出された、教育再生実行会議第9次提言「すべての子供

たちの能力を伸ばし可能性を開花させる教育へ」の第1節「多様な個性が生かされる教育の実現」の5項目に「日本語能力が十分でない子供たちへの教育」についての箇所があり、「そのような子供たちも適切な教育を受け、能力を伸ばし、社会性などを身に付けることができるよう、良質の教育環境を確保する必要がある」とされている。そして、取り組むべきものとして、以下の項目が挙げられている。

①不就学の子供の実態把握
②支援人材の確保など地域ぐるみで支援する体制の整備
③日本語能力が十分でない子供についての情報の適切な引継ぎ
④特別な教育課程の編成・実施など
⑤日本語指導などのためのICTを活用した教育の推進、開発
⑥就労を見据えたキャリア教育などの充実

どの項目も重要であるが、提言の本文の中に「異なる文化的、人種的、民族的、宗教的集団に対する肯定的態度の育成」に関わる記述は認められない。したがって、上記の提言の中に、多文化教育政策の視点を見出すことは困難と言えるだろう。

4-2 「学校における外国人児童生徒などに対する教育支援の充実方策について」（報告）

この報告書は、前項の第9次提言を受け、学校における外国人児童生徒などに対する教育支援に関する有識者会議で議論され出されたものである。「小・中学校における外国人児童生徒などの受入体制の整備や日本語指導・適応指導の充実を図ることが急務となっている」を含む、会議設置趣旨のもと、2015年11月から2016年6月にかけて6回実施されている。以下枠内に、同報告書において整理・提示されている、四つの課題を示す。

【報告書で示されている課題】
①日本語指導が必要な児童生徒数が増加傾向にあること、および指導にあたる教員不足
②日本語と教科の統合指導にかかわる「特別の教育課程」の普及・啓発、および教員の配置などの体制整備

③「日本語能力が十分でないなどの理由により、希望しても高等学校への進学を果たせずに就職・帰国せざるを得ない状況」への対応
　④外国人児童生徒などをもつ保護者への日本語教育や親子日本語教室の全国的な拡大

　同報告書においては、これまでさまざまな取り組みがなされてきたことで、一定の成果は上がりつつも、全国の公立の義務教育諸学校における日本語指導が必要な児童生徒のうち、実際に指導を受けている者の割合は全体の8割程度で横ばい又は低下傾向にあることが指摘されている。そして、この背景に、日本語指導を必要とする児童生徒数の増加と指導にあたる教員体制が十分に整っていないことが挙げられ、このような状況への対応が急務とされている。加えて、「特別の教育課程」を導入している学校が2割程度と低いこと、日本の義務教育諸学校に在籍している外国人生徒などの日本語能力が十分でないなどの理由により、希望しても高等学校進学がかなわない実状などが指摘されている。

　そのうえで、課題が上記の4点に整理されているのである。4点はいずれも日本語指導や日本語教育にかかわるものであり、対象として想定されているのはいわゆるマジョリティではない。同報告書の基本的考え方の第一に、「多文化共生・異文化理解に基づく教育の必要性と外国人児童生徒教育の重要性」が挙げられていることに鑑みれば、マジョリティの意識変容を企図した視点は不可欠であろう。したがって、同報告書からも「異なる文化的、人種的、民族的、宗教的集団に対する肯定的態度の育成」への積極性を読み取ることは難しいといえる。

5. おわりに

　本章ではまず、その後の外国人児童生徒教育の指針となったと言われる文部事務次官通達が出された、1965年当時の日本政府の考え方に迫った。この通達は、「これらのひとたち（在日朝鮮人）に対する同化政策が強調される」ことがあたり前だった中で、「異なる文化的、人種的、民族的、宗教的集団に対する肯定的態度」が欠落しているともいえる文部大臣の下で出されていた。さら

に1991（平成3）年には、「日本に居住する大韓民国国民の法的地位および待遇に関する協議における教育関係事項の実施について」という通知が出されていることも明記しておきたい。この通知は、1965年の通達などについて「覚書」に署名がなされたことを知らせるものである[4]。このように、1965年当時の意識が問われることなく現在まで踏襲され、確認されていること自体が、現在の日本で「多文化教育という言葉の積極的な使用が避けられている」ことへのひとつの解といえるのではないか。

　先行研究においては、自治体レベルでの多文化教育政策が示されていた。このことは現時点の日本における多文化教育政策の到達点といえ、重要な事実といえるだろう。しかし結論を急ぐなら、多文化教育政策が国レベルで実施されているとは言えないと考えられる。第9次提言には、「異なる文化的、人種的、民族的、宗教的集団に対する肯定的態度の育成」にかかわる記述は認められず、「学校における外国人児童生徒などに対する教育支援の充実方策について」（報告）においても、このような態度の育成への積極性が読み取れないためである。

　現在、国境を越える人々の課題は世界中を揺るがしていると言っていい。「異なる文化的、人種的、民族的、宗教的集団に対する肯定的態度の育成」に関連付けられる、多文化教育政策は、国レベルでこそ実施される必要があるだろう。たとえばドイツでは連邦レベル（各州文部大臣会議：Konferenz der Kultusminister）で、「未知なるものへの偏見を認識し、真剣に受け止める」「他者との違いを尊重する」「自己の見方を反省し、批判的に検討する」などの、明らかにマジョリティを対象とした目標が設定されている[5]。

　一方日本においては、2008年1月に、外国につながる子どもたちが原告となり、「マイノリティとしての教育を受け、マイノリティの言語を用い、マイノリティの文化について積極的に学ぶ環境を享受できる権利」をめぐる裁判が起こされたが、大阪地裁で敗訴した。その後原告側は控訴したものの、同年11月に大阪高裁で控訴棄却の判決が下されている[6]。この判決を例外的なものと看過していいだろうか。類似の裁判が繰り返されないためにも、異なる文化集団に対する肯定的態度の育成が国レベルで推進されることが望まれよう。そのためにも、1965年当時の日本政府の考え方を改めて確認し、課題意識をもって問い直すことが必要なのではないだろうか。この問い直しが、「異なる

文化的、人種的、民族的、宗教的集団に対する肯定的態度の育成」を目指す、国レベルでの政策の起点となると考える。

　一方で、国レベルの多文化教育政策の不在を補完してきたともいえる先進的な自治体の政策[7]や実践は、多様な文化の尊重を価値として認識している人々が創り出し、支えてきたものと考えられる。1965年当時の意識の問い直しを前提としながらも、同時に、このような政策や実践の共有の輪を広げることにより、自治体レベル、学校レベル、さらには教室レベルで「異なる文化的、人種的、民族的、宗教的集団に対する肯定的態度の育成」を推進していくことが求められるのではないだろうか。

《注》

1) 森茂は、バンクス（J. A. Banks）が述べた多文化教育の主要な目的の一つとして文中に引用している（2001: 117）。
2) さらにこのような態度の育成につながる多文化教育の実践も存在している。詳しくは、森茂（2001: 104-119）を参照のこと。
3) この報告について詳しくは、福山（2018: 32-41）を参照のこと。
4) 平成3年1月30日付、各都道府県教育委員会教育長あて文部省初等中等教育局長通知（文初高第69号）。
5) 詳しくは、福山（2016: 92）を参照のこと。
6) 裁判においては、自由権規約27条の「権利を否定されない」という文言などを根拠に具体的な権利が保障されているとは認められないとされた。国際人権文書制定の目的に立ちかえれば、この判例における外国人児童・生徒の文化の享有や教育に関わる人権のとらえ方の消極性に、改めて気づかされる。この裁判について、詳しくは福山（2016: 68-72）を参照のこと。
7) 本文中で挙げた自治体以外にも、たとえば「あいち多文化共生推進プラン2022」には、具体的な施策の中に多文化教育と位置づくものが多数ある。たとえば、施策153、164、166、168。

【引用文献】
愛知県（2018）『あいち多文化共生推進プラン2022』（計画期間2018〜2022）。
太田晴雄（2005）「日本的モノカルチュラリズムと学習困難」宮島喬、太田晴雄編『外国人の子どもと日本の教育』東京大学出版会、57-75頁。
小林哲也（1985）「総括——多文化教育の課題」小林哲也・江淵一公編『多文化教育の比較

研究——教育における文化的同化と多様化』九州大学出版会、337-359 頁。
佐久間孝正（2016）「戦後日本の外国人と子どもの教育——イギリスの移民の子どもの教育との関連で」園山大祐編『岐路に立つ移民教育——社会的包摂への挑戦』ナカニシヤ出版、2-20 頁。
内閣調査室（1965）『調査月報』7 月号。
福山文子（2007）「グローバル化の時代における多文化教育」嶺井正也編著『グローバル化と学校教育』八千代出版、137-52 頁。
福山文子（2016）『「移動する子どもたち」の異文化適応と教師の教育戦略』八千代出版。
福山文子 (2018)「『移動する子どもたち』の教育支援政策の課題と可能性——政府関連報告書を国際理解教育の視点から読み解く」日本国際理解教育学会『国際理解教育』Vol. 24、明石書店、32-41 頁。
森茂岳雄（1996）「学校と日本型多文化教育——社会科教育を中心として」広田康生編『講座　外国人定住問題〔第 3 巻〕多文化主義と多文化教育』明石書店、93-123 頁。

全米多文化教育学会（NAME）の理念

　アメリカでは公民権運動の後、Black Studies から Ethnic Studies、Multiethnic Education、Multicultural Education と多文化教育が体系化されていく一方で、1980 年代末までは多様な学習者のニーズに応える方法について研究する組織は存在しなかった。1990 年 2 月に開催された教師教育学会の年次総会において、この学会内にあった多文化教育の研究グループに対してローズ・ドゥホン゠セルズが、多文化教育の研究と実践を推進し、関係者が互いに学び合う機会を持ち、教育的公正の重要性を唱えるための組織を作ることを提案した。これが全米多文化教育学会（National Association for Multicultural Education）の発足のきっかけである。

　1991 年 2 月に第 1 回の研究大会がニューオーリンズで開催された。大会テーマは「多文化的な教育に向けて」であった。以後現在までに学会が理念として掲げその推進に取り組んできたのは次の 6 点である。①文化的多様性を尊重して受け入れること、②独特の文化的・民族的遺産に対する理解を促進すること、③文化に対して敏感なカリキュラムの開発を促進すること、④様々な文化の中で役割を果たすための態度・技能・知識の獲得を促進すること、⑤社会における人種主義と差別を撤廃すること、⑥社会的・政治的・経済的・教育的な公正を達成すること。2000 年までの大会テーマは専ら「公正の問題 (equity issues)」に置かれ、最近は「社会正義と公正 (social justice and equity)」が掲げられる傾向にある。こうした継続的な取り組みは、Criteria for Evaluating State Curriculum Standards と Definition of Multicultural Education という二つの声明書に結実している。役員たちによって、公正と社会正義に関する 10 本を超える決議文も提出されている。

　学会員の中には社会科に関わる研究者や実践者もおり、何がアメリカの社会科の「核」なのかについては、「社会正義と公正」が "Heart of Curriculum" だと強調する者が多い。また、「多様性への対応」という課題に取り組むことにより、アメリカの社会科が質的に精緻化されていく、とする考え方も強いように感じられる。

　学会が設立されて間もなく 30 年が経とうとしているが、この学会の特色であり財産と言えるのが、初期からの学会員であり既に世界的に著名な学者たちが、依然として学会発表をし、学会の声明文の策定に関与し、学会誌に論文を発表し続けていることなどである。

NAME：www.nameorg.org　　　　　　　　　　　　　　　　（川﨑誠司）

社会正義のための教師団体

　第1章、第4章でも取り上げた社会正義のための教育を実践する教師、学校関係者、大学関係者、教育関連の団体の実践者などに対する支援を行う非営利団体として、Teacher Activists Groups（TAG、教師運動家グループ）がある。これは、Teachers for Social Justice（シカゴ）、Teachers 4 Social Justice（サンフランシスコ）、Educators for Social Justice（セントルイス）、DC Area Educators for Social Justice（ワシントン D.C.）、New York Collective of Radical Educators（NYCoRE、ニューヨーク）などの教師を支援する団体の連合組織であるが、そのほかにもロサンゼルスやボストン、フィラデルフィア、ミルウォーキーにも TAG に加盟している団体がある。

　設立時期や設立の経緯は各団体によって異なるが、団体の目的や目標、活動内容は似通っており、社会正義のための教育を実践するため、カリキュラム開発に関する情報提供や共同プログラムの支援、実践発表やカンファレンス、研修などを実施し、実践者同士のネットワーク構築にも寄与している。たとえばシカゴの Teachers for Social Justice のホームページには、「私たちは反人種差別で多文化・多言語、生徒の経験に根差した教室と学校をめざします。私たちはすべての子どもが配慮され、批判的な教育、そして社会に批判的な疑問を投げかけ、世界に対して『言い返す』ことを支援する教育を受けられるべきだと考えます」とある。そして、Teachers 4 Social Justice の年次大会では、現場で教えている教師、大学教員、NPO の実践者などが、人種差別、イスラム教排外主義、LGBTQ、ジェンダー、移民、貧困などのトピックについて、各教科・学年を対象に様々な実践方法やアプローチを学ぶワークショップを行っている。社会科に関連するものとしては、公民権運動における女性の役割、オーラル・ヒストリーを通したパレスチナ問題の学習、ホームレス問題とジェントリフィケーションを通して学ぶ貧困と障がい者の問題といったテーマのワークショップなどが 2018 年の年次大会で実施された。

　このような団体組織の活動は、社会正義のための教育を実践している、あるいはしたいと考えている教師や教育関係者たちが連帯し、社会正義に対して共同して働きかけていくための機関としての役割も担っている。

（青木香代子）

- Teacher Activists Groups: https://teacheractivists.org/
- Teachers for Social Justice: http://www.teachersforjustice.org/
- Teachers 4 Social Justice: https://t4sj.org/

（いずれも最終閲覧日 2019 年 3 月 21 日）

第Ⅱ部
社会科における多文化教育の理論

　第Ⅱ部では、社会科において多文化教育の授業を開発したり実践したりする際の理論について論じている。特に、多文化教育の強調点である「多様性」と「社会正義／公正」に焦点を当て、それらの視点からカリキュラム開発や実践が行われている北米の例に学んで、日本の社会科（地理教育、歴史教育、公民教育）において多文化教育を展開する場合の示唆について提案している。

　第4章では、アメリカにおける多文化カリキュラム・デザインの方法と、カナダの社会科における多様性と社会正義に関する内容構成の検討から示唆を得て、日本の社会科における多文化教育の単元開発の可能性について論じている。

　第5章では、日本の中学・高校の地理教育において多様性がどのように取り扱われているかを検討すると共に、多様性を中核として構成されているカナダの地理科目における人口学習に注目し、日本の地理教育への示唆について論じている。

　第6章では、アメリカのニューヨーク州の合衆国史カリキュラムの分析を通して、歴史教育で多様性をとらえる方法としての「変換アプローチ」に基づく歴史カリキュラム改革について検討し、日本における多文化歴史教育カリキュラムに向けた示唆について考察している。

　第7章では、公民教育における多様性の認識は、社会的事象の形式的側面と実質的側面の両方に配慮するという「公正」の認識の仕方で深まっていくことを、アメリカにおける教育実践の分析を通して確認するとともに、それを踏まえて日本の公民教育への提言を行っている。

第4章

社会科における多文化教育の
カリキュラム・デザインと単元開発

森茂岳雄

1. はじめに

　本書の第1章で、近年の多文化教育が文化的多様性の重視から社会正義の強調へシフトしてきていること、また生徒の多元的・複合的なアイデンティティ形成という視点から多文化教育がグローバルなパースペクティブを視野に入れていることを述べた。スリーター（C. Sleeter）は、内外の多文化教育に関する言説や議論の検討を通して、グローバル化された文脈における多文化教育を、その強調点（文化－公正・正義）を縦軸に、パースペクティブ（国内－グローバル）を横軸に、以下の四つの象限に分類し（図4-1）、それがカリキュラムに対してもつ意味について論じている（Sleeter, 2018: 25）。（A. B. C. D は森茂が付記）

　A は、多文化教育を解釈する従来からの最も一般的な立場で、移民を背景に多文化主義を思想的基盤に一国内の文化的多様性を強調し、その差異の承認を通して国民統合をめざすものである。カリキュラムにおいては、文化の類似性と差異性に関する内容が教えられ、多様な文化的背景をもつ生徒による交流活動や協同学習などが用いられる。

図4-1　グローバル化された文脈における多文化教育
（Sleeter. 2018: 25）

　B は、国内の多様性とい

うよりも移民の出身国である他国の文化的多様性に重点が置かれるという点でAとは異なっている。カリキュラムとしては、外国の衣食住を通した文化や歴史の学習を通して、コスモポリタニズムに基づいて学校をより平和なグローバル・ビレッジにすることをめざすもので、移民の子どもの背景にある文化的多様性に重点を置くという意味でAとも相当重なるところがあるとしている。

　Cは、文化的多様性より公正や正義の概念が強調される。カリキュラムにおいては、性別、人種、民族、出身国、障がいなどの集団間の権力関係に焦点を当て、マジョリティ集団の制度化された抑圧に挑戦し、マイノリティ集団と協同した差別や偏見への抵抗に向けた活動が取り入れられる。

　Dは、今日のグローバル化の進展の中で起きている地球規模の経済的な従属関係と差別構造の解消に向けて、国境を越えて正義のために働くことのできる世界的連帯を築くことを目的としている。そのためにカリキュラムにおいては、新植民地主義やグローバル資本主義によって周辺化される地域がどのように生まれ、それによって世界的な富の格差がどのように生み出されているかを検討し、「グローバルな正義（global justice）」の実現に向けた活動が取り入れられる。

　日本においては、スリーターの上記の分類のうち、B、Dについては、これまで国際理解教育、グローバル教育、開発教育の文脈の中で研究・実践されてきた。また日本では、多文化教育を国内における多文化の共生に向けた取り組みと考え、そこにおいては主に文化的多様性に焦点が当てられたが、公正や正義に焦点を当てて抑圧や差別への抵抗といった視点からの取り組みはあまり行われてこなかった。

　たとえば日本の社会科、あるいは社会科を中心にほかの教科・領域との連携を図った多文化教育のカリキュラム（単元）開発や授業づくりの先行研究としては、早くは外国人労働者問題をテーマに高等学校の社会科（当時）や学校設定教科において構想、実践された藤原の先駆的研究（1994, 1995）が、また小・中学校の社会科における多文化教育の枠組みや展開例を、日本社会の内側、アジア、地球的・人類的課題のそれぞれに視野をおいて提示した中村の研究（2002）、中学校の社会科と総合的な学習の時間をつないで生徒の多元的・複合的アイデンティティ形成のための学習構想と実践を、三学年を通して行った小嶋の研究（2005）などがある。

小学校における社会科実践研究としては、早くは第6学年の歴史学習でアイヌ民族を取り上げ、バンクス（J. A. Banks）の多民族学習のためのキー概念を用いて多民族的歴史学習の展開を試みた山崎の研究（1995）が、またバンクスの変換アプローチによる社会科の内容構成と実践を試みた中山（2006）、および太田（2012, 2015）の研究がある。中山の研究は、バンクスが多文化教育のキー概念の一つに挙げた「移民」の視点からの内容の再構築を試みたものである。太田の研究は、特に歴史学習において渡来人やアイヌ民族の観点から単元開発を試みたものである。そのほか、3年生の地域学習において神戸を例に多文化共生の視点からまちづくりについて考えさせた太田の研究（2016）、社会科を含め教育課程の全領域を見据え継続的に取り組んでいくための包括的な多文化教育のカリキュラム構想の視点を提示した中山の研究（2005）がある。
　これらの先行実践の多くは、スリーターの分類のAに当たる主に文化的多様性に焦点を置いて、多文化共生をねらいとした実践である。その中で、中村のものは、日本社会の内側だけでなく、アジアを視野に入れ、地球的・人類的課題を視野においた実践構想である。これは、スリーターの分類のBに当たるグローバルなパースペクティブから文化的多様性、文化交流、グローバルな共生を視野に入れた数少ない多文化教育の実践構想である。
　公正や正義を志向した実践研究としては、中学校の社会科地理的分野において在日外国人をテーマに、多文化化が進展する中で日本社会を誰にとっても住みやすい公正な社会にするための参加に向けた態度育成をめざした織田の実践研究（2009）や、本実践をさらに発展させて、マジョリティの日本人の特権性の脱構築を意識し、在日外国人の在留資格や権利回復の歴史、日本の難民問題を含んだ改訂単元の開発研究（2012）がある。これらの実践は、スリーターの分類のCを志向するものである。また、日本と韓国の中学校において社会科公民的分野と道徳の内容を踏まえた「多文化教育」プログラムを、平和教育の視点から包括的に構成して実践した孫の研究（2017）がある。孫の実践研究は、脱植民地化の視点を「多文化教育」プログラムの構成要素として取り上げたもので、スリーターの分類のCやDを志向するものである。その中で、グローバル・シティにおける「搾取−被搾取」の関係性を移民や難民の視点から考えさせたり、移民や難民がもつハイブリディティや複合的アイデンティティから「国家」「文化」「民族」といった概念を自分自身に照らしながらとらえ直させ

るといったグローバルな正義に向けた実践である。

　これらの社会科、あるいは社会科を中心にほかの教科・領域との連携を図った多文化教育の単元開発や授業づくりの研究は、社会科における多文化単元開発の思考モデルとして示唆的な視点を提供してくれるが、いずれの研究も単元による個別の授業づくりの事例が取り上げられており、学年を通した社会科全体のカリキュラム開発、実践の研究ではない。

　そこで本章では、多文化教育のカリキュラム研究が教科レベルで行われている北米における多文化教育カリキュラムの議論を思考モデルにして、日本の社会科教育に活用できる多文化教育の単元開発の視点と枠組みを提示したい。

2. 多文化教育のカリキュラム・デザインの手順と視点

2-1　多文化カリキュラム・デザインのアプローチ

　バンクスは、アメリカの文脈において「多文化教育は非白人で多様な言語をもつ生徒だけでなく、主流の白人生徒にもかかわるものである」(Banks, 2008: 42) と述べ、多文化教育をすべての生徒のための戦略として概念化することの重要性を主張している。カリキュラムについては、アメリカの学校や大学においてヨーロッパ系白人中心、男性優位のカリキュラムが主流として支配していることを指摘し、学校カリキュラムは「より真実で、包括的で、そしてアメリカ社会を形成する多様な集団や文化の歴史や経験を反映」(Banks, 2008: 47) したもの、すなわち人種／民族、社会階層、ジェンダー、障がい、宗教など、トータルな視点 (Banks, 2007: 14) から構想されなければならないことを主張している。そして、多文化カリキュラム改革のアプローチとして次の四つのレベルをあげている (Banks, 2006: 59-62; Banks, 2019: 63–65)。

　レベル１：貢献アプローチ (The Contribution Approach)

　　民族集団および文化集団に関する内容が、基本的に各集団の祝祭や英雄など、バラバラの文化要素に限定されているもの。

　レベル２：付加アプローチ (The Additive Approach)

　　各集団の文化的内容、概念、テーマ、視点を、その構造を変えずに既存のカリキュラムに付け加えるもの。

　レベル３：変換アプローチ (The Transformative Approach)

カリキュラムの原理やパラダイム、そして基本的な前提などの構造を変えて、生徒が多様な民族的・文化的視点から概念やテーマ、問題、事象を検討することができるようにするもの。
　レベル4：社会行動アプローチ（The Social Action Approach）
　　変換カリキュラムをさらに発展させて、生徒が重要な社会問題に関して意思決定し、それらの解決に向けての行動がとれるようにするもの。

　レベル1・2のアプローチは、従来からのカリキュラムの構造を変えるものではないとし、多文化カリキュラムはレベル3・4のようなカリキュラムのパラダイム転換を伴うものでなければならないとしている。すなわち、従来のカリキュラムを支配していたマジョリティ中心の教育内容を脱中心化したものとして理解するように生徒を支援することである。またこれら四つのアプローチは、実際の授業場面では組み合わされて使用されることも多いとしている。

2-2　多文化カリキュラム・デザインの手順

　次に上記の3、4のアプローチに立った多文化教育のカリキュラムをどのようにデザインするかである。スリーターは、生徒に知的な関与と民主的な改革行動を育てる多文化カリキュラムをデザインする枠組みとして、まず「概念／大きな観念（Concept/Big Idea）」を設定し、それを中心に「変革的で知的な知識」（歴史的に抑圧されたコミュニティの知識基盤）「学級の資源」「生徒と彼らのコミュニティ」「学力の課題」「継続的な学習評価」「教師のイデオロギー」と相互に関係づけて、カリキュラム、単元、授業をデザインすることが効果的であるとしている（Sleeter, 2005: 22-23）。ここで「大きな観念」とは、「カリキュラム、指導、評価の焦点として役立つような、核となる概念、原理、理論およびプロセス」であり、「バラバラな事実とスキルに意味を与え関連づけるような概念やテーマ、論点」のことである（ウィギンス＆マクタイ, 2012: 396）。

　この「概念／大きな観念」（バンクスは、「キー概念（Key Concepts）」と呼んでいる）を設定して、具体的な教科レベルの「一般命題（Generalizations）」に下ろしていくカリキュラム・デザインの方法は、「概念的多文化カリキュラム（Conceptual Multicultural Curriculum）」と呼ばれている。そのカリキュラム開発は、次の五つの手順によって行われる（Banks, 2019: 103–105）。

①キー概念を選択し、その概念を中心にカリキュラムを組み立てる。
②選ばれた各キー概念に関連した基本的、または高次の一般命題を示す。
③各キー概念に関連した中間レベルの一般命題を示す。
④キー概念が教えられる各教科の領域において、基本的な一般命題に関する低次レベルの一般命題を示す。
⑤キー概念や一般命題を教えるための教授ストラテジーと活動を定式化する。

2-3　キー概念と一般命題の設定

ここで、多文化カリキュラムを構成するキー概念はすべての教科領域において活用できる学際的なものでなくてはならないとして、先行的な実践や研究を踏まえて次のような概念群を設定している（表4-1）[1]。

表4-1　多文化カリキュラムのキー概念（Banks, 2009: 58）

- 文化、エスニシティとそれに関係する概念（文化、民族集団、民族的マイノリティ集団、民族意識の段階、民族的多様性、文化同化、文化変容、コミュニティ文化）
- 社会化とそれに関する概念（社会化、偏見、差別、人種、人種差別、自民族中心主義、価値）
- 異文化間コミュニケーションとそれに関係する概念（コミュニケーション、異文化間コミュニケーション、知覚、歴史的偏向）
- 権力とそれに関係する概念（権力、社会的抗議と社会的抵抗）
- 民族集団の移動に関する概念（移住／移民）

ここで概念が学際的であるというのは、それによって構成される学習内容が多様な教科からアプローチできるということである。たとえば、「権力とそれに関する概念」の一つである「社会的抗議」（Social Protest）という概念は、政治システムや社会制度の現象としては社会科の領域で、言語や文学による「抗議」表現は国語で、美術や音楽やダンスによる抗議表現は芸術で扱うことができるとしている（Banks, 2009: 56）。

次にバンクスは、これらの概念が各教科でどのように一般命題として設定され、教育内容に具体化されるかを＜表4-1＞にある「文化、エスニシティとそれに関係する概念」に含まれる関連概念である「民族的多様性」を例に示し

ている（表4-2）。

表 4-2　教科領域における移民「民族的多様性」の教授（Banks, 2019: 104）

キー概念：民族的多様性

高次レベルの一般命題：ほとんどの社会が民族的多様性によって特徴づけられる。

中間レベルの一般命題：民族的多様性は、合衆国の重要な特徴の一つである。

低次レベルの一般命題：

〈社会科〉1960年代以降の合衆国への移民の新しい波が、合衆国内の民族的多様性を増した。

〈言語技術〉民族的多様性は、合衆国内における言語とコミュニケーションのパターンの多様性に反映されている。

〈音楽〉合衆国における民族的多様性は、フォーク、ゴスペル、ポップスの中に反映されている。

〈ドラマ〉さまざまな民族的背景をもつ合衆国の作家によって書かれた芝居は、国民の文化を豊かなものにした。

〈体育・ムーブメント教育〉合衆国におけるダンスおよびそのほかの身体表現は、国民の民族的多様性を反映している。

〈芸術〉合衆国の視覚芸術は、国民の豊かな民族気質を反映している。

〈家庭科〉合衆国における民族の多様性は、国民の食べ物やライフスタイルに反映されている。

〈科学〉合衆国内の人々の多様な身体的特徴は、民族的多様性を強化する。

〈数学〉合衆国における数学の表記と体系は、多くの異なった民族、人種、および文化集団の貢献を反映している。このことは、ほとんど認識されていない。

2-4　教授ストラテジーの定式化

最後に、これらのキー概念や一般命題の学習活動について、「民族集団の移動に関係するする概念」に含まれる関連概念である「移住／移民」を取り上げて、第二次世界大戦中の日系アメリカ人の強制収容の授業を例に次のような教授ストラテジーの例をあげている。（表4-3）

表4-3 キー概念「移住／移民」とその教授ストラテジー（Banks, 2009: 98）

基本観念	学習活動
キー概念：移住／移民	1. タカシマの『収容所監獄の子ども』（*A Child in Prison Camp*）からの抜粋を音読する。
高次レベルの一般命題： 　すべての文化において、個人や集団はよりよい経済的、政治的、社会的機会を求めて異なる地域へ移動してきた。しかしながら、個人や集団の移動は自発的なものもあれば、強制的なものもある。	2. デイビッドとお父さんが連行されて行った時、シーちゃんとユキとお母さんはどんな気持ちだったかを話し合う。 3. 『収容所監獄の子ども』の挿絵を見て話し合う。 4. コンラートの『大統領命令第9066号——日系人11万人の強制収容』（*Executive Order 9066: The Interment of 110,000 Japanese American*）やタケオ・U・ナカノの『有刺鉄線の中で——ある日系男性の強制収容』（*Within the Barbed Wire Fence: A Japanese Man's Account of His Internment*）の写真を見て話し合う。
中間レベルの一般命題： 　合衆国に移民したり、合衆国内を移住しているほとんどの個人や集団は、よりよい経済的、政治的、社会的機会を求めてきた。	5. 日系人がなぜ強制収容されたのか、仮説を立てる。 6. 教科書にある『大統領命令第9066号——日系人11万人の強制収容』と『有刺鉄線の中で——ある日系男性の強制収容』の記述を比較する。 7. ヨシコ・ウチダの小説『トパーズへの旅』（*Journey to Topaz*）の一部を読んで、強制収容されたサカネー家の経験を話し合う。
低次レベルの一般命題： 　第二次世界大戦中、日系人は彼らの家から収容所へ移動することを強制された。	8. ビデオ『集められた家族』（*Family Gathering*）を見て話し合う。このビデオには、日系人女性が家族の第二次世界大戦中の強制収容所行きをあきらめて受け入れていく様子が描かれている。 9. 第二次世界大戦中の強制的移住（強制収容）について要約し、まとめる。

2-5　多文化カリキュラム・デザインの視点

またバンクスは、第1章でも指摘したように、多文化社会におけるシティズンシップ教育の視点から、「生徒は文化的、国家的、地域的、およびグローバルなアイデンティティと忠誠のデリケートなバランスを発達させなければならない」（Banks, 2008: 28）と述べ、生徒の多元的なアイデンティティ形成という視点から、多文化教育におけるグローバルな視点を強調している。このような指摘を受けて、バンクスを中心とするワシントン大学の多文化教育センターは、グローバルな多文化社会で生徒が有能な市民として育つのを支援するプログラム開発の基本概念として、「民主主義、多様性、グローバル化、持続可能な開発、帝国・帝国主義・権力、偏見・差別・人種主義、移住、アイデンティ

ティ／多様性、多元的な視点、愛国主義と世界主義」の10の概念群をあげている。(バンクスほか, 2006: 15 ; Banks, 2019: 33)

　これらの諸概念と一般命題を中心にカリキュラムをデザインする「概念的多文化カリキュラム」の方法は、日本における多文化教育のカリキュラム（単元）のデザインを考える上でも示唆的である。しかし、バンクスは、これらの各基本概念を具体的なカリキュラム内容に編成する方法や、その内容を教えるための具体的教授ストラテジーや学習活動について、これらの全概念群について包括的な多文化カリキュラムを示しているわけではない。

　以上のバンクスやスリーターによる多文化カリキュラム論の検討を通して、多文化カリキュラム・デザインの視点として、次の8点を挙げることができる。

①多文化カリキュラムは、マジョリティ、マイノリティを含むすべての児童生徒のための戦略として考えられなければならない。

②多文化カリキュラムは、マジョリティの視点で構成された教育内容を脱中心化し、多様な視点で再構成されなければならない。

③多文化カリキュラムは、人種／民族、社会階層、ジェンダー、障がい、宗教など、多様な集団の要素と、その差異の視点から構成されなければならない。

④多文化カリキュラムは、文化的多様性の視点からだけでなく、社会正義や公正といった視点から構成されなければならない。

⑤多文化カリキュラムは、学際的な概念で構成されなければならない。

⑥多文化カリキュラムは、単に知識（概念や問題）の習得だけでなく、それに関する意思決定や社会行動の形成につながっていかなければならない。

⑦多文化カリキュラムの開発には、包括的で継続的な取り組みが重要である。

⑧多文化カリキュラムは、アイデンティティの多元的、重層的な発達という視点からグローバルな側面をも含めて構成されなければならない。

3. 多様性と社会正義の視点に立った多文化教育のカリキュラム
　　――ブリティッシュ・コロンビア州の「メーキング・スペース」を事例に

3-1　BC州のカリキュラムにおける多様性と社会正義

　これまで多文化教育のカリキュラム開発においては、第1章でも述べたように、主に上記の③にあるような文化的多様性や文化的差異に焦点が当てられてきた。しかし近年、文化的多様性に加え、文化間の偏見や差別を軽減し、社会正義に立ったより平等で公正な社会の実現という多文化教育の本来の目的を志向したカリキュラムが主張され、開発されてきている。本節では、K-12学年の全教科領域を通して多様性と社会正義の両方の視点をどう導入するかに焦点を当てて開発されたカナダのブリティッシュ・コロンビア州（以下BC州と略）のカリキュラム「メーキング・スペース――K-12学年のカリキュラムを通した多様性と社会正義の教授（*Making Space*: *Teaching for Diversity and Social Justice Throughout the K-12 Curriculum, 2008*）」の検討を通して、日本の社会科において多文化カリキュラムをデザインするための示唆を得たい。

　カナダの最西端に位置するBC州は、多くの移民を受け入れている文化的多様性に富んだ地域である。それを反映して、学校全体の中で多様性を尊重し、人権と相互理解を促進し、差別に対して行動を起こすための条件づくりを行う指針として「BCの学校における多様性：フレームワーク（*Diversity in BC School: A Framework*）」を作成している。ここでいう「多様性」とは、社会に存在する目に見える違い（たとえば、人種、民族、性別、年齢、身体能力など）と、目に見えない違い（たとえば、文化、祖先、言語、宗教的信念、性的指向性、社会経済的背景など）のことである。またここでいう「条件」とは、以下のようなものである。

・すべての生徒のための質の高い教育への公平なアクセスと参加
・多様性を重んじ、彼らが奉仕する地域社会の多様な社会的・文化的ニーズに応える学校文化
・他者理解を促進し、すべての人を尊重する学校文化
・安全で歓迎され、差別、嫌がらせ、および暴力のない学習および労働環境
・学校コミュニティの全メンバーに声を与える意思決定プロセス
・公正かつ衡平な待遇を促進するための方針および慣行

　　　　　　　　　　　　　　　　　　（BC Ministry of Education, 2008a: 4）

3-2　社会科における多様性と社会正義に関する内容構成

本フレームワークでは、多様性を支える概念として、多文化主義、人権、雇用平等、社会正義の五つの概念をあげている。これらの概念は学校のすべての教科領域のカリキュラムの中に組み込まれている。社会科については、2004年に現行のK-12学年のカリキュラムが作成された。その後、BC州は、学校の教科全体の中に多様性と社会正義を反映させるため、2008年に「メーキング・スペース──K-12学年のカリキュラムを通した多様性と社会正義の教授」を発表した。ここでは社会正義を次のように説明している。

「社会正義は権利の保護を超えて広がる哲学である。社会正義は人々の基本的な法的、市民的、および人間としての権利と同様に彼らの完全な参加を擁護する。社会正義の目的は、公正な社会を実現することである」(Ministry of Education, 2008a: 13)

「メーキング・スペース」には、現行の社会科カリキュラム・スタンダードに示された内容の中のどの内容が多様性と社会正義に関連しているかが示されている。BC州の社会科スタンダードに示された各学年の「大きな観念」と、「メーキング・スペース」に示された各学年の社会科において「多様性と社会正義に関連する内容」は以下の通りである。

表4-4　BC州の社会科カリキュラムの大きな観念と関連した多様性・社会正義に関する内容

	幼稚園：アイデンティティと家族	第1学年：地域コミュニティ	第2学年：地域および地球コミュニティ	第3学年：地球上の先住民族
大きな概念	・私たちのコミュニティは、多様で、多くの共通点をもつ個人でなり立っている。 ・私たち自身と私たちの家族についての物語や伝統は、私たちが誰であるか、そしてどこから来たのかを反映している。 ・権利、役割、責任は、私たちのアイデンティティを形成し、私たちが他人との健全な関係を築くのを助ける。	・私たちは地域環境を形づくり、地域環境は私たちが誰であるか、そして私たちがどのように生活するかを形づくる。 ・私たちの権利、役割および責任は、強いコミュニティを築くために重要である。 ・健康なコミュニティは、個人の多様性を認識し、尊重し、地域の環境に配慮する。	・地域での行動は地球規模の影響を及ぼし、そして地球規模の行動は地域的影響をもたらす。 ・カナダは、多様な地域やコミュニティで構成されている。 ・個人には、地球市民としての権利と責任がある。	・先住民族について学ぶことは、多文化意識と多様性の尊重を育む。 ・多様な文化や社会から来た人々は、いくつかの共通の経験と人生の側面を共有する。 ・先住民族の知識は、口頭の歴史、伝統、そして集団的記憶を通して伝えられる。 ・世界中の先住民社会は、自己、土地、精神および祖先の幸福を大切にしている。

	幼稚園：アイデンティティと家族	第1学年：地域コミュニティ	第2学年：地域および地球コミュニティ	第3学年：地球上の先住民族
多様性・社会正義と関連した内容	・集団内の協同的参加 ・集団への所属 ・家族の類似性と相違性 ・役割と責任 ・人間のニーズ ・人間環境への配慮に対する責任	・集団内の協同的 ・生産的な参加 ・諸問題に立ち向かう戦略 ・家族の類似性と相違性 ・社会構造 ・役割、権利および責任 ・人間のニーズ ・人間環境への配慮における責任ある行動	・諸問題の解決 ・個人がコミュニティに貢献する方法 ・アイデンティティに影響を与える要因 ・カナダ社会の言語および文化的特徴 ・役割、権利および責任 ・どのように決定が下されるか ・地域環境に対する責任	・諸問題への対応 ・コミュニティの重要性 ・文化の類似点と相違点 ・カナダ社会の特徴 ・役割、権利、責任がコミュニティの福祉にどのように影響するか ・ニーズと欲求はどのように満たされているか ・地域環境に対する責任

	第4学年：先住民族とヨーロッパ人の接触	第5学年：カナダの課題とガバナンス	第6学年：地球的課題とガバナンス	第7学年：古代世界から7世紀まで
大きな概念	・貴重な天然資源の追求は、カナダの土地、人々およびコミュニティを変えるうえで重要な役割を果たしてきた。 ・先住民とヨーロッパ人との間の相互作用は対立と協力を導き、それがカナダのアイデンティティを形成し続けている。 ・北米の人口動態の変化は、経済的、政治的権力に変化をもたらした。 ・BC州は、カナダの一部になる際に独自の道をたどった。	・カナダの少数民族に対する政策と待遇には、正負の遺産がある。 ・天然資源は、カナダの様々な地域の経済とアイデンティティを形成している。 ・移民と多文化主義はカナダ社会とカナダ・アイデンティティを形成し続けている。 ・カナダの機関や政府は、私たちの地域的多様性の課題を反映している。	・経済的な自己利益は、人々と政府の間の対立の重大な原因となり得る。 ・複雑な地球規模の問題は、将来のために難しい選択をするために国際協力を必要としている。 ・政府組織は人権と自由を尊重する点で異なる。 ・メディア情報源は、重要な出来事や諸問題についての私たちの理解にプラスにもマイナスにも影響する可能性がある。	・地理的条件が文明の出現を形成した。 ・この時期に出現した宗教的および文化的習慣は持ちこたえている人々に影響を与え続けている。 ・ますます複雑になっている社会では、法律や政府の新しいシステムが必要になった。 ・経済的専門化と貿易ネットワークは、社会間の対立と協力につながる可能性がある。
多様性・社会正義と関連した内容	・問題に立ち向かうための戦略 ・問題に関する別の見方 ・BC州とカナダの伝統的な先住民文化の多様性 ・ヨーロッパ文化と先住民文化の間の相互作用の正負の影響 ・物々交換と貨幣交換システム ・人と土地の関係	・選択された問題に立ち向かうための行動計画 ・カナダにおける移民の経験 ・カナダ・アイデンティティの発展に対する重要な個人の貢献 ・持続可能性の重要性	・選択された問題に立ち向かうための行動計画 ・カナダ・アイデンティティおよび個人が文化的影響をどのように経験するか ・カナダの司法制度 ・憲章における平等と公正 ・個人および集団の権利と責任 ・世界におけるカナダの役割	・ある問題に関する立場の擁護 ・古代文化における社会的役割 ・古代文明における規則、法律および政府 ・古代文明における法と政府がカナダの政治および法制度にどのように貢献したか

	第8学年： 7世紀から1750年まで	第9学年： 1750年から1919年まで	第10学年： 地球の課題とガバナンス	第11学年： 社会科探究2
大きな概念	・人々の間の接触や対立は、文化的、社会的、政治的に大きな変化をもたらした。 ・人的・環境的要因が人口や生活水準の変化を形成している。 ・探検、拡大、植民地化は、異なる集団によって多様な結果をもたらした。 ・世界についての考えを変えることは、新しい考えを採用したいと思っている人々と確立された伝統を維持したいと思っている人々の間の緊張を生みだした。	・新たなアイデアやイデオロギーは社会や出来事に大きな影響を与える。 ・地理的環境は、政治的、社会的、および経済的変化の本質に影響を与える。 ・権力の格差は、個人間および社会間の関係のバランスを変える。 ・集団的アイデンティティが構築され、それは時間とともに変化する可能性がある。	・地球規模と地域の紛争は、現代の世界とアイデンティティを形成するうえで強力な力であった。 ・政治制度の発展は、経済的、社会的、イデオロギー的および地理的要因の影響を受ける。 ・世界観は、カナダ社会の発展について異なる見方や考えを導く。 ・歴史的および現代的な不正は、包括的な多文化社会としてのカナダの物語とアイデンティティに挑戦している。	・身体的特徴および天然資源は、人口統計学的パターンおよび人口分布に影響を与える。 ・植民地主義の継続的な影響にもかかわらず、先住民族は精神的、情緒的、肉体的および霊的な幸福を取り戻している。 ・社会正義の主導権は個人と組織を変革することができる。 ・必要に応じて、選択、調整、または生徒に理解してもらいたいもう一つの大きな概念を作成する。
多様性・社会正義と関連した内容	・論争問題に関する様々な立場 ・多様な文明における日常生活、家族の構造および性役割・家族、性別、信念体系、民族性、国籍など、様々な要因によってアイデンティティがどのように形成されているか ・社会はどのようにアイデンティティを保存し、文化を伝え、変化に適応するか ・カナダにおける今日の地域的、文化的、社会的問題のツール ・多様な文明における市民の権利と市民の責任との間の緊張 ・法律の本質の変化とその時代の社会情勢との関係 ・文明に対する接触、対立および征服の影響 ・個人や集団が法制度や政治構造に影響を与えることができる多様な方法		・ジェンダーの役割と民族性の観点から見た1815年から1914年までのカナダ社会 ・カナダの先住民族とヨーロッパの探検家、開拓移民の間の相互作用の影響 ・カナダ社会に対する移民の影響 ・国民的アイデンティティの変化に貢献した要因 ・政府構造および主要な貢献的出来事の観点から見た、カナダの責任ある政府の発展	・憲章を含むカナダ憲法の主要な規定およびそれがカナダ社会に与える影響 ・人権および国連に関連した世界情勢へのカナダの参加 ・貧困と人間開発の重要な指標を参考にして、途上国の生活水準と比較したカナダの生活水準 ・移民、福祉国家および少数者の権利に関連するカナダの社会政策およびプログラムの開発と影響 ・カナダにおける社会的、政治的、経済的変化と関連した女性の役割 ・20世紀の間に、レジデンシャルスクール、保護区、自治政府および条約交渉に関連して、カナダで先住民族が直面した課題とその対応

（British Columbia Ministry of Education, 2008a, b を参照に作成）

　第11学年の社会科は、政治学習、集団殺戮学習（Genocide Studies）、哲学学習を含む「社会科探求1」と、人文地理学習、現代先住民学習、社会正義の学習を含む「社会科探求2」に分かれて大きな観念や学習基準が示されている。

表4-4では、社会正義の学習が含まれている「社会科探求2」を例に示した。

表にはないが、第12学年の社会科には、選択コースとしてBC州先住民学習、公民学習、比較文明、歴史、地理、法律のほか、社会正義というコースも置かれており、「メーキング・スペース」には、それぞれの科目の中で多様性・社会正義と関連した内容が示されている。たとえば、「社会正義」という単独コースは、「生徒に社会的不正義に対する意識を高め、社会正義の視点から状況を分析するように励まし、社会的に公正な世界を擁護するための知識、スキル、および倫理的枠組みを提供すること」を目的に設計されている。またこのコースは、行動に重点を置いており、生徒に次のような機会を提供するとしている。

・自身の信念や価値観、その起源を検討する。
・省察、討議、批判的分析を通して、生徒の信念や価値観をサポートしたり、それに挑戦したりする。
・社会変化のモデルを検討する。
・社会的不正義に立ち向かい、世界の前向きな変化をもたらす能力を開発するための戦略を実行する。

3-3 「社会正義」を主題とした授業案例

「メーキング・スペース」には、いくつかの簡単なサンプル授業案が掲載されている。第6学年の「カナダの社会正義」という主題で行う授業案は次のようなものである。

第6学年　カナダの社会正義

　クラスでのブレインストーミングから始め、カナダ人であることが彼らにとって何を意味するのかを生徒に尋ねる。カナダの文化やアイデンティティの特徴（たとえば、教育、医療、公式バイリンガリズム、宗教、軍事、特別利益団体、奉仕団体、スポーツやレクリエーション活動、切手と通貨、多文化主義と「文化的モザイク」）を説明するのに役立つ質問を使う。カナダの文化の特徴が、メディアや移民などの影響によってどのように影響されるかを討論する。

　次に、「社会正義」という用語を中心にしたクラスでのブレインストーミングを行う。社会正義が彼らにとって何を意味するのかを生徒に尋ねる。以下の概念が社会正義にどのように関連するかを紹介し、討論する。

> - 平等と公正（たとえば、民族、年齢、性別、性的指向性、宗教、社会経済学、精神的・身体的能力に基づいた）
> - 受容、尊重、包含
> - 紛争と平和
> - 環境と経済
>
> これらの用語について、クラスでウェブサイトを作成する。討論：カナダ社会のどのような特徴が社会正義を支えているか。どこが改善されないのか、それとも改善されたか。
>
> カナダにおける社会正義および／または社会的不正義の例を含む画像やテキストのスライドショーを作成して提示するために、生徒にグループで作業させる。

(British Columbia Ministry of Education, 2008b: 45)

このように、「メーキング・スペース」に示された社会科授業では、さまざまな事例を通して各学年でカナダの文化やアイデンティティを形づくる多様性という特徴をおさえながら、それがどのように社会正義に関連するかという視点で内容が構成されている。

4. 日本の社会科における多文化教育の単元開発

4-1 社会科における多文化教育の可能性

以上の北米における多文化カリキュラムの開発研究を踏まえ、日本の社会科における多様性と社会正義の視点に立った多文化教育の単元開発の可能性と課題について提案したい。前述したように、北米の多文化カリキュラムにおいては、まず「キー概念／大きな観念」を設定して、それをテーマに教科レベルの具体的な「一般命題」や「学習内容」に下ろしていく方法がとられたが、日本の場合はそのような方法が可能なのは総合的な学習の時間くらいである。教科の場合は、すでに学習指導要領において内容が定められているので、その内容が多文化教育のどのような「キー概念／大きな観念」や目標と関連しているかを考えながら単元構成を行うことになる。

2018年に告示された新学習指導要領（文部科学省, 2018）を見ると、たとえば中学校の社会科においては、直接的に多文化教育と関連した記述は少ない。し

かし、たとえば地理的分野では、内容 A-(2)「世界の諸地域」に示された「南アメリカ」のブラジルについての学習の中で、「空間的相互依存作用」の視点から日本人移民を取り上げ、ブラジルにおける日本人移民・日系人の生活や文化、ブラジルと日本の関係について学ぶことができる。歴史的分野では、内容 B-(3)—ア（イ）にある「鎖国などの幕府の対外関係と対外政策」について、「北方との交易をしていたアイヌについて取り扱うようにすること。その際、アイヌ文化についても触れること」とされ、先住民族としてのアイヌの生活や文化について学ぶことができる。公民的分野では、内容 C-(1)「人間の尊重と日本国憲法の基本的原理」では、同和地区出身者、アイヌ民族、在日外国人、障がい者、LGBT など、マイノリティへの差別やその撤廃に向けた努力や基本的人権について学ぶことができる。

このように社会科においては、学習指導要領の内容や使用教科書の単元を参考にしながら、社会科カリキュラム全体の中で多文化教育を展開できる単元の可能性を探るとよい。その場合、各教科、領域で次頁に示したような多文化単元構成表を作成すると授業づくりに便利である。この構成表は、各学年、教科（科目、分野）ごとに作成され、学習指導要領の内容（あるいは、教科書の単元名）、学習課題、関連する概念、具体的事例・資料で構成する。日本の場合は、「大きな観念」を「学習課題」として設定するとよい。「関連する概念」については、前述のバンクスの多文化教育のキー概念を参考に、それに加え学習指導要領に示された「育成を目指す資質・能力」を想定して(1) 知識および技能、(2) 思考力・判断力・表現力など、(3) 学びに向かう力・人間性などに分類し、それに関係する概念例をあげた。なお、(3) には多文化教育で育てたい価値や態度を含めた。

(1) 知識および技能：
　〈知識〉
　　・文化（文化変容、文化摩擦、文化混淆、文化同化、文化的多様性、多文化主義、文化遺産、など）
　　・民族集団（少数民族集団、先住民、アイデンティティ、社会化、など）
　　・権力（マイノリティ、マジョリティ、葛藤、社会的抗議、抵抗、紛争、特権性、日本人性、など）
　　・偏見・差別（人種差別、性差別、障がい者差別、自民族中心主義、ステレオタイ

プ、など）
- グローバル化（相互依存、移住／移民、難民、持続可能な発展、帝国主義、コスモポリタニズム、コロニアリズム、など）

〈技能〉
- 情報収集、資料活用、調査、異文化コミュニケーション、など

(2) 思考力・判断力・表現力など：（批判的思考、意思決定、合理的判断、公正的な判断、多角的・多面的思考、など）

(3) 学びに向かう力、人間性など：（人権、平等、公正、社会正義、多様性、民主主義、共生、寛容、参加、協力、連帯、自尊心、など）

4-2　社会科における多文化教育の単元構成例

　ここでは、中学校の社会科を例に各分野において、文化的多様性や社会正義を視点とした多文化教育の単元構成例のいくつかを示す＜表4-5＞。なお、技能や思考力・判断力・表現力に含まれる概念は、各単元の学習活動を構想する中で設定されるので、表4-5の中には含めなかった。

表4-5　中学校社会科の各分野における多文化教育の単元構成例

	内容（単元名）	概念	学習課題	具体的事例／資料
地理的分野	世界の諸地域（ブラジルの生活と環境）	移民／移住、文化変容、共生、人種差別、など	なぜブラジルに日本人がいるか。日本人移民や日系人はブラジルでどのような生活をしているか。	日本人ブラジル移民、日系ブラジル人、コーヒー農園ほか
	日本の諸地域（さまざまな人が暮らす東京）	移住／移民、文化多様性、相互依存、共生、など	外国人が集住している地域はあるか。なぜそこに集住しているか。同じ出身国の人を繋げる組織や施設があるか。	多言語広報誌、コリアンタウン、在留外国人統計ほか

	内容（単元名）	概念	学習課題	具体的事例／資料
歴史的分野	近世の日本（江戸幕府の成立と鎖国）	文化交流、抵抗、特権性、差別、先住民、など	鎖国の中アイヌは北方とどのような交易をしていたか。アイヌは松前藩の不当な政策に対してどのように抵抗したか。	蝦夷錦、夷酋列像、シャクシャインの戦いほか
	近現代の日本と世界（第二次世界大戦とアジア・日本）	人権、差別、平等、社会正義、特権性、抗議、など	戦後の社会運動の広がりの中で、どのような人々が差別からの解放を求めたか。その差別はすぐに解消されたか。	部落解放運動、全国水平社、女性参政権請求ほか

	内容（単元名）	概念	学習課題	具体的事例／資料
公民的分野	私たちと政治（人間の尊重と日本国憲法）	人権、社会的抵抗、特権性、差別、コロニアリズム、多文化主義、など	日本では、同和地区出身者、アイヌ民族、在日外国人、女性、障がい者に対してどのような差別が行われてきたか。そのような差別や抑圧とどのように闘い、権利を獲得してきたか。	同和対策審議会答申、指紋押捺制度、アイヌ新法、女子差別撤廃条約、障害者差別解消法、合理的配慮ほか
	私たちと国際社会の諸課題（世界平和の実現）	葛藤、紛争、抵抗、差別、人権、共生、難民、協力、など	異なる文化をもつ複数の民族が暮らしている世界の地域において、民族間でどのような紛争が起きているか。その解決のために国際機関によってどのような活動が行われているか。	同時多発テロ、地域紛争、民族紛争、平和維持活動、シリア難民ほか

　小学校社会科や高等学校の地理歴史科、公民科においても、学習指導要領に示された内容をもとに、それと関連した単元構成を考えることも可能である。

5. おわりに——社会科における多文化カリキュラム開発の課題

　従来の文化的多様性と共生を志向した多文化教育は、多様な差異の自立性と相対的価値を認め、これを既成の空間に包摂しようとする「リベラル多文化主義」（liberal multiculturalism）を思想的基盤になされてきたといってよい。このような基盤に立った多文化教育は、「文化間の相互理解を強めることを目的とすることによって、『文化的差異の強調』と『支配関係や差別関係の隠蔽』という危険性をもつ」（金, 1999: 45）と批判されてきた。このような危険性を回避するためには、より批判的かつ根本的に文化的差異の成り立ちをとらえようとする「批判的多文化主義」（critical multiculturalism）の視点に立ち、マジョリティ自身のもつ権力性を問い直し、それを脱構築するような実践をどうカリキュラムに取り入れていくかが重要になる。

　アメリカでは1990年代以降の社会科学における「白人性」（whiteness）研究の影響を受け、教育の分野においても「白人性」が目に見えない権力作用として教育の中でいかに機能し、どのような教育上の不利益を形成しているかという問題意識のもと、人種差別を支えている白人性を脱構築し、差別や抑圧に対抗した社会的行動形成をめざす教育実践が模索されている。カリキュラム開発についていえば、学校知識の西洋中心主義的な構築性を露わにし、マイノ

リティの視点から、学校知識全体を再構築していくこと、具体的にはマイノリティの対抗的な語り[2]を学校知識に取り込む必要性が指摘されている（松尾, 2007: 65）。日本の学校におけるカリキュラム開発においても、今後このような視点に立ったカリキュラム開発が求められる。

　＊2節は、森茂（2011, 2013）の一部をもとに加筆修正したものである。

《注》
1) バンクスは、別の箇所では、「民族・文化集団の経験を学ぶためのキー概念」として次の11の概念をあげている。1.（集団の）起源と移民、2.（集団内で）共有された文化、価値、象徴、3. 民族的アイデンティティと民族意識、4.（集団がもつ）視点、世界観、準拠枠、5. 民族的機関と民族自決権、6.（集団の）人口学的、社会的、政治的、経済的地位、7. 偏見、差別と人種差別、8. 民族内の多様性、9. 同化と文化変容、10. 革命、11. 知識構築（Banks, 2019: 94-99）
2) マイノリティの対抗的な語りを学校知識に取り込んだカリキュラム開発の事例として、台湾において漢族と「原住民」との共生をめざした陳麗華の「族群関係カリキュラム」がある。このカリキュラムについては、森茂（2009）参照。

【引用文献】
太田満（2012）「多民族学習としての小学校歴史学習――アイヌ史の位置づけを中心に」日本社会科教育学会『社会科教育研究』No.117、16-26頁。
太田満（2015）「多文化共生社会で求められる小学校歴史学習の内容構成――J. A. バンクスの変換アプローチを手がかりに」社会系教科教育学会『社会系教科教育学研究』第27号、21-30頁。
太田満（2016）「排外主義（ヘイトスピーチや反ムスリムの風潮など）に対抗する多文化の共生をめざす社会科授業とは」日本社会科教育学会『社会科教育の今を問い、未来を拓く――社会科（地理歴史科・公民科）授業はいかにしてつくられるか』東洋館出版社、138-152頁。
小嶋祐伺郎（2005）「多文化共生社会における市民性教育――多元的・複合的アイデンティティ形成の視点から」帝塚山学院大学国際理解研究所『国際理解』36号、106-122頁。
織田雪江（2009）「『多みんぞくニホン』――社会科の授業に生かす」中牧弘允・森茂岳雄・多田孝志編『学校と博物館でつくる国際理解教育――新しい学びをデザインする』明石書店、157-165頁。
織田雪江（2012）「『多みんぞくニホン』を生きる」開発教育研究会編『身近なことから世界

と私を考える授業Ⅱ——オキナワ・多みんぞくニホン・核と温暖化』明石書店、49-109頁。

金泰泳（1999）『アイデンティティ・ポリティクスを超えて——在日朝鮮人のエスニシティ』世界思想社。

孫美幸（2017）『日本と韓国における多文化共生教育の新たな地平——包括的な平和教育からホリスティックな展開へ』ナカニシヤ出版。

中村水名子（2007）『多民族・多文化共生の明日を拓く社会科授業』三一書房。

中山京子（2005）「「多文化共生」への意識を高める国際理解教育のカリキュラム開発と実践——包括的な多文化教育カリキュラム開発と実践」帝塚山学院大学国際理解研究所『国際理解』36号、207-217頁。

中山京子（2006）「多文化教育の知の導入による小学校社会科学習内容の再構築——単元「海を渡る日系移民」の開発を事例として」全国社会科教育学会『社会科研究』第65号、31-40頁。

藤原孝章（1994）『外国人労働者問題をどう教えるか——グローバル時代の国際理解教育』明石書店。

藤原孝章編（1995）『外国人労働者問題と多文化教育——多民族共生時代の教育課題』明石書店。

松尾知明（2007）『アメリカ多文化教育の再構築——文化多元主義から多文化主義へ』明石書店。

森茂岳雄（2009）「多文化教育のカリキュラム開発と文化人類学——学校における多文化共生の実践にむけて」日本文化人類学会『文化人類学』第74巻第1号、96-115頁。

森茂岳雄（2011）「多文化共生をめざすカリキュラムの開発と実践」馬渕仁編『「多文化共生」は可能か——教育における挑戦』勁草書房、22-42頁。

森茂岳雄（2013）「多文化教育のカリキュラム・デザイン——日本人性の脱構築に向けて」松尾知明編著『多文化教育をデザインする——移民時代のモデル構築』勁草書房、87-106頁。

文部科学省（2008）『中学校学習指導要領（平成29年告示）解説　社会編』東洋館出版社。

山崎めぐみ（1995）「国際理解のための多文化教育的アプローチ——小学校における『多民族的歴史学習』」鳴門社会認識教育学会『社会認識教育学研究』第10号、104-109頁。

Banks, James A. (2004). Introduction: Democratic citizenship education in multicultural societies. In J. A. Banks (Ed.), *Diversity and citizenship education: Global perspectives* (pp.3–48). San Francisco: Jossey-Bass.

Banks, James A. et al. (2004). *Democracy and diversity: Principles and concepts for educating citizens in global age.* The Center for Multicultural Education, University of Washington. （平沢安政訳『民主主義と多文化教育——グローバル化時代における市民性教育のための原則と概念』明石書店、2006年）

Banks, J. A. (2006). *Cultural diversity and education: Foundations, Curriculum and Teaching*

(5th ed.). Boston: Pearson Education.

Banks, J. A. (2009). *Teaching strategies for ethnic studies* (8th ed.). Boston: Pearson Education.

Banks, J. A. (2019). *An introduction to multicultural education* (6th ed.). New York: Pearson Education.

British Columbia Ministry of Education. (2004). *BC new curriculum: Social studies K–12*. Retrieved from https://curriculum.gov.bc.ca/curriculum/social-studies（最終閲覧日：2019年3月6日）

British Columbia Ministry of Education. (2008a). *Diversity in BC school: framework*. Retrieved from https://www2.gov.bc.ca/assets/gov/education/kindergarten-to-grade-12/support/diverse-student-needs/diversity_framework.pdf（最終閲覧日：2019年3月6日）

British Columbia Ministry of Education (2008b). *Making space：Teaching for diversity and social justice throughout the K–12 curriculum*. Retrieved from https://www.bced.gov.bc.ca/irp/pdfs/making_space/mkg_spc_intr.pdf（最終閲覧日：2019年3月6日）

Sleeter, C. E. (2005). *Un-standardizing curriculum: Multicultural teaching in the standards-based classroom*, Teachers College Press.

Sleeter, C. E. (2018). Probing beneath meanings of multicultural education. In Y. Cha, S. Ham, & M. Lee (Eds.), *Routledge international handbook of multicultural education research in Asia Pacific* (pp.23–36). New York: Routledge.

Wiggins, G., & McTighe, J. (2006). *Understanding by design* (2nd ed.). Upper Saddle River, NJ: Pearson.（西岡加名恵訳『理解をもたらすカリキュラム設計――「逆向き設計」の理論と方法』日本標準、2012年）

第5章

地理教育における多様性の学び方

宮崎沙織

1. はじめに

　日本の地理教育は、転換期にきている。2018年告示の高等学校学習指導要領において、地理歴史科の新科目「地理総合」「地理探究」が設置された。特に必修となった「地理総合」は、地理教育の国際的な動向を参考とするとともに「持続可能な社会づくりを目指し、環境条件と人間の営みとの関わりに着目して現代の地理的な諸課題を考察する科目」（文部科学省, 2018: 35）として設置された。

　「地理総合」の中心的課題は、「国際理解や国際協力」と「自然災害や防災」である。前者は、「国際教育の視座に立ち、<u>単に異文化の理解にとどまらない、双方向からの国際理解を促すための「自他の文化の尊重」をねらいに掲げ</u>（以下、下線筆者）、網羅的な地域情報を取り上げるのではなく、あくまで世界の人々の特色ある生活文化に焦点を当てて、<u>生活文化の多様性や変容の要因を考察するといった学習活動の位置付けを意図</u>している。そのうえで、グローバル化が引き続き進展し、環境問題などの地球的課題が一層深刻化する現状において、中学校までに学習した世界の諸地域の多様性に関わる基礎的・基本的な知識、世界全体の地理的認識を基に、<u>地球的課題の現状や要因について地域性を踏まえて考察するとともに、その解決の方向性について相互互恵の立場から我が国の国際協力の在り方を考察するような学習活動を位置付けることを意図したものである</u>」（文部科学省, 2018: 18）と記されており、"自他の文化"や"生活文化の多様性と変容"、"国際理解・国際協力"という文言が使われ説明され

た。「地理総合」のスタートによって、グローバル化や国際化、多文化化への対応を目指した地理授業実践が多く行われることが期待できる。

そこで本章では、特に多文化化への対応を意識し、「多様性」の扱いに着目する。前半ではこれまでの日本の地理教育における多様性の扱い方をまとめる。後半では多文化社会における地理教育の一例としてカナダの地理教科書における多様性の扱い方について取り上げ、今後の日本の地理教育における多様性の学び方について考察したい。

2. 日本の地理教育における多様性の扱い

2-1 新学習指導要領における多様性の扱い

1989年版の学習指導要領で世界の諸民族の生活・文化を取り上げることが強調されて以降、中学校地理的分野や高等学校の地理科目では、主に世界地理の学習において、「生活文化の多様性」を扱ってきた。具体的な内容は、中高の新学習指導要領の内容や解説を参考に次のとおり整理する。

新学習指導要領の中学校地理的分野では、内容「B 世界の様々な地域」において、「世界の人々の生活や環境の多様性を理解すること」や「世界の諸地域の多様性を理解すること」と記されている。それだけでなく、多様性のとらえ方に関しては、内容Bにかかわる『解説』で、「自分たちの生活を絶対視してとらえてはいけないということに留意して、多様な文化を尊重する態度を身に付けることが必要である」と記され、世界に見られる多様な文化の尊重が示された。そのほか、世界の諸地域におけるヨーロッパ州やオセアニア州の主題例として、文化の多様性や多文化社会という文言がみられ、地域に見られる生活文化の多様性や多文化社会である地域を理解させていこうとしている。よって、中学校段階では、世界の多様な地域にある多様な生活文化を理解する学習が行われているといえるだろう。

一方、高等学校では、特に「地理総合」において多様性の文言が重視されている。先にも述べたように、「地理総合」の中心的課題に「国際理解や国際協力」があり、内容「B 国際理解と国際協力」「(1) 生活文化の多様性と国際理解」が設けられ、内容項目名に「多様性」が入った。ここでは、世界の人々の生活文化について、その多様性や変容の考察を通して、国際理解の重要性を学

ぶことを主な内容としている。『解説』では、「異なる習慣や価値観をもつ人々の間で相互理解の不足による摩擦や衝突が起きやすくなり、様々な課題が生じている。そうした課題解決のために、自他の文化を尊重し、国際理解を図ることの重要性を理解することが大切である」とし、"自他"という相対関係と、国際理解という文脈が強調されている。よって、多様性の中で生じる摩擦や衝突を学びながら、国際理解という世界規模での多様性の尊重を目指す内容となっている。

　また、文化摩擦や衝突に関する文言が『解説』で記されたことは、「多様である」ということだけでなく、多様性の中で起きる相互作用についても扱われるようになったといえる。

　「地理探究」では、「地理総合」における世界の人々の生活文化の学習を前提に、「生活文化、民族・宗教」の内容項目が設定されている。具体的には、『解説』において、「民族を事例とすると、ここで取り上げる主題として、「多民族社会と多文化主義」などが考えられる。……たとえば、「なぜカナダの道路標識には複数の言語が使われているのだろうか」といった問いを立てて、カナダの自然環境とヨーロッパ人入植の動向や建国に至る歴史的背景などを踏まえて、各州の言語別人口構成の違いをもたらした要因や今後の動向について考察するような学習活動が考えられる」とあり、場所の表象から多民族社会を客観的に追究する学習が想定されている。「地理探究」では、「多様性」の文言がほとんど使われていないが、中学地理と同様に多様な地域にある多様な文化を前提とした世界地理の学習であると考える。

　よって、新学習指導要領の地理教育における多様性の扱い方は、世界的なスケールで見た地域の多様性と、生活文化の多様性とその変容を中心的な内容としている。そして、そのうえで私―世界という相対的なとらえを前提とした多様性の尊重であるといえる。

表5-1 中高学習指導要領（地理関係）における多様性に関わる内容

	内容	解説
中学校「社会科地理的分野」	B 世界の様々な地域 (1) 世界各地の人々の生活と環境 ア 知識・技能 （イ）世界各地における人々の生活やその変容を基に、世界の人々の生活や環境の*多様性*を理解すること。その際、世界の主な宗教の分布についても理解すること。	（生活と宗教の関わりを取り上げるのに際して）……<u>自分たちの生活を絶対視してとらえてはいけないということに留意して、多様な文化を尊重する態度を身に付けることが必要である。</u>
	(2) 世界の諸地域 　次の①から⑥までの各州を取り上げ、空間的相互依存作用や地域などに着目して、主題を設けて課題を追究したり解決したりする活動を通して、以下のア及びイの事項を身に付けることができるよう指導する。 ①アジア ②ヨーロッパ ③アフリカ ④北アメリカ ⑤南アメリカ ⑥オセアニア	主題例 ②ヨーロッパ州：〈主題例〉国家統合、*文化の多様性*に関わる課題など ⑥オセアニア州：〈主題例〉*多文化社会*、貿易に関わる課題など
高等学校「地理総合」	B 国際理解と国際協力 (1) *生活文化の多様性*と国際理解 ア 知識・技能 （ア）……人々の生活文化が地理的環境から影響を受けたり、影響を与えたりして*多様性*をもつことや、地理的環境の変化によって変容することなどについて理解すること。 （イ）……<u>自他の文化を尊重し国際理解を図ること</u>の重要性などについて理解すること。 イ 思考力・判断力・表現力 （ア）世界の人々の生活文化について、その生活文化が見られる場所の特徴や自然および社会的条件との関わりなどに着目して、主題を設定し、*多様性*や変容の要因などを多面的・多角的に考察し、表現すること。	……現代社会では、グローバル化の進展により人々の交流が広域化、深化する一方、異なる習慣や価値観をもつ人々の間で相互理解不足による摩擦や衝突が起きやすくなり、様々な課題が生じている。そうした課題解決のために、<u>自他の文化を尊重し、国際理解を図ることの重要性を理解する</u>ことが大切である。
高等学校「地理探究」	A 現代世界の系統地理的考察 (5) 生活文化、民族・宗教 ア 知識・技能 （ア）……それらの事象の空間的な規則性、傾向性や、民族、領土問題の現状や要因、解決に向けた取組などについて理解すること。 イ 思考力・判断力・表現力 ……場所の特徴や場所の結び付きなどに着目して、主題を設定し、それらの事象の空間的な規則性、傾向性や、関連する地球的課題の要因や動向などを多面的・多角的に考察し、表現すること。	民族を事例とすると、ここで取り上げる主題として、「*多民族社会と多文化主義*」などが考えられる。……たとえば、「なぜカナダの道路標識には複数の言語が使われているのだろうか」といった問いを立てて、カナダの自然環境とヨーロッパ人入植の動向や建国に至る歴史的背景などを踏まえて、各州の言語別人口構成の違いをもたらした要因や今後の動向について考察するような学習活動が考えられる。

斜体は多様性に関する言葉、下線部は、多様性のとらえ方に関わる文言

2-2 地理教育研究における多様性の扱い

日本の地理教育に関する研究では、2000年代以降、文化衝突や文化変容への着目、在日外国人の背景や権利に関する実践研究が積極的に行われている。ここでは、六つの実践を取り上げる。(表5-2)

吉水は、高校地理教科書で扱われる文化衝突による社会変容や社会問題には、その背景や価値葛藤過程が述べられていないことを指摘している。そして、文化多元主義の視点から、「比較的身近に起こっている実際の文化衝突を設定したうえで、継続的対話を通して複数の解決方法を模索する段階を含めた」(吉水, 2005: 10) 授業提案を行った。なお、取り上げた問題は、「世界に広がるコンビニ、おにぎり」、「日本はなぜロシア・アラスカの先住民保存捕鯨附票改定案に反対したのか」、「新潟県十日町市の地名・住居表示問題をめぐる合意形成システムの構築」である。

表5-2 地理教育関連研究において提案された多様性に関わる地理授業

	単元または授業テーマ	概要
文化衝突や文化摩擦を題材にしたもの		
吉水 (2005)(右列、計3時間の小単元)	世界に広がるコンビニ、おにぎり (高校地理A:1時間)	文化はすべて画一的な方向で進んでいるのではなく、受容することによって新たな文化が創造されていることを理解する。
	日本はなぜロシア・アラスカの先住民保存捕鯨附表改定案に反対したのか(高校地理A:1時間)	本来食糧問題や環境問題として科学的に評価されなければならない捕鯨の問題が、政治問題化や多数派工作などで異なった論理で解決策が採られていることを理解する。
	新潟県十日町市の地名・住居表示問題をめぐる合意形成システムの構築 (高校地理A:1時間)	「雪かき」という地域における協力文化の存在と、欧米から輸入された住居表示システム適用を巡る文化衝突の問題を、恒常的な社会的論争問題として理解し、社会的合意形成システムの構築に関する意思決定を行う。
永田 (2012a)	世界の捕鯨対立問題への政策を考える (高校地理:全4時間)	世界規模の社会的論争問題である捕鯨にかかわる文化摩擦問題について、捕鯨国・反捕鯨国のお互いの価値観を尊重し、多文化共生の視点からより望ましい解決策を構築していこうとする。
永田 (2012b)	ムスリムとの多文化共生を考える (中学「世界各地の人々の生活と環境」より:全6時間)	日本や世界の人々とムスリムとの文化摩擦が生じている実態から、その解決のためにイスラム諸国の生活文化を理解し、ムスリムとの共生を考える。
木村 (2015)(本書第9章参照)	日本の入浴施設での刺青拒否を考える (中学オセアニア州「多文化社会について考える」より:全4時間のうち最後の1時間で実践)	多文化社会を主題とするオセアニア州の学習の最後に「日本においてマオリ族の刺青を理由に入浴施設への入場が拒否されるのはあってよいことか」を討論し、多文化化の進行する日本のあり方について考えるきっかけとする。

	単元または授業テーマ	概要
在日外国人を題材としたもの		
志賀（2005）	神戸のエスニシティ（高校地理A「身近な地域の国際化」の単元より：全5時間）	神戸市の在日外国人の統計を利用し、在日中国人、在日韓国・朝鮮人、在日ベトナム人などの分布や背景を学ぶ。その上で、「在日ベトナム人の旧正月（テト）をいかに成功させるか」のロールプレイを実施。
織田（2006）	多みんぞくニホン（中学日本の地域を学ぶ導入単元として：全12時間）	日本における在日外国人の人口と割合やその経年変化を理解し、在日外国人の歴史や背景を学習したうえで、「外国にルーツをもつことの楽しさ」や「お互いの違いを認めて尊重しあう社会をめざす取り組み」を探して発表する。

　また永田（2012a）は、高等学校地理における異文化理解学習として、捕鯨問題を取り上げ、世界の諸地域における捕鯨に対する多様な価値観や位置・空間・地域の視点を踏まえ、多文化共生の視点から政策を立案する授業を提案している。永田（2012b）は、日本や世界の人々とムスリムとの文化摩擦が生じている実態から、その解決のためにイスラム諸国の生活文化を理解し、ムスリムとの共生を考える実践を行っている。

　木村は、オセアニア州の学習と関連づけて、「日本（北海道）においてマオリ族の刺青を理由に入浴施設への入場が拒否されるのはあってよいことか」を課題に、価値観の対立と寛容について討論する授業を行った。「地理的分野で扱ったことから文化の尊重に焦点をあてやすくなったことが感じられる」（木村, 2015: 40）として、地域性と結びつけて、文化の多様性や文化衝突が起こる空間をとらえることの重要性を示した。

　以上の研究では、文化衝突を事例として取り上げながら、空間的もしくは地域的に価値対立構造を示し、討論や解決策を議論する授業提案が行われている。異文化理解を中心とした実践が多い中、特に吉水（2005）では、文化衝突だけでなく、文化多元主義の立場で、文化融合の事象を取り上げた。また木村（2015）は、価値対立を討論させる中で、文化的多様性の尊重のために地域性や空間をとらえることの重要性を示した。

　次に、在日外国人について取り上げた実践としては、志賀（2005）が高校地理Aの単元で「神戸市のエスニシティ」を開発し、在日外国人の居住地の分布の特徴や歴史的背景を学習した上で、ロールプレイを行い、在日外国人の立場や課題を理解する授業実践を行っている。織田（2006）は、「多みんぞくニホ

ン」として在日外国人に焦点をあて、「外国にルーツをもつことの楽しさ」や「お互いの違いを認めて尊重しあう社会をめざす取り組み」を調べる学習を展開した。両者の研究は、日本におけるエスニック・マイノリティの存在を認め、多文化共生のあり方を考える実践であり、特に志賀（2005）は空間的に在日外国人の存在をとらえ、織田（2006）は、「多みんぞくニホン」として多様性を前提として地域をとらえているところに、地理的な特徴がみられると考える。

3. カナダの人口学習における多様性の扱い

3-1 多様性を中核とするカナダ地理の人口学習

　カナダ・オンタリオ州は、7～9学年で地理科目を必修としており、他州に比べ、地理科目としての地理教育実践に積極的な州である。また、首都のオタワや経済都市トロントも属する州のため、移民の流入が最も多い州でもある。ここでは、特にカナダ国内の多様性の扱いについて言及するため、カナダ国内の地理を内容とする9学年「カナダ地理の諸課題（Issues in Canadian Geography）」[1]の教科書記述に着目する。

　2013年策定の9学年「カナダ地理の諸課題」の州カリキュラム（Ontario Ministry of Education, 2013）では、「多様性」概念が人口と関連させて扱われている。具体的には、科目の目標群A～Eがあるうち、目標群Dが「人口の変化」を主題としており、多様性（diversity）の概念もここで扱うこととなっている。本カリキュラムには、学究（Academic）科目と応用（Applied）科目があり、学究科目では、「①人口問題、②移民と文化的多様性、③人口動態のパターンと傾向」を扱い、応用科目では、「①人口の変化と影響、②移民の傾向、③人口の特徴」を扱う。

　対象とした教科書は、「つなぎ合わせる：カナダ地理の諸課題」（*Making Connections: Issues in Canadian Geography*）（Clark and Wallace, 2015）で、1999年の創刊時より、オンタリオ州の地理教育のための教科書として作成されている。州のカリキュラム改訂に合わせて、この教科書も改訂されており、最新版（3版）は2015年に出版された。学究科目と実用科目のどちらにも対応可能とされている。

　表5-3は、教科書の第10章「カナダの人口」の構成を示したものである[2]。

教科書の「カナダの人口」は、「カナダの人口動態はどのようになっているのか、そしてなぜあなたの未来に対して重要な課題なのか」を中心課題として設けられている。前半では、人口学の基礎的な用語や資料の読み取り方法を学んだ上で、カナダの人口成長における移民の役割やその構成の変化を扱う。そして、現在のカナダにおける移民の在留資格の種類や傾向、移民の居住先（空間的な分布）や支援（フォーマル・インフォーマルな支援）の状況を扱う。後半では、先住民の居住動向も含めた国内の人々の居住と移動と、少子高齢化が進むカナダの人口構成を扱う。そして、最終的に、中心課題の解決と振り返りを行う構成になっている。

　また、中間に「カナダはより多くの移民を受け入れるべきか」という討論課題が設定されている。そこでは、移民を多く受け入れるべき立場と移民の受け入れを削減すべき立場を設定し、考えさせる頁となっている。移民を多く受け入れるべき立場は、移民によるカナダ社会の発展を基盤にした意見を複数掲載している。移民を削減すべき立場は、失業率の高まりや治安悪化を懸念する意見が複数掲載されている。

　以上のような内容構成で特徴的であるのは、カナダに入国してくる移民は、どのようなひとたちなのか、どこに住むのか、どんなサポートがなされているのか、という移民に対する視点と、移民を含めた民族的マイノリティは、どのようにカナダ全体の人口分布と関連しており、どのような状況にあるのかを丁寧に扱っていることである。

表5-3　地理教科書における「カナダの人口」の内容構成

「カナダの人口」の項目	概要	頁数
課題：カナダの人口動態はどのようになっているのか、そしてなぜあなたの未来に対して重要な課題なのか。		1
カナダの人口成長を理解する	過去150年の人口成長率（自然増加・社会増加の区別あり）の変化から、どのようなことが影響して変化が起きているのか推測する。	1
人口学の見方	流出・流入、出生率・死亡率、社会増加率・自然増加率など、人口学の基本的な用語と、予測値の意味などを扱う。	3
移民：400年の伝統	カナダの人口構成（96％が移民もしくは移民ルーツ、4％が先住民・メティス・イヌイットなど）と移民になる理由	2.5
カナダの移民史	出身地や流入数に関する過去150年間の動向	2.5

「カナダの人口」の項目	概要	頁数
移民になる方法	移民の在留資格（永住・一時、経済的・人道的など）	4
移民の移住先	州や都市ごとの移民率の比較や移民への支援を扱う	2
考えよう：「カナダはより多くの移民を受け入れるべきか」（討論課題）	「カナダはより多くの移民を受け入れるべき」（カナダは多文化国家としての世界的リーダーである、移民によって住みよい都市を形成してきている、文化融合によって新しい文化を創造している、高齢化が進む中で移民によってバランスがとれている、移民によって技術や教育・資金がもたらされている） 「カナダは、移民の受け入れを削減すべき」（より多くの移民受け入れがカナダの文化を破壊し衝突を引き起こしている、これ以上の移民は高齢化の解決策にならない、人口が増加すると持続可能性を重視した生活がおくれなくなる、失業率が高まりよい職業につけなくなる、多くの移民が押しよせたことで都市での住みやすさが失われている）。	2
国内移動	州ごとの失業率と州ごとの転出入の動向、先住民・メティス・イヌイットの人々の移動	3
従属人口率が示す意味（カナダ、日本、トーゴの比較あり）	年齢ごとの人口の違いから過去や未来の社会について考える。（カナダの50年前はトーゴのようだったが、現在は日本がすでにあるような高齢化に向かっている）	3
振り返りと分析	カナダの人口動態はどうであり、あなたの未来にとってなぜ課題なのか考察する。	1

3-2　人口学習における移民や民族的マイノリティの扱い

　ここでは、人口学習の特徴として先に挙げた移民や移民を含めたエスニック・マイノリティの扱いについて、移民による文化融合、移民へのサポート、エスニック・マイノリティへの着目の三つ点より、具体的な記述や教科書掲載の資料を整理する。

　この教科書では、カナダの人口の96％が移民をルーツとしているカナダ社会の豊かさや移民による文化融合などが事例としてあげられている。具体的には、世界の住みやすい都市ランキングにバンクーバー（3位）、トロント（4位）、カルガリー（5位タイ）が入っていることや、インド系カナダ人がアイスホッケー選手を目指す映画が紹介されている（写真5-1）。映画については、「（カナダの文化である）アイスホッケーと（インド系のダンスを取り入れた）ボリウッド（Bollywood）が出会ったこの映画は、カナダでしか作れないものだ」（Clark and Wallace, 2015: 226）と注釈で説明されている。また、バンクーバーのドラゴンボートフェスティバルの様子も写真で掲載されている。バンクーバーのドラゴ

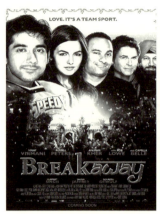

写真 5-1　映画"Breakaway"のポスター（EMDb より）

写真 5-2　バンクーバーのドラゴンボートフェスティバルのポスター（Doragon Zone Paddling Club より）

写真 5-3　ドロントにあるイラニアンプラザ（Toronto Iranian Plaza, Plaza Photo より）

ンボートフェスティバルのポスター（写真 5-2）の通り、ドラゴンボートは中国に起源を持ちながらも様々な人々が参加できる行事となっている。なお、ドラゴンボートフェスティバルは世界各地でも多く行われている。このように、移民によってつくられた新たな文化やカナダ社会の良さを扱うなど、移民による文化融合を肯定的にとらえている。

　移民への支援体制については、フォーマルな支援とインフォーマルな支援が紹介されており、特徴的であるのがインフォーマルな支援の扱いである。教科書では、トロントのイラニアンプラザ（写真 5-3）を事例に、「インフォーマルな支援は、移民が集まる地域で成長している。昨今のカナダにくる移民に関連して、このような小さなショッピングプラザのことを語らずにはいられない」（Clark and Wallace, 2015: 227）として、トロントで 21 番目に多い民族であるイランからの移民（人口の 1.2%）の生活習慣上のニーズに応え、財やサービスを提供するイラニアンプラザを紹介している。さらに、イラニアンプラザが「まるで我が家（ふるさと）のようだった」（Clark and Wallace, 2015: 227）といったイランからの移民の感想も提示し、このような場所に対する居場所観についても説明している。同様に、先住民に対しても伝統を共有する場所として、先住民フレンドシップセンターがあることが記述されている。

　そして、「重要なことは、これら（民族的背景を支える場所）がカナダ社会に入るための価値ある拠点になっていることである。大きな都市では、様々な民族

的背景のある高校生たちが、ともにクリケットをしたり、ボリウッドダンスをしたり、ウクライナ・イースターエッグの装飾をしたり、卓球をしたり、スティールバンドをすることはよくあることである」(Clark and Wallace, 2015: 227)と記述しており、インフォーマルな支援があり、多様な民族的背景が包摂されることで、カナダ社会が作られていることを説明している。

最後にあげたいのは、民族的マイノリティの視点である。教科書では、イランからの移民（人口の1.2%）や、カナダ全人口の4%の先住民・メティス・イヌイットのことに焦点をあて、取り上げている。そのほか、民族的マイノリティの存在に着目できるような統計や写真資料を掲載し、カナダ社会にいるエスニック・マイノリティへの配慮がみられた。

4. 日本の人口学習で多様性を取り入れるための視点

日本の人口に関する学習の例として、2018年版『中学校学習指導要領 社会解説』では下記のように記されている。

> ア（イ）「少子高齢化の課題，国内の人口分布や過疎・過密問題などを基に、日本の人口に関する特色を理解すること」が挙げられる。このうち、少子高齢化の課題については、我が国は世界に類を見ない速さで少子化、高齢化が進んだことに伴う課題に直面していることに特色が見られるといった程度の内容を取り扱うことを意味している。（中略）国内の人口分布や過疎・過密問題については、我が国は人口が1億人を超える数少ない国の一つで、日本全体が人口集中地域になっているように見えるが、国内の人口分布を見ると、不均等な分布が見られ、平野部への人口集中が目立つ一方で山間部は人口の希薄な地域になっていること、平野部には大都市圏が発達して過密地域が、山間部には集落がまばらに点在しているような過疎地域が見られること、といった程度の内容を取り扱うことを意味している。

「これまで国民形成を目的にする日本の学校においては、当然のことながらマジョリティの日本人の視点から内容が選択されてきた」(森茂, 2013: 96)ことを考えれば、上記のような少子高齢化と過疎・過密を日本の人口の特徴とす

るのは当然のことではある。しかし、日本社会の現状をみると、目に見える形で外国人労働者の増加やそれに伴い外国人児童生徒が増加し、日本の人口と多様性は決して離れた話ではない。桐谷は、人口減少対策として、大幅な移民受け入れ政策が行われることにより、日本社会の急激な多文化化が進展することを指摘し、多文化教育の必要性を唱えている。また、「多文化教育を展開するためには、教育のあらゆる側面において文化や価値の『多様性』を尊重することが要求される。そのためには、マイノリティの文化・価値を教育内容に適切に位置づけ、それまでマジョリティの文化・価値・経験を中心に構成されてきた教育内容全体を組み替えることが必要である」（桐谷, 2018: 39）と述べている。

よって、日本の人口の学習においても、マイノリティであることから排除することなく、日本社会に「いる・ある」存在を積極的に取り上げていく必要があるだろう。カナダの地理教科書では、カナダ社会に「いる・ある」すべての存在への着目だけでなく、配慮や支援、さらにマイノリティの背景を支える場所や様々なバックグラウンドを持った人が集まる場所についても取り上げられていた。おそらく在日外国人にもトロントのイラニアンプラザのような場所があるだろうし、様々な文化的背景をもった人が集まる場所もあるだろう。フォーマルな配慮や支援だけでなく、マイノリティの精神的な支援を行うインフォーマルな場所を認め、目を向ける学習も必要なことであると考える。

5. おわりに

日本の地理教育では、世界地理における多様性に関わる学習は多様な地域における多様な文化をとらえる学習として展開してきたといえる。一方、日本地理における多様性の扱いについては、十分とは言えない状況にある。先行研究では、異文化理解を中心とした取り組みや文化衝突・文化摩擦からその解決に向けた取り組みなどがすでに行われているが、A文化─B文化（もしくは自文化と他文化）という構図や、文化衝突・摩擦といった多様性の相互作用における負の側面が強調されているものが多いといえる。

一方、カナダの地理教科書では、カナダ地理で多様性の概念を中心的に扱うのは、人口学習とされていた。その内容は、カナダにいるすべての人々の存在

とその多様性、多様性の織りなす地域性、マイノリティへの配慮と多様性の中にあるマイノリティにとって重要な場所が扱われていた。

　森茂（2013）は、多文化カリキュラムのデザインに当たり、「本質的で実体的な文化を前提にして文化間の差異を強調するのではなく、特にマジョリティが自らの文化のハイブリッド性に気づくような」（2013: 104）教育内容構成や教材開発が課題になることを述べている。地理教育においても、様々な地域規模で多様性をとらえ、自他という相対的な構図からの脱却と、多様性の相互作用における正の側面の導入を考えていくことが課題となる。つまり、地理教育では、多様性を前提とした空間や地域・場所をとらえることを重視し、さらには、ある一定の空間や地域・場所における多様性によるエスニシティに限らない文化融合や多様性の包摂された地理的事象を積極的に追究し扱っていくことが考えられる。そうすることで、日本社会の多文化化に向けた地理教育の多文化教育実践が実現されるだろう。

《注》
1) オンタリオ州の社会科系教科は、K-6学年はSocial Studies、7、8学年はHistory and Geography、9-12学年はCanadian and World Studiesとなっている。本章では、Canadian and World Studiesの地理科目Issues in Canadian Geographyを対象としている。
2) 教科書の内容構成の順序は必ずしも単元や学習のプロセスを示したものではない。

【引用文献】
織田雪江（2006）「国立民族学博物館特別展『多みんぞくニホン』を教育現場に生かす」庄司博文・金美善編『多民族日本のみせかた――特別展『多みんぞくニホン』をめぐって』（国立民族学博物館調査報告）64、233-252頁。
木村真冬（2015）「文化的多様性に関する地理的分野の授業実践――刺青拒否を題材とした討論学習の試み」『お茶の水女子大学附属中学校研究紀要』第44集、27-40頁。
桐谷正信（2018）「グローバル社会における多文化的社会科教育」日本社会科教育学会『社会科教育研究』No.134、37-49頁。
志賀照明（2005）「身近な地域の国際化を考える・『神戸のエスニシティ』――高校における授業実践」兵庫地理学協会『兵庫地理』第50号、25-35頁。
永田成文（2012a）「高等学校地理における社会的論争問題学習の開発――多文化共生を視点

とした授業設計」全国地理教育学会『地理教育研究』No.10、10-17 頁。

永田成文（2012b）「ムスリムとの多文化共生を考える」『社会参画の授業づくり――持続可能な社会にむけて』古今書院、52-59 頁。

森茂岳雄（2013）「多文化教育のカリキュラム・デザイン――日本人性の脱構築に向けて」松尾知明編著『多文化教育をデザインする――移民時代のモデル構築』勁草書房、87-106 頁。

文部科学省（2017）『中学校学習指導要領解説 社会編』東洋館出版社。

文部科学省（2018）『高等学校学習指導要領解説 地理歴史編』東洋館出版社。
　　http://www.mext.go.jp/component/a_menu/education/micro_detail/__icsFicsF/afieldfile/2018/08/29/1407073_03_1.pdf（最終閲覧日：2018 年 12 月 5 日）

吉水裕也（2005）「文化衝突による社会変容・社会問題に関する授業構成――高等学校地理A 授業への提言」全国社会科教育学会『社会科研究』第 63 号、1-10 頁。

Ontario Ministry of Education. (2013). *The Ontario curriculum, grade 9 and 10*, Canadian and World Studies. Toronto: Queen's Printer for Ontario.

Clark, W. B. & Wallace, K. J. (2015). *Making connections: Issues in Canadian Geography*. Toronto: Peason Canada Inc.

【引用写真】

IMDb, Breakaway poster photo
　　(https://www.imdb.com/title/tt1736552/) 最終閲覧日：2018 年 12 月 5 日

Dragon zone paddling club, Concord Pacific Dragon Boat Festival 2018 Poster
　　(http://dragonzone.ca/blog/winning-poster-exemplifies-spirit-of-the-2018-concord-pacific-dragon-boat-festival/) 最終閲覧日：2018 年 12 月 5 日

Toronto Iranian Plaza, Plaza photo.
　　(http://torontoiranianplaza.com/gallery/plaza-photos) 最終閲覧日：2018 年 12 月 5 日

第6章

歴史教育における多様性の学び方

桐谷正信

1. はじめに

1-1 歴史教育において多様性をとらえる必要性

　歴史教育は、現在の社会がどのように形成されてきたかを学ぶ、現在理解のための教育である。社会の形成過程の「物語り」を学ぶことになる。つまり、その「物語り」が、「誰によって」、「誰のために」、「どのような意図を持って」物語られたものであるか、歴史を創り上げてきた人物や集団として「誰が」物語られるかによって、現在の社会に対する認識は異なってくる。

　では、歴史教育の前提となる現在の日本社会をどのようにとらえることが必要であろうか。グローバル化の急激な波が日本に及ぶことによって、多様な文化的背景をもつ人々が大量に日本に流入し、日本の文化的多様性は一層進展してきている。しかし、日本は従来からの先住民であるアイヌ民族や併合された琉球民族、在日韓国・朝鮮人などを含んだ多民族社会である。また、日本は多民族社会であると同時に、女性や老人、青年・子ども、障がい者、低所得労働者、被差別者など多くの社会的マイノリティを内包して構成された多文化社会である。彼らは、常にマイノリティ[1]として位置づけられ、多文化社会であるはずの日本において不可視の存在とされてきた。

　マジョリティの文化を中心に展開される教育では、マイノリティの文化をマジョリティのそれに比べて一段低いものとみなし、マジョリティ文化への同化を強いる教育となりがちである。その結果、マイノリティの文化を剥奪することになってしまう。マイノリティの文化の剥奪の最も効果的なものは「言語

(母語)」の剥奪と「歴史」の剥奪である。マジョリティ中心の歴史教育においては、マイノリティの存在が省略され、周辺に追いやられてしまうことによって、その歴史も剥奪されてしまうのである。歴史教育は、自己の所属する社会のあり様に対する認識を規定し、自己のアイデンティティのあり方を規定するのである。

1-2 歴史教育における多様性を扱う二つの方法

歴史教育において多様性を扱う場合、大きくは二つの方法がある。

一つは、その時代の様子を学習する一つの要素・トピックとして、多様な文化集団の文化や経験を取り扱う方法である。一般的な方法であり、これまで日本でもアメリカ合衆国(以下、アメリカと略)でも多く用いられてきた方法である。アメリカではマイノリティの歴史的経験を学習内容とする授業プラン・教材の提案が数多くなされてきた[2]。

もう一つの方法は、歴史カリキュラム全体を多文化的歴史カリキュラムに「変換」する方法である。バンクス (J. A. Banks) は、「カリキュラム改革 (Curriculum Reform)」のためのアプローチとして、第4章で示したように、四つのレベルを設定している (Banks, 2008: 47-49)。「第1レベル:貢献アプローチ」と「第2レベル:付加アプローチ」は、カリキュラムの基本的構造や目的・特徴は変化させず、多文化的内容を既存のカリキュラムに付け加えるアプローチである。日本の学習指導要領や第一の方法は、これらのアプローチに位置づく。主として授業や単元を多文化教育へと改革するために用いられることが多い。「第3レベル:変換アプローチ」は、カリキュラムの原理や基本的前提を、多文化教育に基づいて根本から「変換」するアプローチであり、歴史カリキュラムの改革では、主としてこのアプローチが用いられる[3]。本研究における多文化教育カリキュラムとは、この「変換アプローチ」によって変換されたカリキュラムを指す[4]。

本章では、1987・1996年版ニューヨーク州合衆国史カリキュラムの分析を通して、歴史教育で多様性をとらえる方法としての「変換アプローチ」に基づく歴史カリキュラム改革について検討し、日本における多文化的歴史教育カリキュラム開発に向けた示唆について考察する。ニューヨーク州は、1954年まで「アメリカの玄関」として移民局を抱え、アメリカの全人口の約50%がこ

のニューヨーク州を通して、移民としてアメリカ全土に広がっていったといわれる。ニューヨーク州は、カリフォルニア州と並んで常にアメリカで最も先鋭的な多文化・多民族地域であり、その民族的・文化的多様性を考慮した教育が要求されてきた。そのニューヨーク州の合衆国史カリキュラムが多文化教育に基づいて根本的に改訂されたのが 1987 年であり、その改訂を巡って全米的な多文化論争が展開され、1996 年に再改訂が行われている。1987・1996 年の合衆国史カリキュラムの改訂は、「変換アプローチ」の典型事例であるといえる。

2. 「新しい社会史」に基づく多文化的歴史カリキュラム
──1987 年版合衆国史カリキュラムの改訂

2-1 「新しい社会史」と多文化的歴史教育の結合

アメリカにおける「合衆国史」という科目は、アメリカ市民として不可欠な市民的資質（citizenship）の育成を目的に設定され、同化（assimilation）による国家統合のための手段という側面が顕著にあらわれた科目であった。その教科書の記述は、WASP（White Anglo-Saxon Protestant）的な国民統合という理念を如実に反映した記述がなされていた（Banks, 1969: 954; 大森・森茂, 1984: 2-3）。そのため、1960 年代のアフリカ系アメリカ人を中心とした公民権運動を契機とする民族復興運動が高揚するまで、人種差別に基づく偏見を背景として、「合衆国史」教科書にはアングロ・サクソン以外の民族集団に関する記述はほとんどみられなかった（Banks, 1969: 954）。アメリカには、世界各地から集まってきたさまざまな文化をもつ移民が、アメリカという「人種のるつぼ」によって、まったく新しい「アメリカ人」になるのだという「メルティング・ポット（melting pot）」論が存在していた。しかし、現実には、最初にアメリカに植民したピルグリム・ファーザーズの WASP 文化・価値が、支配的な文化・価値となっていったのである。つまり、「メルティング・ポット」によって「アメリカ化する（Americanize）」ということは、すなわち「アングロ・サクソン化する」することを意味していた。そしてこの WASP 文化への「同化」としての「アメリカ化」こそが、伝統的に「合衆国史」教育の基本理念とされてきたのである。

1980 年代になると、アメリカの中等教育の合衆国史カリキュラムにおいて、建国以来、多様な民族的・社会的諸集団の果たした役割を公正に反映する試

みがなされ始めた。その背景として、アメリカ歴史学における「新しい社会史 (New Social History)」の隆盛が存在する。「新しい社会史」は、1950年代後半から1960年代にかけての公民権運動と結びつき、その主な担い手であるマイノリティを研究対象として含み込んでいる (Stearns, 1994: 685-687)。その結果、「新しい社会史」は、マイノリティの歴史的経験を研究対象とし、歴史叙述の対象として「普通の人々」を重視することとなった。この「普通の人々」とは、これまで焦点があてられにくかった奴隷、工場労働者、農民、農場労働者などの下層階級や、女性、年齢集団といった社会的マイノリティと、「黒人」やアメリカ先住民、移民などの民族的マイノリティを意味する (Stearns, 1988: 142-143)。

2-2 「合衆国史・ニューヨーク州史」の内容構成における「社会史アプローチ」

ニューヨーク州は、1987年に多文化主義に基づいて社会科シラバスの改訂を行った。改訂前のシラバスの原形は1960年代にできたものであった。しかし、1980年代に入り「1960年代以降におこった多くの変化を考慮し、社会科の新しいプライオリティにむけて」(New York State Education Department, 1987a: iii) 新しいシラバスの改訂に着手したのである。当時のニューヨーク市の公立学校に通うマイノリティの生徒の増加は顕著であり、80%近い児童・生徒が白人以外のマイノリティ出身であった。そのため、州の住民の多様性の価値の承認とそれに基づくコンフリクトを解決する方法の探究が、社会科の課題とされてきた。それゆえ、1987年の改訂では、多文化教育に基づく改訂であることがことさら強く打ち出されている。この改訂シラバスは、上記のような民族的な人口動態の変化の影響から、目標、内容構成など様々な部分に多文化主義の理念が反映されている。

多文化主義に基づいて改訂されたニューヨーク州シラバスの第7・8学年「合衆国史・ニューヨーク州史」では、その内容構成の原理として「社会史アプローチ (social history approach)」が用いられている。第7・8学年「合衆国史・ニューヨーク州史」内容構成は、以下の表6-1の通りである。

表6-1 第7・8学年「合衆国史・ニューヨーク州史」の内容構成

単元1：1500年以前のアメリカ人の世界規模の民族的系譜 　Ⅰ 歴史学と社会科学：国民に関する学習 　Ⅱ 主要文化の地理的要因 　Ⅲ 北アメリカ東海岸のイロクォイ族とアルゴンキン族の文明化 　Ⅳ 1500年以前におけるヨーロッパ人概念	単元7：工業化社会 　Ⅰ 19世紀後半における工業化社会の成熟 　Ⅱ 社会構造の変化がアメリカの状況を変えた 　Ⅲ 進歩主義運動、1900-1920年：新しい社会に改革するための努力
単元2：ヨーロッパ人の世界探検とアメリカ入植 　Ⅰ ヨーロッパ人の世界探検と入植 　Ⅱ 植民地への入植：地理的、政治的、経済的要因 　Ⅲ 植民地コミュニティにおける生活	単元8：増大する相互依存世界における独立国家としての合衆国 　Ⅰ 合衆国はその領土を拡大し、海外帝国を建設した 　Ⅱ 合衆国はグローバルな力関係の中で一つの役割を果たしはじめた
単元3：国家の創造 　Ⅰ アメリカ革命の遠因 　Ⅱ 抵抗から分離独立への移行 　Ⅲ 新しく独立した州の統治のための初期の試み 　Ⅳ 革命の軍事的・政治的側面 　Ⅴ 独立戦争によってもたらされた経済的・政治的・社会的変化	単元9：大戦間の合衆国 　Ⅰ 戦後期の精神を反映した「狂乱の'20年代」 　Ⅱ 大恐慌
単元4：政府における経験 　Ⅰ 13州連合協定と臨界期 　Ⅱ 1777年のニューヨーク州憲法 　Ⅲ 合衆国憲法の文面・構造・採択	単元10：合衆国は世界的な責任を担っている 　Ⅰ 第二次世界大戦 　Ⅱ 第二次世界大戦以後の世界における合衆国 　Ⅲ 混迷の世界における合衆国
単元5：新国家での生活 　Ⅰ 新しい政府 　Ⅱ ジャクソン時代 　Ⅲ ホームスパン（Homespun）期	単元11：第二次世界大戦以降現在までのアメリカ人の本質の変化 　Ⅰ 戦後社会の繁栄期 　Ⅱ 限界の時代を迎えたポスト工業化社会 　Ⅲ 21世紀に向けてのアメリカの動き
単元6：分裂と再統合 　Ⅰ 南北戦争の根源的原因 　Ⅱ 南北戦争の勃発 　Ⅲ 南北戦争の帰結	単元12：現代社会における市民的資質 　Ⅰ 合衆国における市民的資質 　Ⅱ 州・地域政府における市民的資質 　Ⅲ 共同的市民的資質

（New York State Education Department, 1987b をもとに著者作成）

　本シラバスにおいて合衆国史カリキュラムの構成原理とされた「社会史アプローチ」は、「広範な人間の諸行為の検証と庶民（common people）や日常的事象（everyday events）に焦点化する」（New York State Education Department, 1987b: 21）と

されている。「社会史アプローチ」の歴史教育における有効性は、上記の「庶民や日常的事象に焦点化する」ことによって、「すべてのアメリカ人の歴史 (the history of all Americans)」を総合し得る点である。本シラバスでは、「社会史アプローチの採用のもう一つの利点は、それがすべてのアメリカ人の歴史の包含を要求していることである。女性、「黒人」、アメリカ先住民、そのほかの民族的マイノリティの業績は、アメリカの生活と社会の全体構造の一部分として見るべきである」(New York State Education Department, 1987b: 22) とする。

　注目すべきは、「知識目標」の「3.」において、ともすれば政治的・制度的視点に集約しがちな国家としての合衆国の成立を、「アメリカ社会」、「生活」という「場」としてとらえ、そこへの「多様な民族集団」による「貢献」の視点から構築しようとしている点である。これは、国家のシステムを作り上げた政治エリートの業績に還元される合衆国の成立史を、「すべてのアメリカ人」による「貢献」からアメリカ史を構築する試みである。つまり、ニューヨーク州シラバスにおける「社会史アプローチ」では、政治的要素も「新しい社会史」で強調される日常的要素と同様、「アメリカの生活と社会の全体構造の一部」なのである。そのことは、従来の「新しい社会史」で用いられる中心的概念に、「政治参加」が加えられていることからもわかる。マイノリティを含めた「すべてのアメリカ人」の日常的行為の集積を「軸」として、政治的要因をも包摂した「全体史」を志向しているといえる。

　従来の「新しい社会史」では排除されてきた政治的要因が積極的に歴史的要因の一つとして位置付けられ、政治的要因が日常的要因によって分析・構築されると同時に、政治的要因の影響による日常的要因の変化と継続が描き出される。そうすることによって、政治的要因は、一部の政治エリートの業績としてではなく、「すべてのアメリカ人」の「政治参加」、すなわちアメリカ合衆国への「貢献」とされる。政治史中心の国家史においては、記述されることすらなかった諸マイノリティの日常生活が、国家・社会形成の重要な政治的要因としてクローズアップされる。つまり、この政治的要因を日常的要因からとらえることによって、「すべてのアメリカ人」の歴史的経験を描き出すことが可能となったのである。

3.「多様性」と「統一性」のはざま——1996年版合衆国史スタンダードの開発

　ニューヨーク州教育局は、1987年の社会科シラバスの全面的改訂直後から再改訂を開始し、その努力の成果として、1995年に「社会科フレームワーク（草案）（*Preliminary Draft Framework for Social Studies*）（以下、フレームワークと略）」(New York State Education Department, 1995)を開発した。フレームワークに基づいて1996年に、「社会科学習スタンダード（*Learning Standards for Social Studies*）（以下、スタンダードと略）」(The University of the State of New York, 1996a)が開発されている。フレームワークとスタンダードの具体化されたものとして「リソース・ガイド（*Social Studies Resource Guide*）」(The University of the State of New York, 1996b)が開発されている。再改訂の契機となったのは、マイノリティの利益団体からマイノリティの歴史と文化に関する記述の不足が指摘され、より多文化的な改訂の要求が出されたことである。その要求を受け、州教育局は社会科カリキュラム、特に合衆国史カリキュラムの再改訂の作業に着手したが、この改訂は、歴史教育内容における中核的価値を巡って、全米を巻き込んで多文化主義 対 保守主義が激しく衝突した多文化主義論争に発展したのである[5]。

　さかのぼって、1990年に州教育評議会は、具体的なカリキュラム改訂のために、「ニューヨーク州社会科改訂・開発委員会（The New York State Social Studies Review and Development Committee）（以下、改訂委員会と略）」を設置した。その成果として、1991年6月に「一つの国、多くの人々——文化的独立宣言」(One Nation, Many Peoples : A Declaration of Cultural Independence)と題する報告書を教育評議会に提出した。改訂委員会の基本方針は、多文化主義に基づく「多様性」の尊重であり、「多文化的社会科教育の実現」(The New York State Social Studies Review and Development Committee, 1991: 13)である。「アングロ・アメリカ人への同化という過去の理念」の後退を明言（The New York State Social Studies Review and Development Committee, 1991:xi）し、アメリカを多文化社会ととらえる方向性を打ち出している。しかしながら、保守的歴史家による痛烈な批判キャンペーンとそれをめぐる論争を経て、「一つの国、多くの人々（One Nation and Many Peoples）」では、「多様性」と同時に「統一性」の尊重も重視されている。

　「一つの国、多くの人々」に基づいて開発された社会科スタンダードは、ス

タンダード1〜5によって構成され、小学校段階から高等学校段階まで社会科の教育目標・内容・方法に関する一貫した基準である。合衆国史・ニューヨーク州史に関するスタンダードは、スタンダード1で規定されている。(The University of The State of New York, 1996a: 1)。

　K-12の社会科カリキュラムの内容構成は、基本的に1987年のカリキュラムから大幅な変更はない。K-12の一貫したスタンダードとして開発されたため、K-12学年を「初等段階 (Elementary level)」「中間段階 (Intermediate level)」「修了段階 (Commencement level)」の3段階に分け、各々の段階で「達成目標」を達成するための具体的な達成指標を設定している。それぞれの段階での合衆国史教育の相違と関連性が明確に規定されている。K-12学年を通した合衆国史学習の目標・内容・方法を構造的に示すことによって、一貫した目標を段階的に達成できるように、スタンダードの下位に「達成目標」と「達成指標」を示している。学習の段階として整理すると、図6-1になる。

図6-1　1996年版合衆国史の学習段階（筆者作成）

　スタンダード1の記述そのものには、「多様性」と「統一性」の尊重は直接的に表されていない。しかしながら、この基本的なスタンダードの下位に設定された次頁の四つの達成目標 (The University of the State of New York, 1996a: 2-7) では、この「多様性」と「統一性」の尊重が目標として明確に位置づいている。

表 6-2　スタンダード 1 の達成目標

(1) ニューヨーク州史と合衆国史の学習は、**アメリカ文化、その多様性および多文化的文脈、多くの価値、実践、伝統による国民統合の方法の発達の分析**を必要とする。
(2) ニューヨーク州史と合衆国史の重要な思想、社会的・文化的価値、信念、伝統は、**時代のそして多様な視野から人々や事象の結びつきとの相互作用**を明らかにする。
(3) ニューヨーク州史と合衆国史における主要な社会的・政治的・経済的・文化的・宗教的発展に関する学習は、**諸個人と集団の重要な役割と貢献に関する学習**を含んでいる。
(4) 歴史的分析技能は、以下の能力を含む。：歴史的証拠の重要性を明らかにする能力；証拠の重要性、信頼性、妥当性を検証する能力；多様な因果関係の概念を理解する能力；異なった歴史的発展の解釈の変化と競合を理解する能力。

(The University of the State of New York ed., 1996a: 2-7 をもとに筆者作成。太字は筆者)

　「達成目標」(1)、(2)、(3) においては、「多様性」と「統一性」の両者の尊重が目標化されている。「達成目標」(1) では、「アメリカ文化、その多様性および多文化的文脈」において、「多様性」に基づく「価値、実践、伝統による国民統合の方法」の分析によって、国家としての「統一性」の理解が目標とされている。「達成目標」(2) では、アメリカの「統一性」の基底をなしてきた「重要な思想、社会的・文化的価値、信念、伝統」の分析によって、多様なアメリカを形成してきた「多様な視野から人々や事象の結びつきと相互作用」を理解することが目標として掲げられている。「達成目標」(1)、(2) では、「多様性」と「伝統」が目標として併記され、アメリカ文化の「多様性」の理解と同時に「伝統」による「統一性」の保持がその枠組みとして設定されている。「達成目標」(3) では、多様な個人や集団の「貢献」によってアメリカが発展したことを理解する目標が掲げられている。この「達成目標」(1)、(2)、(3) によって示される「多様性」と「統一性」の理解は、国民統合と相互作用を多様な人々の「貢献」によって織り上げられた歴史として合衆国史を理解する構造を持っている。そして、それらの理解を支えているのが、「達成目標」(4) の「歴史的分析技能」である。この構造を図に表すと図 6-2 になる。生徒に、「一国民としてのア

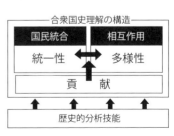

図 6-2　合衆国史スタンダードの達成目標の構造 (筆者作成)

メリカ人とは何者か」「アメリカ人の価値と伝統とは何か」「どのようにして現在の習慣を身につけてきたのか」「どのようにしてアメリカの多様性の中から統一性を見つけだしたのか」といった問いに直面させることであり、「アメリカ人とは何者か」を模索させることである。(New York State Education Department, 1995: 6)

この問いこそが、改訂の過程で変化してきた多文化教育における価値の転換を最も如実に表している。「多様性」のみではなく、アメリカ人としてのナショナル・アイデンティティの形成のためのアメリカの伝統と、多様なアメリカをその「多様性」を尊重しながらも一つの国家としてまとめあげてきた「統一性」を学習すべき価値として位置づけているのである。そこで問題になる点が、「統一性と多様性の学習の適当なバランス」である。「『誰の』歴史が、そして『どの』歴史が」という問いは、アメリカをどのような社会と見なすかという社会認識への問いであり、その形成に関する歴史認識への問いである（桐谷、1999）。

ニューヨーク州は、生徒が形成すべき「統一的な合衆国」としてのアメリカ認識を、合衆国憲法、権利章典、独立宣言に基づく民主主義社会として見なしている[6]。同時に「多様な民族からなる合衆国」として、アメリカ先住民から最初のヨーロッパ人の入植、奴隷とされたアフリカ人の強制移住、経済的機会、政治的自由、信教の自由などの「アメリカン・ドリーム」を求めて世界中の諸地域からの膨大な「移民の波」までのアメリカ社会を創り上げ、影響を与えている人種的、宗教的、民族的、言語的多様性の豊かな構成要素 (The University of the State of New York, 1996a: 9-10) からなる多文化社会と見なしている。つまり、このような多様な人々が強力で統一的な国家を形成してきた文脈を提示し、それを生み出す苦闘を通した共通の民主主義的諸価値、制度、伝統の発展は、多くの個々の文化的伝統を保護する一方で、統一的なナショナル・アイデンティティをもつ人々を形成してきたととらえているのである。

そして、ニューヨーク州フレームワークで尊重されている「多様性」は、「人種的、宗教的、民族的、言語的伝統の豊かな構成要素」であり、「統一性」とは、シュレジンガー Jr. (A. M. Schlesinger, Jr.) が提示するアングロ・サクソン文化 (Schlesinger, Jr., 1991: 119-138) ではなく、「合衆国憲法、権利章典、独立宣言に基づく民主主義」思想に基づいたアメリカン・アイデンティティである。

4. おわりに——日本の多文化的歴史カリキュラムに向けて

　ニューヨーク州のカリキュラム開発の特徴は、カリキュラム開発の前提として、アメリカを「多文化社会」ととらえた上でカリキュラム開発を行っている点である。ニューヨーク州における歴史学習は、歴史学の成果に基づきながらも、あくまでも「アメリカ人の育成」を最終的な目的としている。「アメリカ人とは何者か」という問いは、まさにそのための問いである。そして子どもたちが「アメリカ人とは何者か」という問いの答えを見つけるということは、子どもたちが現在生活し、今後創造し続けていくであろう「アメリカ合衆国」という社会の成り立ちを、「多様性」と「統一性」の視点から理解することにほかならない。アメリカ歴史教育の本質的な課題は、常にアメリカ建国以来の国是である「多様性の中の統一（E Pluribus Unum）」の実現、つまり「多様なアメリカの歴史をまとめること」であり、その「多様性」の理解と、国家としてまとめあげる「統一性」の核とはなにかを問うことである。

　日本における歴史カリキュラムを、多文化主義に基づき「変換」する方法で多様性をとらえる場合、ニューヨーク州と同様、まず日本を多文化社会ととらえることから始める必要がある。その上で日本社会の成立と展開の過程を「多様性」と「統一性」から問うことが、多文化的歴史カリキュラムの開発となる。

　本研究が日本の歴史教育および歴史カリキュラム開発に示唆しうる点は、以下の2点である。

　第一点は、これまでのマジョリティである日本人の政治史中心の内容構成を、「新しい社会史」に基づいて「日常的行為」を歴史カリキュラムのスコープとすることで、次の二つの問題が克服できると考える。

　①政治史・外交史・戦争史中心の歴史カリキュラムからの脱却

　②マジョリティである日本人・男性中心史の歴史カリキュラムからの脱却

　①政治史・外交史・政治史からの脱却については、「日常的行為」をスコープとすることで、政治的事件、外交・戦争などで活躍したいわゆる「偉人」の歴史的経験だけではなく、その時代、その社会に生きた「普通の人々」の歴史的経験を内容とするカリキュラムを開発することができる。現在の日本の歴史教育において、「普通の人々」はほとんど取り上げられていない。農民への賦

役や農村・惣の発達、市や産業の発達、身分制度、百姓一揆・土一揆、江戸時代の元禄・化政文化、労働運動・部落解放運動・婦人運動などの社会運動、第二次世界大戦での犠牲などでは、非支配者層である農民・町民・庶民・民衆などが取り上げられてはいるが、あくまで集団として一括りにされ、それらの人々の具体的な経験に踏み込んで取り上げられてはいない。個々の社会科教師が、独自の教材開発・教材研究において、「普通の人々」の「日常生活」を内容とする実践は当然ながら多数存在してきたが、カリキュラムレベルで、これらの内容を包摂する試みはなされていない。

②マジョリティである日本人・男性中心史からの脱却については、「普通の人々」の「日常生活」が歴史教育の内容となるため、「普通の人々」としてさまざまなマイノリティの歴史的経験をカリキュラムの内容とすることができる。しかし、現在の歴史カリキュラムや教科書では、民族的マイノリティである在日韓国・朝鮮人の存在について、朝鮮支配の部分で軽く触れられている程度であり、その後の差別や迫害についてはほとんど取り上げられない。アイヌ民族に関しても、長らく日本ではアイヌ民族を先住民とは認めてはこず、江戸時代の松前藩との交易やシャクシャインの蜂起に関して扱う程度である。しかし、2008年6月6日に、衆・参両院において「アイヌ民族を先住民族とすることを求める決議」が全会一致で採択された。アイヌ民族が日本の先住民族であることが、公式に認められた。アイヌ民族の先住民としての固有の権利や尊厳を重視した扱いに変わっていくことが必要である。また、渡来系の諸民族についても、「大和民族」に「同化」したものとして、古墳時代以降はほとんど扱われていない。歴史カリキュラムにおいては、彼らは常に、多民族社会であるはずの日本において、「単一民族神話」（小熊, 1995: 1998）によって不可視の存在とされてきた。

女性もほとんど登場しない。卑弥呼と推古天皇、紫式部、清少納言、北条政子、津田梅子、与謝野晶子、樋口一葉といった政治的支配者か文化的エリートのみの名前が取り上げられるが、女性の、その時代・その社会における「日常生活」は取り上げられてはいない。当然、子どもや若者、高齢者の歴史的経験はほぼないといっても過言ではない。「新しい社会史」に基づく歴史カリキュラムでは、このような人々の歴史的経験を、カリキュラム全体の中で、公正に位置づけることが可能となると考える。

第二点は、中央集権的な国家統合を軸とした「統一性」に傾斜したカリキュラムを、「多様性」と「統一性」の両者に配慮したカリキュラムに転換しうると考える。上記のように、日本の歴史カリキュラムは、支配者層の男性の政治的・戦争的経験を軸として、どのように国家が成立・分裂・再統合・発達してきたかを描き出すカリキュラムである。その中心的価値は「統一性」である。そのようなカリキュラムでは、多様な人々の歴史的経験は無視されてしまうのである。本研究で明らかにした「多様性」を前提とし、そのうえで共通の価値に基づく「統一性」を志向するカリキュラムを開発する方法が有効である。「統一性」に基づく歴史カリキュラムを、「多様性」と「統一性」の両者を尊重したカリキュラムに変換するということは、「統一性」に大きな価値を置いてきた日本の歴史教育では大きな困難が伴うことが予想される。多文化社会であるアメリカでも、1980年代に入るまで合衆国史教科書はギリシャ・ローマから始まり、ヨーロッパ史を経てやっと合衆国史が始まる構成がとられてきたのであり、日本人が圧倒的マジョリティである日本では、より強い抵抗があることは想像に難くない。しかし、2019年4月1日に「出入国管理および難民認定法および法務省設置法の一部を改正する法律」が施行されたことで事実上「移民」が解禁され[7]、今後ますます日本社会の多文化化の進展が予想される[8]。その進展する「多様性」の理解と日本という社会をまとめ上げる「統一性」を問い直し、日本の歴史カリキュラムを多文化的カリキュラムに「変換」することが必要であろう。

《注》
1) 「何らかの属性的要因（文化的・身体的などの特徴）を理由として否定的に差異化され、社会的・政治的・経済的に弱い地位に置かれ、当人たちもそのことを意識している社会構成員」（宮島・梶田，2002: 1）と定義される存在である。
2) たとえば、The Social Studies の 1987 年第 78 巻第 5 号はすべて、「移民」の歴史学習の特集を組んでいる。日本では、アメリカ多文化教育の理論に学び、多文化的歴史授業を開発・実践した代表的な研究として太田（2012）の研究がある。
3) 「付加アプローチ」と「変換アプローチ」の橋渡し的な研究として、太田（2015）の研究がある。アメリカの多文化的歴史カリキュラムに関する研究としては、森田（1997）による 1994・1996 年の両合衆国史ナショナル・スタンダード開発に関する研究や、森茂（1996）によるニューヨーク州のカリキュラム改革を基軸にアメリカにおける多文

論争を検討した研究、両方に関する桐谷（1997; 1999; 2000; 2012）の研究がある。
4）「社会的行動アプローチ」は、主に公民教育で用いられるアプローチである。
5）この再改訂のプロセスと多文化主義論争の展開については、森茂（1996）の研究に詳しい。
6）具体的には、人間の尊厳、多様性の価値、制限された政府、公正、言論の自由、信教の自由、経済機会追求の自由、被統治者の承認による統治、法の支配、在民主権といった民主主義思想、独立している司法制度、政党、苦痛の救済による統治機構を含むアメリカの政治制度など（The University of The State of New York, 1996a: 9-10）である。
7）政府は、「移民政策」ではないと説明している。
8）「特定技能2号」取得者は家族の帯同が許可され、永住権の取得にも道が拓かれている。また、家族帯同が許可されていない「特定技能1号」取得者も、日本人と結婚した場合、その子どもは日本国籍を取得できる。

【引用文献】

太田満（2012）「多民族学習としての小学校歴史学習――アイヌ史の位置づけを中心に」日本社会科教育学会『社会科教育研究』No.117、16-26頁。

太田満（2015）「多文化共生社会で求められる小学校歴史学習の内容構成―― J. A. バンクスの変換アプローチを手がかりに」社会系教科教育学会『社会系教科教育研究』第27号、21-30頁。

大森正・森茂岳雄（1984）「アメリカの社会科カリキュラムにおける文化多元主義の展開」日本社会科教育学会『社会科教育研究』No.51、1-21頁。

小熊英二（1995）『単一民族神話の起源――〈日本人〉の自画像の系譜』新曜社。

小熊英二（1998）『〈日本人〉の境界―沖縄・アイヌ・台湾・朝鮮――植民地支配から復帰運動まで』新曜社。

桐谷正信（1997）「アメリカ多文化的歴史教育における『新しい社会史』の位置と価値――ニューヨーク州歴史シラバスの分析を手がかりに」日本社会科教育学会『社会科教育研究』No.78、1-13頁。

桐谷正信（1999）「合衆国史ナショナル・スタンダードにおける『社会史アプローチ』」『埼玉社会科教育研究』第5号、8-20頁。

桐谷正信（2000）「歴史カリキュラム開発における『多様性』と『統一性』――ニューヨーク州合衆国史カリキュラム改訂を事例にして」全国社会科教育学会『社会科研究』第53号、43-52頁。

桐谷正信（2012）『アメリカにおける多文化的歴史カリキュラム』東信堂。

宮島喬・梶田孝道（2002）「マイノリティをめぐる包摂と排除の現在」宮島喬・梶田孝道編『国際社会④　マイノリティと社会構造』東京大学出版会、1-17頁。

森田真樹（1997）「多文化社会米国における歴史カリキュラム開発――合衆国史ナショナル・スタンダードをめぐる論争を手がかりに」日本カリキュラム学会『カリキュラム研究』

第 6 号、41-51 頁。
森茂岳雄（1996）「ニューヨーク州の社会科カリキュラム改訂をめぐる多文化主義論争——A. シュレジンガー Jr. の批判意見の検討を中心に」日本社会科教育学会『社会科教育研究』No.76、13-24 頁。

Banks, J. A. (1969). Content analysis of the Black Americans in textbook. *Social Education, 33* (8), 954–963.
Banks, J. A. (2008). *An introduction to multicultural education* (4th ed.). Boston: Pearson Education.
New York State Education Department. (1987a). *Social Studies Program 6.*
New York State Education Department. (1987b). *Social Studies Tentative Syllabus 7.*
New York State Education Department. (1995). *Curriculum, Instruction, and Assessment Preliminary Draft Framework for Social Studies.*
Schlesinger, Jr. A. M. (1991). *The disuniting of America: Reflection on a multicultural society.* New York: Norton.
Stearns, P. N. (1988). Social history in the American history course: Whats, whys, and hows. In B. R. Gifford (Ed.) *History in the schools: What shall we teach?* (pp.138–161). New York: Macmillan Publishing Company.
Stearns, P. N. (1994). Social history. In Sterans, P. N. (Ed.). *Encyclopedia of Social History* (pp.683–688). New York: Garland Publishing.
The New York State Social Studies Review and Development Committee. (1991). *One Nation, Many Peoples: A declaration of cultural independence.* The State education Department.
The Social Studies. (1987). Special Issues; Teaching about immigration: Ellis Island and beyond, *78*(5), pp.189–225.
The University of the State of New York. (1996a). *Learning Standards for Social Studies.* Revised Edition.
The University of the State of New York (1996b). *Social Studies Resource Guide.* New York State Education Department.

第7章

公民教育における公正の学び方

川﨑誠司

1. はじめに

　本章は、多文化化に伴って起こる多様性の問題をどうとらえることが適切であるかについて、多文化教育の中心概念である「公正」を基盤とした認識の仕方が有効であることを明らかにするものである。その際、理論的側面の検討によって明らかにされたことだけでなく、それを念頭に置いた授業実践を手がかりとして考察する。

　社会科は1947年に発足して以来、度重なる学習指導要領の改訂を経ながらも、一貫して目標観として位置づけられているのが「公正な社会的判断力の育成」である。小学校の各学年、中学校の各分野、高等学校の両教科の各科目において、学習指導要領の文言の中に「公正」の二文字は常に掲げられてきた。「現代社会」において重視されてきた「幸福・正義・公正」という社会をとらえる視点は、新科目「公共」に引き継がれている。しかしながら「公正な社会的判断力」をどう育てるか、という課題に取り組んだ理論研究や実践研究は管見によれば皆無である。

　現代の日本は国内の多文化化が著しい状態にある。価値観の多様性を認めて受け入れ、一方で自分の考え方を主張しながら異なる考え方の人たちと共存しようとすることは重要であるが、また難しいことでもある。異質なものとの共存には本質的に不平等を伴うことになる。なぜなら平等な扱いをすると不利な立場の者が置き去りにされてしまい、「等しさ」に迫ることにはならないからである。多様な集団が共存するには、すべての構成員を同じに扱っても集団の

満足度は高まらない。むしろ差別は強まり格差は拡大する。共存のあり方について考えることは、人間のもつ不平等感をどう調整するかということである。

　筆者はかつて、「公正（equity）」（以下、「公正」と略）の認識は、「形式的判断」と「実質的判断」の間を揺れ動きながら深化することを明らかにした（川﨑, 2011）。「形式的」とは、たとえば仲間でケーキを分け合うとき、人数で等分する分け方であり、「実質的」とは仲間内の人間関係や長幼の順、性別や体格など、分配の背景となる要因を勘案する分け方をいう。こうした特徴をもつ「公正」の認識の深化には、学習者が両者のバランスの取り方に悩む経験が重要である。それが（不）平等の調整のトレーニングの役割を果たす。

　安定した状況を前提としないため、定義的把握にはなじまない「公正」であるが、「公正」な状態に向かうプロセスを重視して、筆者は「公正」を、「個々に対して異なる扱いをすることにより『等しさ』を追求しようとする」概念、と敢えて位置づけてみた。「バランスの取り方」とはそのような意味を持っている。4節で取り上げる筆者自作のアプリケーションには、「バランスの取り方」すなわち調整の仕方を鍛える論理を内蔵させてある。

　その内容は、多文化社会における葛藤や対立をとらえるための中核的視点としての、社会における考え方の多様性を扱うものである。「バランスの取り方」は一つではなく多様にあり得ること、つまり「正解の複数性」に気づかせ、一つに決めることの難しさを体験できるようになっている。すなわち、多文化社会における「決め方の論理」を育むアプリケーションになっている。

　本章では、公民教育における多様性の認識は、社会的事象の形式的側面と実質的側面の両方に配慮するという「公正」の認識の仕方で深まっていくことを、アメリカ合衆国（以下、アメリカと略）の教育実践を取り上げて確認する。さらに、必要なところに必要なケアをするという「異なる扱いをして等しさを追究する」認識の仕方を育む際には、その教育実践のように事実に即して認識を概念的に深めさせることも有効であるが、ICTを活用するなどして社会的な課題を仮想的に設定して問題解決の試行を繰り返し、選択肢が複数存在しうることの理解を図ることもまた有効であることを示す。

2. 多文化教育をめぐる近年の状況

2-1 分野の細分化

最近「多文化教育が衰退している」という考え方に触れることがしばしばある。だが多文化教育がその役割を終えたかのようにとらえるのは甚だ早計である。1950年代半ばから60年代に隆盛を見せた公民権運動以降、アメリカの学校教育の中心課題に据えられていった多文化教育は、21世紀に入ってからの展開は単純ではなくなってきているのである。

1980年代には、多文化教育が学校教育において重視され始めると、人種や民族を分離しようとする教育思想・教育改革運動とみなされ、白人を中心にまとまってきたアメリカの統合を脅かすとする非難が強まった。バンクス（J. A. Banks）[1]は、多文化教育に対するそうした誤解やいわれなき非難は、多文化教育の目標の不明確さに原因があると考えた。そこで図7-1のように「公正教育学」[2]「偏見の軽減」「内容の統合」「知識構成過程」「学校文化と社会構造のエンパワーリング」の五つの目標要素を提示した（Banks, 1994: 5）。この段階では五つの要素はそれぞれ関連し合う存在として並列的に位置づけられていた。

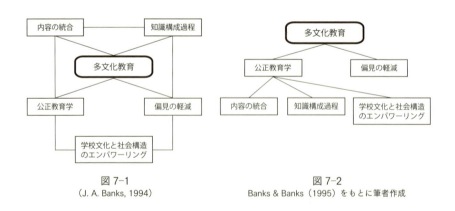

図 7-1
（J. A. Banks, 1994）

図 7-2
Banks & Banks (1995) をもとに筆者作成

これらの目標要素について筆者は、バンクスの論調が1995年頃からより具体化し、目標要素を構造化してとらえようとする姿勢が見られるようになっていることを指摘した（川﨑, 2006: 251-260）。すなわち、1995年の段階になると、図7-2のように「公正教育学」を理論化するにあたって、その特徴を残りの

四要素のうちの三つ、「内容の統合」「知識構成過程」「学校文化と社会構造のエンパワーリング」を挙げて論じるという方法をとっている（Banks & Banks, 1995: 152-158）。これは、「内容の統合」「知識構成過程」「学校文化と社会構造のエンパワーリング」の三つが、「公正教育学」の下位概念として考えられるようになってきていることを示している。このことから、1990年代後半における多文化教育の課題は「公正教育学」と「偏見の軽減」の二項目からなり、「公正教育学」の実際化については「内容の統合」「知識構成過程」「学校文化と社会構造のエンパワーリング」の三つの下位課題を追求するという形式がとられているということができる。

　これらは多文化教育の標準的な目標要素として定着をみたが、今世紀になってそのそれぞれが単独の学問分野を形成し始めている。そのうちの「公正教育学」は「公正研究（Equity Studies）」のように大学の専攻・コース名になっているし、バンクス自身は自分の専門分野に「公正研究」や「多様性研究（Diversity Studies）」を加えるようになっている。

　学校教育においては、多文化教育がかつて第一次・第二次世界大戦間の集団間教育（Intergroup Education）に端を発し、第二次大戦後の黒人学習（Black Studies）、民族学習（Ethnic Studies）、多民族教育（Multiethnic Education）、そして多文化教育（Multicultural Education）と発展してきたように、今はまさに次の段階に移りつつあるということであろう。多文化教育という大枠があり、その下位概念であるそれぞれの課題群が主要な研究分野として位置づけられつつある状況なのである。

　アメリカの社会科関係者たち（教員や研究者ら）は多様性の課題をどう考えているのだろう。2017年秋にユタ州で催された全米多文化教育学会に集った小中高校と大学の教師たちは、次のように話していた。「アメリカの社会科」と一括りにはできない、というのが全員の共通した意見である。ナショナル・カリキュラムは「強いものではなく」（拘束力を持たず）、あくまで「輪郭でしかない」と語っている（川﨑, 2018：159–170）。そこに州や地域それぞれに異なる課題が盛り込まれてゆくのである。子どもたちの人種的・民族的多様性への対応は第一の課題となる。したがってアメリカ全土には多種多様な社会科カリキュラムが存在している。

　そうすると、何がアメリカ社会科の「核」なのかということになる。今世紀

になる前後から重要性が叫ばれるようになってきたのが社会正義と公正（Social Justice & Equity）という概念である。それは「カリキュラムの中核だ」と強調する教師が何人もいた。「多様性への対応」という課題に取り組む中で、アメリカの社会科教育それ自体の質も改善されていく、と話す教師もいた。その拠って立つところが社会正義と公正ということである。

アメリカ・ハワイ州では、"Strategic Plan, 2017–2020" という 2017 年度から 20 年度にかけての『指導方略』を刊行している（Hawaii State Department of Education, 2017）。それによれば、「すべての子どもたちのために（For All Students）公正と学力の向上を実現する」ことがねらいとされ、そのための方法として「個々のニーズ（Every Need）に対応して学力の格差を是正する」とされている[3]。しかしながら、「公正」がどういうことであるかの認識を深める学習指導の必要性や、その実践のあり方については全く言及がない。「公正をどう教えるか」という課題については教師に委ねる形になっているのみである。

2-2　学会における「公正」の重視

全米多文化教育学会では、学会の根本理念や国際研究大会のスローガンに "equity" が掲げられている。しかし、「『公正』をどう学習者に認識させればよいか」「具体的な授業場面でいかなる教材を用いて教えればよいか」といった教科学習の視点に立った研究は見られない。国際研究大会でそれに関する質問をしたところ、発表者や参加者がそこで初めて気づいたというような反応を示したことは一度や二度ではない。

1991 年に第 1 回の研究大会を開催した若い学会であるが、1997 年の研究大会の大会テーマから「公正」に関わるものになっている。それ以降も頻繁に「公正」をテーマにした研究大会を開催してきた[4]。しかしながら、意外にも「公正」の学習指導には関心がほとんど寄せられていないのである。

2-3　多文化教育における「公正」の学び方についての研究方法

バンクスの理論展開の分析により、「公正教育学」が多文化教育の中心課題であることが明らかになった。「公正」をどのような方法で学ばせることが適切かを考えようとするとき、上記のように多文化教育の実践で「公正」認識の

習得を謳って行われたものがない、さらには多文化教育の実践を「公正」認識の視点で分析した研究がないとなれば、「公正」認識のための教育について検討をすることになるのは自然なことであろう。本章次節以降で取り上げて分析した公正学習（Equity Studies）にあたる実践と、「公正」認識のためにケーススタディを活用した学習がそれである。

3. 公正学習（Equity Studies）の必要性

　ここでは、アメリカ・ハワイ州ホノルル市にある小学校で行われた「公正」認識を深めている具体的な授業実践[5]を取り上げて、冒頭で述べた「形式的判断」と「実質的判断」がそこにどのように表れているか検討する。

　この小学校では、教科として人文科（Humanities）が設けられ、そこに社会科（Social Studies）、言語技術（Language Arts）、芸術（Fine Arts）の三科目が包含される形式（いわゆるクロスカリキュラム）がとられている。

　観察した単元は、アメリカ史、具体的には南北戦争後の南部の再建、その中でも特に、解放された黒人の差別的待遇を是としたプレッシー判決と、その約50年後にそれを否としたブラウン判決について考えるという内容であった。この単元では社会科が中心となり、社会科、芸術、言語技術の順に学習が進められていった。

　まず社会科では、前の単元を受けて南北戦争終結までの歴史把握、19世紀についての時代考察、アメリカ南部と北部の関係をめぐる国家観、などについて学習する。次いで芸術では、当時の為政者、人種差別を受けている黒人（解放された奴隷）、北部に移住した自由黒人、などの立場に立った風刺漫画（political cartoon）を描かせる。これらを受けて言語技術では、当時の時代背景に基づいた自分自身の意見、現代の視点からの意見、将来を展望した意見をエッセイで表現したり、ディスカッションしたりして、多様な意見があることを理解して単元の学習を終える。

　筆者は、チン（L. Y. Ching）教諭[6]の授業観察を2002年2月6日より開始したが、2回目の観察日の2月14日から新しい単元の「公民権運動の歴史」に入った。2月25日には「公民権についての重要な最高裁判決」の学習が行われた。史実に照らしながら、それぞれの判決の内容を検討する方法がとられ、

単に歴史学習というだけでなく、法的な理解を求める学習が展開されている。

〈2月25日〉
T：「法の下の平等」これはどういう意味ですか？
S：みんな同じに扱われることが法によって決まっている。
T：そうですね。アメリカの国民はみな同じ権利と義務を持っていて、同じ扱いを受けるということです。この憲法修正条項の精神に照らして、合憲か違憲か考えてみたいのがプレッシー判決です。
S：新しい概念ですか？
T：そうです。（プレッシー判決の解説）

（中略）

T：ルイジアナの鉄道会社をめぐって問題となりました。「分離すれども平等」とありますが、白人用の客車と黒人用の客車とで質はどうだったでしょうね？
S：白人用がきれいで黒人用はきたなかった。
T：そうでしょうね。白人用の方が質はよかったでしょうね。

（中略）

T：「分離すれども平等」は修正14条に照らせば違憲なのです。（教材を音読しながら強調して）「プレッシー判決は史上最悪の判決」ですね。「分離すれども平等」は……
S：当時は合憲だった。
T：そう。合憲とされたのですね。
S：え？「分離すれども平等」って……。
T：OKとされたのですよ。

（中略）

T：判決が出されるときに、少数意見を述べた判事もいたのです。ジョン・マーシャルという人です。
S：その人は？
T：彼は反対意見を述べました。（名前を板書して）「私たちの憲法は皮膚の色で人種差別をしないものであるべきだ」と。
S：それは反対意見だったのですね。

T：そうです。意見を異にしたただ一人の判事だったのです。
T：(1954年のブラウン判決の概要を音読)
T：プレッシー判決から何年後ですか？
S：遅すぎるよ——！

〈2月26日〉
T：クイックレビューをしましょう。プレッシーって？

S：人の名前！
T：ハンドアウトを見なさい。
S：(音読)
T：1896年にどんな意見が出されましたか？
S：少数意見！
T：そう。一人の判事は反対意見を述べたのでしたね。29ページの写真の脚注を読んでください。
S：(音読)
T：彼は裁判長だったのですね。
T：(ブラウン判決について教材を音読)
T：「黒人と白人を分離した教育施設は本質的に平等ではない」ってどういうことですか？
S：校舎とかですか？
T：それも施設の一つですね。
　　(児童数名がボソボソとつぶやくが反応は鈍い。すぐに次を読ませる)
S：(黒人の劣等感に関して書かれた部分を音読)
T：どんなことで差別がなされていたのでしょう？　学校だけじゃなく……。
S：列車
S：トイレ
S：レストラン
T：デパートなどでも場所が分かれていてね。
S：なんで——？
S：店の建物も分かれていた。

第7章　公民教育における公正の学び方　117

T：うんうん。

　2月25日の授業でチン教諭は、まず「法の下の平等」について、その意味するところを児童らに尋ねた。ある児童が、「みんな同じに扱われることが法によって決まっている」と答え、チン教諭も同意している。これは「公正」の要素に照らせば「形式的判断」をしたことになる。次いでプレッシー判決の解説を行っている。「形式的判断」に則った判決の内容についての学習ということである。その後にチン教諭は、白人用の客車と黒人用のそれとの設備の質的違いを問題にしている。ここでは「実質的判断」を児童らにさせているのである。その直後プレッシー判決について、「当時は合憲だった」という「形式的判断」からみた発言を児童から引き出している。

　2月26日においてもチン教諭はブラウン判決について教材を音読し、「『黒人と白人を分離した教育施設は本質的に平等ではない』ってどういうことですか？」と、「実質的判断」について問うている。

　以上みたように、二日間の授業において、「形式的判断」と「実質的判断」を交互に行き来するような形式で、平等の概念とその歴史についての学習が組み立てられていることがわかる。それにより「公正」の認識を深めることになっている。

　またチン教諭は、現代の視点から、すなわち憲法修正条項に照らしてプレッシー判決を児童らに考察させている。「憲法修正条項の精神に照らして、合憲か違憲か考えてみたい」『分離すれども平等』は修正14条に照らせば違憲」などの発言がそれである。なぜ現代の視点からプレッシー判決を考察させたのであろうか。それは、現代の視点から考察することによって、プレッシー判決の法理「分離すれども平等」を強く否定することにつながっていると思われる。「『プレッシー判決は史上最悪の判決』ですね」とチン教諭が発言したり、判決において反対意見を述べた一人の判事を紹介し、翌日またその判事を取り上げたりするなど、プレッシー判決がいかにひどい内容であったかを児童らに強調する効果があるといえる。さらに、当時の視点から「形式的判断」をさせ、さらに現代の視点から「実質的判断」をさせて両者を比較することによって、「公正」の認識が深まっているといえる。

4. ケーススタディを活用した学習による多様性への対応

4−1 多様性をとらえるための「公正」認識

　社会における多様性に適切な対応のできる資質を育むために、学習者に「公正」を理解させようとすると、教師はどうしてもそれを定義しようとすることになる。しかしながらその場合「当為論」や「べき論」に陥ると、本質主義のように「すでにある」と錯覚した「公正」を学習者にどう理解させるかに意識が傾斜してしまう。なぜそれを教授す「べき」なのかについて、実践的な根拠を欠いた学習指導になるおそれがあるのである。そもそも「平等」と異なり「公正」は状況に依存する概念であり、固定的にとらえることが難しい。

　このように、「公正」をどう教えるか、は非常に厄介な課題なのである。「公正」の概念把握をしたうえで学習指導にあたりたいが、そうすると、定義を求めることになる。しかし不十分な理解のまま学習指導にあたってよいか、という課題を突きつけられる、というジレンマである。

　最近アメリカではゴルスキー（P. C. Gorski）がこのテーマに関心を示し、研究が充実し始めたところである。彼は近著（Gorski & Pothini, 2018）でケーススタディを用いた「エクイティ・リテラシー」を育む方法を提唱している。ケーススタディを活用した学習では、紛争や葛藤を内包する事象を取り上げて論点・争点について考察させる方法や、社会事象についての賛否や、形式的判断と実質的判断の視点に立って思考させて、判断や意思決定をさせる方法などが考えられる。学習のプロセスにおいては、学習者が葛藤を抱えて価値のバランスのとり方に悩む経験が重要である。そのためには、ICT の「シミュレーション機能」が有効であり、繰り返し試行錯誤できる機能が活用できると筆者は考えた。

4−2 ICT を活用した公正学習（Equity Studies）としての社会科学習

　筆者が NTT グループ、学研と共同開発したのが、ウェブ・アプリケーション「ニュースをつくろう！」である。「自分たちの住んでいる地域がレジャーランドとして開発されるとしたらどうするか？」をテーマとして、行政や住民それぞれの立場からの賛否のコメントを内容とする取材クリップ映像が用意されている。

図a　スタート画面

図b　タイトル選択画面

【「ニュースをつくろう！」の主な画面】

作りたいニュースのテーマに合ったタイトルを6枚の選択肢（図b）から1枚選ばせたうえで、三つのタイトルクリップ（ナレーション付きの静止画像）と六つのクリップ映像（取材ムービー）の計九つの選択肢から、三つを選んでニュースを作る作業を学習者に課すことになる。

図c　ニュースづくりの画面

九つのクリップそれぞれの音声の内容は以下の通りである。

画面の「ニュースを見る」のボタン（図c）の押下により、選択した三つのクリップが連続して再生され、まさにニュースそのものが画面上に再現される。その三つのクリップの組み合わせ方により、作られたニュースが賛成のニュースにも反対のニュースにもなるのである。

1 (タイトル)：くるみ山レジャーランドの完成予想図。家族で楽しめるアウトドア施設でアトラクション、特産品、季節の食べ物を楽しめる。

2 (タイトル)：くるみ山は自然の宝庫。開発によって自然のバランスが崩れることが心配されている。

3 (タイトル)：レジャーランド開発について住民から不満の声が上がっている。議会での検討や市民への説明会が少なく、市長独断という不満。

4 (市長)：くるみ山開発計画によって人を呼び戻して市を活性化できる。（賛成）

5 （地域活性事業コンサルタント）：レジャーランド開発によって人が市に入ってくる。地域活性化につながる。（賛成）

6 （自然保護団体）：くるみ山は野生のリスたちの楽園だった。一緒に生きていく方法を考えるべき。（反対）

7 （市民団体）：レジャーランドの開発については市民への説明が不十分だった。自然保護もきちんとやっていくと言っているが、我々は厳しくチェックしていきたい。（反対）

8 （町の人　親子）：このへんには小さな公園くらいしか遊ぶところがなかった。レジャーランドができたら子どもたちと遊びに行く。（賛成）

9 （町の人　男性）：この町のいいところは豊かな自然。それがなくなるのは残念。反対している人もいたのに、急に決定したのは残念。（反対）

　このアプリケーションを活用した小学校5年生の社会科の授業実践により、愛媛県西条市立大町小学校の伊藤充代教諭が2018年度の読売教育賞優秀賞に輝いた。この実践を取り上げて「公正」認識のための学習のあり方について考察してみよう。

　小単元名は「情報産業とわたしたちのくらし――情報を上手に生かす（ニュースを観る力をつけよう）」とされ、NHK松山放送局、愛媛新聞社、愛媛県庁への社会科見学を含む13時間で構成されている。後半の6時間が「ニュースをつくろう！」を活用した実践に充てられて、ニュースづくりのシミュレーションに子どもたちは取り組んだ。

(1) 多様性のある社会には絶対的な解がないことの認識
　授業では、自然開発に「賛成」「反対」「中立」の三つのニュースをつくることになった。ところが「中立」のニュースをつくろうと試みる中で、子どもたちは新たな問題意識をもつようになった。伊藤教諭によれば、子どもたちは「中立とは、両方の意見を入れただけでいいのかな？」「テレビではそういう時、必ず最後に問いかけるような言葉がある」「『中立のニュース』って何だろう」と新たな問題意識をもったという。話し合っていくうちに「ニュースは正しく公平に伝えるだけでなく、みんなに"そのことについて考えてください"

ということも投げかけているのではないか」という結論が出た。

　子どもたちは、ニュースを発信する側（情報を正確に公平に伝える）の立場に立って編集する中で、送り手と受け手の両方の視点から考えて、ニュースの特質は"知る"ことだけでなく"問題提起"もあることに気づいた。そこで、決定に対して賛成・反対の両方の意見を伝えるチームは、「中立のニュース」ではなく「問題を投げかけるニュース」とした（伊藤, 2018: 9）のである。

　これらのエピソードからわかることは、子どもたちはニュースの本質について考えた結果、絶対的な解がない中でニュースはつくられているということに気づくことができたということである。解が得られないので考え続けることにもなっている。これも「公正」認識の特徴の一つである。

(2)「正解」が複数あることの理解と「公正観」の活用
　筆者は、伊藤実践の12時間目（2017年2月1日）の、自然開発に「賛成」「反対」「問題を投げかける」3種類のニュースを実際にニュースキャスターのロールプレイングをしながら発表して、クラス全体で議論をする授業を観察した。
　絶対的な解がない、ということは「正解」が複数あるということでもある。これは多文化社会における多様性の特徴であるし、多様性のとらえ方そのものとも言ってよい。児童の中に「賛成のニュースを観ると賛成、反対のニュースを観ると反対になって、問題を投げかけるニュースも観た。僕は混乱したので、あまりニュースを観ないようにする。チャンネルを変えてまで観ない！」と発言した子どもがいた。「公正」に関わる当事者（授業では学習者である子どもたち）は、結論が出にくいため「モヤモヤ」してすっきりしないので、いつまでも学び続けてしまいがちである。伊藤教諭によれば、「子どもたちは驚くほどのめり込んでいった」（伊藤, 2017）という。ここで子どもたちは、日常生活において身につけ続けてきた自己の公正観を活用して判断しようとすることにより、それをさらに鍛え上げていたということになる。
　さらに「どれも事実のビデオクリップだが順番と組み合わせにより内容が変わる」ことで悩む子どもたちが何人も観察された。これも「正しさ」が複数あることに気づき、決め方に悩む、すなわち「公正」な判断をしようとしている状態を示している。

5. おわりに──公民教育への提言

　「公民教育で多様性をどうとらえるか」という本章の課題への対応策は、以下の諸点にまとめることができる。①「公正」は状況に依存する概念であり、社会的事象の「形式的側面」と「実質的側面」の両者のバランスを考えることが必要で、そうすることにより「公正」の認識は深化することを、筆者はチン実践などを手がかりとして明らかにした。②そのためには、多様性のある多文化社会では、正しさが複数あり絶対的解がないという認識を学習者がもつようになることが重要である。それには伊藤実践に見られるように、ICTを活用するなどしたケーススタディが有効である。③さらに、多様なニーズをもつ集団を把握する際には、"For All"、"Every Need"という視点、すなわち「全体」と「個」の両方に配慮する、巨視的視点と微視的視点とを併せもつとらえ方が必要である。本章で論じた「公正」を手がかりとした多様性のとらえかたは、第Ⅲ部の多文化教育の授業実践を読み解く際にも活用できる。

　公民教育における多様性の認識は、「状況が多様だ」ということの理解にとどまらない。学習者または当事者として多様性を認識した瞬間、それにどう向き合うかという課題を感じることになるはずである。

　多文化社会では、異なる価値観が多元的に存在する。そのためには、日常生活でどうすればよいかを考える「決め方」について思案する学び、すなわち「公正観」を活用させる学習活動が重要になる。

　日本弁護士連合会市民のための法教育委員会は2018年3月18日に、「『公共』教科書シンポジウム──新しい教科書の姿を考える」を開催した。その『記録資料』（日本弁護士連合会市民のための法教育委員会, 2019: 22）によれば、宍戸常寿が次のように述べている。

　　「公共」という科目において、法・政治・経済、それから倫理を統合する基本的な社会の見方は、突き詰めると、個人の尊重ということに収斂する。
　　　自律と協働というのが、個人の尊重から出てくる二つのモーメントであり、そのバランスをどうやってとるかということが課題となるのだろう（中略）そのことを具体的な問いとして考えたときには、最終的な問いは常に公正への問いということになるのだろう（中略）つまり、この課題解決が突き

詰めると個人一人ひとりを適切に配慮しているのかどうか。もちろんそこでいう適切な配慮とは何なのかは、問題になる課題ごとに適切さの在り方が当然異なってくる。

　そういった個人の尊重、自律と協働、それから具体的な問いとして最後は公正へ向かっていくという観点から、たとえば教科書ないし授業の中でも、それがわかっていくようにいろいろな論点を編列していくことが重要。

　宍戸のいう「自律と協働」は「個人の尊重」により生まれるものとされ、本章は「個と全体」をあらかじめ措定している点で違いはある。だが「自律と協働」はまさに本章で論じてきた多文化社会における「個と全体」のあるべき姿であり、「そのバランスをどうやってとるか」という課題は、「公正」の認識を通してなし得るものと論じてきた。

　そのために「いろいろな論点を編列していく」には、教科書の記述も重要ではあるが、それ以上に授業をどうつくるかが大きな課題となる。授業はたんに学習者に思考をさせる場ではなく、そこでは授業者をも含めた集団の「公正観」の調整が行われる。授業者は学習者の生活経験を積極的に活用することに努め、学習者が自身の「公正観」を活用する場面を用意することが求められる。そうすることにより、さらに学習者のそれは精緻化されていくことになるのである。

《注》
1) 「多文化教育の父」と称されるワシントン大学教授・多文化教育センター長（当時・初代）ジェームズ・A・バンクス (James A. Banks) が、2018年の年末で現役を引退することになり、学界は大きな節目を迎えることになった。多文化教育センター（Center for Multicultural Education）は、教育的正義のためのバンクスセンター（Banks Center for Educational Justice）と名称を変えた。グラント（C. A. Grant）、スリーター（C. E. Sleeter）、ニエト（S. Nieto）、ラドソン–ビリングズ（G. Ladson-Billings）といった多文化教育の父や母たち第一世代は大学を退いているが「学会」では非常に活発に活動を続けていて「学界」の発展に貢献し続けている。
2) 公正教育学の原語は Equity Pedagogy であるが、本章では「『公正』をどう学ばせるか」という学習指導上の課題として位置づけている。
3) この背景となるのが1996年に設置された、同州教育局の Comprehensive Student

Support System 部局である。バランスに配慮した判断を重視する「公正」といえども、配慮の結果生ずる逆差別の問題を解消するための機能は本質的に備えていない。この課題についてハワイ州では他州に先がけて、1996 年に Comprehensive Student Support System (CSSS) を推進する部局を教育局に設け、「コンプリヘンシブ」という考え方によって逆差別を是正する取り組みに着手した。「公正」は「ハンディのある人の必要に応じて」対応するという意味合いが強いが、「コンプリヘンシブ」は「全員に分け与える。全員でその必要性に応じて分かち合う。それによって全員がわずかでもいくらかの向上を果たす」という考え方である。州教育局発行の "CSSS Newsletter" の 2009 年 5 月号には、「CSSS とは何か？ あなたにとってどういう意味か？ 教師たちに何を理解しておいてほしいか？」という質問に対する、州内の各学区の CSSS 担当官らの回答が掲載されている。これによれば、先に取り上げたハワイ州の "Strategic Plan 2017-2020" に見られる「すべての子どもたちのために (For All Students)」と「個々のニーズに対応して (Meet Every Need)」につながる考え方が、既にこの時期に示されていることがわかる。"meet the needs of all students (または learners)"（すべての子どもたちのニーズに応える）、"support for every student"（個々の子どもへの支援）、"personalized services for all students"（すべての子どもたちへの個別のサービス）、"give every student an equal chance"（個々の子どもに平等の機会を与える）といった回答にみられる "all" と "every" の明確な使い分けがそれである。CSSS の詳細は川﨑 (2011) pp.137-145 を参照。
4) 1997 年："Daring to Educate for Equity and Excellence: A Multicultural and Bilingual Mandate for the 21st Century" から 2016 年："NAME: The Multicultural Lens of Equity for ALL" まで，計 8 回 "Equity" が大会テーマに掲げられている。
5) 初出は川﨑 (2011)。
6) チン (Laurie Yamasaki Ching) 教諭のプロフィール：日系三世の女性教諭。ハワイ州ホノルル市にある私立小学校 6 年生の担任。公立小学校、私立小学校を経て現職。筆者はホノルルの日系人に P 小学校での観察を勧められ、筆者の研究関心に合致した授業を行おうとしている先生として紹介された。

【引用文献】
伊藤充代 (2017)『5 年社会科「ニュースを観る力をつけよう！」授業実践と考察』(非公刊)。
伊藤充代 (2018)「情報化社会を生きぬく健全な人づくりを目指して──『ウェブアプリケーション』を活用した 5 学年の情報単元の学習を通して」読売教育賞優秀賞受賞論文 (非公刊)。
川﨑誠司 (2006)「社会科における多文化教育」日本社会科教育学会出版プロジェクト編『新時代を拓く社会科の挑戦』第一学習社、251-260 頁。
川﨑誠司 (2011)『多文化教育とハワイの異文化理解学習──「公正さ」はどう認識される

か』ナカニシヤ出版。
川﨑誠司（2018）「アメリカ合衆国の初等社会科教育」井田仁康・唐木清志編著『初等社会科教育』ミネルヴァ書房、159-170 頁。
日本弁護士連合会市民のための法教育委員会（2019）『「公共」教科書シンポジウム──新しい教科書の姿を考える」記録資料』。

Banks, C. A. M. and Banks, J. A. (1995). Equity pedagogy: An essential component of multicultural education. *Theory into Practice, 34* (3), 152–158.

Banks, J. A. (1994). *Multiethnic Education: Theory and Practice* (3rd ed.). Boston: Allyn & Bacon.

Gorski, P. C. & Pothini, S. G. (2018). *Case Studies on Diversity and Social Justice Education* (2nd ed.). New York: Routledge.

Hawaii State Department of Education. (2017). *Strategic Plan 2017–2020.*

全米社会科協議会 (NCSS) の多文化教育ガイドライン

アメリカでは、1960年代の公民権運動を契機に、民族活性化運動が起こった。1970年代に入ると、アメリカへの移民はヨーロッパ中心からアジア、ラテンアメリカ中心へと大きく転換した。これらの動きに呼応して教育の分野において、学校のカリキュラムの中に民族集団についての情報をもっと入れるべきであるという主張が強くなった。1921年に創設されたアメリカ最大の社会科の研究団体である全米社会科協議会（National Council for the Social Studies、以下NCSSと略）は、1975年にJ. A. バンクスを委員長とする「民族学習のカリキュラム・ガイドラインに関する調査特別委員会（The NCSS Task Force on Ethnic Studies Curriculum Guideline）を設けこの問題に取り組み、翌1976年に「多民族教育のためのカリキュラム・ガイドライン（The NCSS Guidelines for Multiethnic Education)」を発表した。その後このガイドラインを参考に、各州や地方学校区で多文化教育のガイドライン作りが行われるようになった。

本ガイドラインの発表後16年を経て、1992年に改訂版である「多文化教育のためのカリキュラム・ガイドライン（The NCSS Guidelines for Multicultural Education)」が出された。本ガイドラインは、タイトルの変更に現れているように、その後の非白人生徒の急速な増加という民族動態の変化に加え、ジェンダー、階級といった民族的・文化的多様性を反映したものになった。本ガイドラインは、(1) 民族的多元主義と多文化教育の理論的根拠、(2) 多文化教育のためのカリキュラム・ガイドライン、(3) 多文化教育プログラム評価チェックリスト、(4) 参考文献の4部で構成されている。ガイドラインの項目は、「(1) 民族的・文化的多様性は学校環境全体に浸透していなければならない」をはじめとして、学校方針、学校スタッフ、カリキュラム、学習方法、教材、学習評価、などにおける文化的多様性に対する配慮が23項目にわたって挙げられている。

本ガイドラインについては、「民族的多元主義と多文化教育の理論的根拠」であげられた民族集団の恣意的な識別や、民族集団の決定要因を「人種」に置いていることについて批判がなされた（Kleg, 1993: 53）。（森茂岳雄）

Kleg, Milton (1993), On the NCSS Curriculum Guidelines for Multicultural Education, *Social Education*, 57(2).

生徒による運動に導くための活動

　多文化教育は、より平等で公正な社会をめざすため、行動を起こしていくことがめざされるが、実際にどのように行動していくかについて学習する機会はむしろ限られていることが多い。しかし、生徒による運動（student activism）は、社会を動かし、世界を変える可能性を持っている。生徒による運動もしくは学校や生徒、社会を巻き込んだ運動は、近年ではアメリカで 2013 年に起こった「ブラック・ライブズ・マター（Black Lives Matter）」運動や、2018 年の銃規制を求める「私たちの命のための行進（March for Our Lives）」は、全米に広がる運動となった。2019 年には、気候変動に対する対応を求める生徒たちの運動が欧米を中心に広がりをみせた。

　生徒による運動に関する文献として、教師向けの *From Inquiry to Action: Civic Engagement With Project-Based Learning in All Content Areas*（Zeleman, 2016）や生徒向けの *Girls Resist!: A Guide to Activism, Leadership, and Starting a Revolution*（Rich, 2018）など、多く出版されている。これらの文献ではどのように生徒の問題意識を運動に繋げるかが述べられている。Zemelman（2017）は生徒による運動を起こすための五つのステップを以下のように挙げている。1）生徒にとって重要な（または関心のある）問題を特定する、2）その問題について調べ、改善策を探る、3）解決方法の特定、目標の設定を行い、具体的なアプローチを計画する、4）計画を実行する、5）振り返りを行う。取り上げる問題は、学校や地域で起こっている問題だけでなく、国内外で起こっている問題を取り上げてもよい。このときに重要なのは、生徒自身が取り組む問題について決断し、自分たちが実行できる解決方法を探るということ、そして地域や学校に何らかの変化をもたらす活動を行うことである。無論、この活動が必ずしも成功するわけではないが、自分たちで声を上げ、調べ、計画し、実行したことは生徒のエンパワーメントにつながる。具体的な活動には新聞や雑誌に投書する、議員や企業に手紙を書く、ボランティアを行う、政策提言を行うといったものがある。このような活動は、社会の一員として関わり、行動していく市民を育てる社会科教育における学習活動としても参考になるものである。

（青木香代子）

Zemelman, S. (2017, May 18). Guest post: Ideas for student civic action in a time of uncertainty. *The New York Times*. Retrieved from https://www.nytimes.com/2017/05/18/learning/lesson-plans/guest-post-ideas-for-student-civic-action-in-a-time-of-social-uncertainty.html（最終閲覧日 2019 年 3 月 21 日）

第Ⅲ部
社会科における多文化教育の授業実践

　第Ⅲ部では、社会科における多文化教育の実践事例を取り上げ、その特質を分析している。取り上げた実践は、小学校1本、中学校3本、高等学校公民科2本にまで及んでいる。また、取り上げた題材は、戦争孤児・中国残留孤児、刺青、ピクトグラム、多文化共生都市政策、在日外国人、国籍法など、多岐にわたっている。

　第8章では、第二次世界大戦時の戦争孤児を社会的マイノリティとして、中国残留孤児を社会的マイノリティと文化的マイノリティの複合的マイノリティとして取り上げ、現在を生きる戦争孤児・中国残留孤児の存在について考える小学校第6学年の実践が論じられている。

　第9章では、マオリ族の人が刺青を理由に日本の入浴施設で入浴拒否された事例を取り上げ、文化的伝統や民族としての誇りを尊重することについて考える中学校地理的分野の実践が論じられている。

　第10章では、社会科と英語と学校図書館によるコラボレーションによるピクトグラムづくりを通して、外国人児童・生徒の日本での日常的な困難の解消を志向した中学校地理的分野の実践が論じられている。

　第11章では、日系ブラジル人を始め外国人人口の多い浜松市の「多文化共生都市ビジョン」を考える中学校地理的分野の実践が論じられている。

　第12章では、多文化共生をキーワードに、在日外国人に対する差別や抑圧構造を可視化し、マジョリティとしての自己を問い直す高等学校公民科の実践が論じられている。

　第13章では、国籍法違憲訴訟を題材に取り上げ、外国にルーツをもつ子どもたちの人権について、多様性を保証する法制度の側面から考える高等学校公民科の実践が論じられている。

小学校における実践

第8章

戦争孤児・中国残留孤児の経験から戦争について考える歴史教育実践

太田　満

1. 実践の背景

　日本の学校現場、とりわけ社会科の時間において、多文化教育をどのように計画し実践すればよいだろうか。学習指導要領によって教科目標や内容が規定されている中、バンクス（J. A. Banks）が述べるように「エスニックの多様性、移民、同化といった概念をキー概念とし、こうした概念を中心に、カリキュラムを組み立て」（バンクス, 1999: 121）て単元をつくるのは難しい。この現状に鑑み、森茂は、「学習指導要領に示された（中略：筆者）既存の学習内容に多文化教育の視点を加えたり、その視点から再構成する方法（発展学習の可能性を含む）」（森茂, 2013: 99）を論じている。この方法は、総合的な学習の時間などを使って特設の多文化カリキュラムをデザインするよりも、「すべての学校において実践可能性が高い」と述べるが、筆者はこれに同感である。実現可能な方法を探りながら、社会科における多文化教育実践を紡ぎ出し、その意義と課題を明らかにしていくことが重要と考える。そこで本節では、本実践に関わる学習指導要領上の内容を示し、その問題点を指摘しながら、単元開発のための方略を述べる。

　平成20年版学習指導要領（文部科学省, 2008: 27）には次の内容が示されている[1]。

◆小学校における実践

> 日華事変、我が国にかかわる第二次世界大戦、日本国憲法の制定、オリンピックの開催などについて調べ、戦後我が国は民主的な国家として出発し、国民生活が向上し国際社会の中で重要な役割を果たしてきたことが分かる。

　学習指導要領に基づく学習のねらいは、1945年を分岐点として、日本が民主的な国家として歩み出し国民生活が向上したという歴史像の形成にあると考えられる。戦後、民主的国家になるべく様々な改革がなされたことは事実である。しかし、戦後しばらくたっても苦しい生活を強いられ、「国民生活が向上し」たという理解で括ることの難しい人々もいたのではないか。戦争孤児[2]はその証左である。多文化教育としての社会科学習内容は、エスニック集団や言語、宗教、ジェンダーなどのマイノリティの視点から考察することが求められる。本実践では、「子どもの権利宣言」（1958年）、「子ども権利条約」（1989年）など、あえて宣言や条約にしなければその権利の保障が難しいとされる「子ども」に着目する。とりわけ本実践では、両親や兄弟を失い社会的経済的に弱い立場に立たされた戦争孤児と、戦争末期から戦後の混乱の中、国外で孤児となった中国残留孤児[3]に着目する。

　戦争孤児とは、戦争によって親や親戚をなくし、住む家も財産もなく、靴磨きなど不安定な収入で生きざるを得なかった子どもである。焼け野原となった大都市の駅周辺で暮らしていたことから「駅の子」ともいわれた。本人の意思とは無関係に施設などに収容されるなど、「狩り込み」（浮浪児狩り）の対象にもされた。生きていく中で差別され、「野良犬」のような扱いを受けた戦争孤児は少なくない。また「生きることは盗むこと」となり、大人になってからも犯罪を繰り返す戦争孤児もいた。他方、中国残留孤児は、日本の旧植民地下で孤児となったために、日本帝国の落とし子として周囲から見下され、文化大革命時には迫害の対象にもなった。念願の帰国後も異なる文化的背景をもつがために日本人として受け入れられず、日本語の壁に苦しみ、就労や就学などの面で苦労し、生活保護を受けるなどして暮らさざるをえなかった。

　戦争孤児にしても中国残留孤児にしても、家族や社会からの保護を必要とする年齢層でありながらも、孤児となったがために社会的経済的底辺を生きざるを得ず、中国残留孤児の場合は、文化的背景がマジョリティと異なるという

苦労が重なった。複合的マイノリティの要素をもつ子ども（人々）を取り上げ、当時の社会（歴史）を考察することは多文化教育の内容として重要と考えた。しかしながら、戦争孤児や中国残留孤児の体験はこれまで社会科授業で取り上げられることは少なく、管見の限り先行研究もほとんど見られない[4]。戦後の不平等社会を生き抜いた孤児の暮らしを取り上げ、「国民生活」の向上といった時の国民とは誰かという問いに向き合えるようにすることは、多文化共生社会の形成者を育成する上で重要と考える。

全国的シェアが高く、筆者の前勤務校でも使用していた第6学年小学校社会科教科書（東京書籍, 2016年発行）には、戦争孤児に関する記述は見られない。だが、中国残留孤児に関しては次のように記述されている。「中国残留孤児となった人たち」と題する写真を添えて、「満州に移住した人々の中には、日本に帰れず中国に残された人が多くいました。今でも肉親探しが続けられています」という記述である。また、これに関連する記述として、「満洲へ移住した人々」と題する写真を添えて「多くの日本人が満洲へ移住しました」という記述がある。しかし、その間、何があったのか。そして帰国後、中国残留孤児はどうなったのか。これらについては空白である。本章で取り上げる実践に引きつけていえば、筆者の前勤務校がある神戸は、中国残留孤児訴訟で全国唯一の勝訴となった地である。そして、今も中国残留孤児が経済的困窮にあることが報道されている。身近なニュースになりながら、それでも見過ごされかねない中国残留孤児の存在を、その歴史的経緯や現在の状況などの内容を加えて取り上げることは意義がある。なぜなら、中国残留孤児への深い理解は、日本社会で暮らす中国帰国者[5]に対する理解につながると考えるからである。

また、先述の社会科教科書では「8月15日、日本はついに降伏し、アジア、太平洋の各地を戦場とした15年にもわたる戦争が、ようやく終わりました」と記し、8月15日を「終戦の日」としているが、本当にそうなのかという疑問をもつことも重要と考える。8月9日以降、ソ連が満洲（中国東北地方）に進攻したことにより、各地で逃避行や集団自決が起こり、収容所では多くの犠牲者が出ている。中国残留孤児はこの混乱の最中に生まれている。8月15日を不問にすれば、同日以降に生じた戦争被害や中国残留孤児の問題は認識されないままである。

バンクスは、「知識構築は多文化教育における重要な考え方である」とし、

「集団内で構築された知識は、その集団の伝説や神話、ヒーローやヒロインの中に組み込まれ、集団の価値や信念を反映するようになる」（バンクス，1999：112）と指摘する。その意味で、8月15日を終戦の日とする考え方もまた構築された知識である。バンクスは多文化教育において、知識や解釈の構築プロセスやそれらに対する偏見や価値観の影響を理解できるようにする必要があると述べているが、知識や解釈が社会的に構築されていることへの気づきをもたせることは重要と考える。

2. 単元の概要

　本実践は、2016年12月に神戸大学附属小学校第6学年児童を対象に社会科の時間に行った。本単元ではまず、映画「火垂るの墓」（原作：野坂昭如、監督：高畑勲）を取り上げる。同映画は多くの子どもが見ている映画である。実際にクラスの3分の2以上の子どもが見ていた。同映画内容を簡潔にいえば、戦争中に親を亡くした14歳の兄・清太と4歳の妹・節子が、敗戦前後の世の中を生き抜こうとして亡くなる物語である。親戚の世話になるのが嫌になって家出した後、栄養失調で妹の節子が亡くなり、その後兄の清太は神戸三ノ宮駅で戦争孤児として亡くなる。「この物語の舞台設定はどこか」と投げかけ、自分たちが住んでいるまちを舞台に映画が創られていることに気づかせ、70年前の神戸大空襲や、清太のような戦争孤児に関心をもたせたい。

　神戸空襲については、映像「語り継ぐ、神戸空襲の記憶――神戸空襲を記録する会・石野早苗さん」を視聴する。石野早苗さんは、昭和20年3月17日に神戸空襲で被災した体験を語っている。姉を亡くし自らの右腕を失った石野さんの戦争体験に子どもは聞き入るだろう。石野さんの語りを通して、戦争被害の実相をとらえさせたい。

　戦争孤児については映像「NNNドキュメント　戦争孤児たちの遺言　地獄を生きた70年」を視聴し、約12万人の戦争孤児が生まれた事実のほか、当時10歳の時に神戸空襲で両親を亡くし、神戸と東京で2年間浮浪児暮らしを余儀なくされた山田清一郎さんの体験を聞かせる。また、東京大空襲で家族を失い、自身は学童疎開中で命は助かった金田茉莉さんの人生を「一日も生きていてよかったと思ったことはない」という金田さんの言葉と共に考えさせた

い。

　さらに、中国残留孤児については、映像「HTBセレクションズ　中国残留孤児訴訟が結審　残留孤児の思いとは」を視聴する。中国残留孤児である松江佳子さんは、実の親が生きているのかどうかも分からない。三歳の頃、足に火傷を負い、山の中で養父母に拾われ今まで生きてきた。同級生や夫に言われた心無い言葉、帰国後の苦労、「普通の日本人として生きる権利」を訴えた残留孤児訴訟時の体験を聞くと共に、松江さんの「生きるために自分を殺してきました。生きるために自分を消してきました。生きるために我慢してきました。まだ我慢しなければならないのでしょうか」という言葉の意味を考えさせたい。

　加えて中国残留孤児の現状として、神戸新聞の記事（2016年12月1日付）を活用する。この記事から、地域社会に住む中国残留孤児とその子どもの現状や願いを考えさせたい。

> 中国残留孤児の共同墓地建立を　神戸市に支援要望
> 　兵庫県内に住む中国残留孤児やその子どもらが、苦難の生涯を後世に伝えるため、「共同墓地」の建立を目指して活動を始めた。全国唯一の勝訴となった中国残留孤児訴訟の神戸地裁判決から1日で丸10年となるが、勝訴をきっかけにできた国の支援策は十分でなく、今も経済的な困窮から墓を建てられない家族は多い。孤児らは「日本の地で安心して眠りたい」と願う。（以下略）

　なお、本単元の構想に当たり、前勤務校の教員（A氏）より教材の提供を受けた。その一つがA氏の家にある勲章である。A氏の父の兄が戦地に行かれて帰らず、ご本人の功績として渡されたという勲章である。この勲章についてはその経緯の紹介も含めて、A氏自ら教室で語ってもらうことにした。

3. 学習活動の展開

　本単元は七つのパートに分けて計画する。パート①「火垂るの墓」（1時間）では、映画「火垂るの墓」について話し合い、神戸、空襲、孤児をキーワードに、単元の見通しをもてるようにする。パート②「神戸空襲」（1時間）では、神戸空襲の様子について調べ、被害の実相について考えられるようにする。

パート③「日本各地の戦争被害」(1時間)では、東京大空襲、広島・長崎への原爆投下など、日本各地の戦争被害について調べられるようにする。パート④「戦争孤児」(1時間)では、家族を失った戦争孤児の暮らしや労苦について調べられるようにする。パート⑤「戦争の始まり」(1時間)では満州事変にさかのぼり、大きな被害をもたらした戦争がどのようにして起こっていったのかを調べられるようにする。パート⑥「戦争の終わり」(1時間)では、戦争がいつ終わったのかを問い、様々な考え方があることを知り、戦争終結日について考えられるようにする。パート⑦「戦後」(1時間)では、戦後にA氏の家に残された勲章についてのA氏の語りを聞く。また、戦後中国で残留を余儀なくされた孤児について調べ、地元神戸にも中国残留孤児とその家族が住んでいることを知り、中国残留孤児の願いが分かるようにする。

単元計画Ⅰ

(1) 単元名
「神戸から70年前の戦争をみつめよう」

(2) 単元目標
映画「火垂るの墓」を通して神戸空襲に関心をもち、日本各地の戦争被害や戦争孤児、それらをもたらした満州事変以降の歴史について調べ、戦争の終結日について多面的に考え、中国残留孤児の労苦や現在の状況について理解することができる。

(3) 指導計画(全7時間)

	学習活動	発問・指示など	予想される児童の反応	資料
①火垂るの墓	1. 映画「火垂るの墓」の一部を見て話し合う。	・映画「火垂るの墓」はどんな物語でしょうか。 ・映画「火垂るの墓」の舞台設定はどこでしょうか。 ・清太のような子どもを何というでしょう。 ・当時戦争孤児はどのぐらいいたでしょうか。	・戦争によって清太と節子が亡くなってしまう物語。 ・どこか分からない。 ・孤児 ・分からない。	①
②神戸空襲	1. 神戸空襲の様子について調べたことを発表する。 2. 石野さんの戦争体験を見て感想を伝え合う。	・神戸空襲はいつありましたか。 ・どのような被害があったのでしょうか。 ・石野さんはどのような戦争体験をしましたか。 ・石野さんの戦争体験を聞いてどう思いましたか。	・1945年3月17日や6月5日。 ・死者は7000人を超え、神戸は焼け野原になった。 ・防空壕から出ようとした時に焼夷弾が当たり腕を無くした。 ・防空壕は完璧ではないことが分かった。戦争によって腕を失ったつらい気持ちがが想像できた。	②

③日本各地の戦争被害	1. 日本各地の戦争被害について調べ、発表する。	・神戸以外ではどのような戦争被害があったのでしょうか。	・1944年以降、アメリカ軍が日本の都市に爆弾を落とし、東京や大阪などの都市が焼け野原になった。軍事施設だけでなく、住宅地もねらわれた。 ・1945年3月以降、沖縄は激しく攻撃され、県民60万人のうち12万人以上が亡くなった。 ・1945年8月6日に広島、9日に長崎に原爆が落とされた。	
④戦争孤児	1. 戦争孤児の暮らしについて予想する。 2. 戦争孤児について調べ、思ったことを発表する。	・戦争孤児はどう生きてきたのでしょうか。 ・金田茉莉さんたちにはどのような苦労がありましたか。 ・金田茉莉さんたちの体験や言葉を聞いてどう思いましたか。	・畑で盗みながら生きていたのかな。 ・食べるものがなくて大変だった。人間ではない扱いをされて暮らしていた。 ・戦争はたくさんの孤児を生み出したと思う。孤児になってつらくて大変な生活だったと思う。	③
⑤戦争の始まり	1. 戦争の始まりについて考える。 2. 当時の新聞を読む。 3. 当時の受け止め方を想像する。 4. 満州事変以降の日本の歴史を調べ発表する。	・日本に大きな戦争被害をもたらした戦争はどのようにして始まったのでしょうか。 ・昭和16年12月9日付の新聞にはどのようなことが書かれていますか。 ・当時生きていたらどのように受け止めたと思いますか。 ・真珠湾攻撃にはどのように至ったのでしょうか。1931年前後にさかのぼって調べてみましょう。	・真珠湾を攻撃してから。 ・満州事変から始まったのかな。 ・ハワイやフィリピン島で大戦果があったこと。戦艦六隻を轟沈大破したこと。 ・アメリカとの戦争に勝てるんじゃないかと思うかもしれない。 ・昭和時代に不景気となり、生活に苦しむ人々が多くなる中、1931年に満洲事変が起こり、戦争が中国各地に広がっていった。など	④
⑥戦争の終わり	1. 戦争の終わりについて調べる。 2. 資料を見て調べる。 3. 戦争の終結日について考え話し合う。	・戦争はいつ終わりましたか。 ・なぜ8月15日といえるのですか。 ・降伏文書の日付はいつですか。 ・日本の北方ではいつ戦争が終わったでしょうか。 ・日本が戦争した国と平和条約をいつ結びましたか。 ・戦争はいつ終わったといえるでしょうか。	・8月15日 ・天皇が玉音放送で戦争の終わりを伝えたから。戦後、全国戦没者追悼式などが行われているから。 ・9月2日 ・8月9日にソ連が侵攻し、9月5日に歯舞諸島が占領された。 ・1951年。主権の回復は1952年4月28日。 〔各自の考え〕	⑤
⑦戦後	1. A先生の語りを聞く。 2. 中国残留孤児について予想し、調べる。 3. 中国残留孤児の人生や思いを知る。 4. 神戸に住む中国残留孤児の願いを知る。	・戦後に残されたあるモノについてA先生のお話を聞きましょう。 ・戦後、中国残留孤児といわれる人が日本に帰国しましたがどのような人ですか。 ・なぜ中国に残留することになったのでしょうか。 ・松江佳子さんはどのような人生を歩まれたのでしょうか。 ・松江佳子さんの人生や言葉を聞いてどのように思いましたか。 ・神戸にも残留孤児の人々がいます。今はどのような暮らしをしているのでしょうか。	・(話を聞いて)人の命は何者にも代えられないと思う。 ・分からない。 ・満州に渡った人かな。 ・1945年8月9日のソ連参戦以降に、家族と離れたり家族を失ったりして中国に取り残された。 ・養父母に育てられるが小学校時代も結婚してからもいじめられた。 ・自分が何人か分からなくなると思う。自分を隠して生きるなんてつらい。 ・支援策は十分でなく、経済的な理由で墓も建てられない状況。共同墓地を建てることを願っている。	⑥ ⑦

※単元終了後に、各自自宅にて単元の振り返りを行う。

〔資料〕 ＊特に明記していない箇所については教科書と市販の資料集を活用した。
①映画「火垂るの墓」、②映像「語り継ぐ、神戸空襲の記憶——神戸空襲を記録する会・石野早苗さん」、③映像「NNNドキュメント 戦争孤児たちの遺言 地獄を生きた70年」、④朝日新聞1941年12月9日付記事「ハワイ・比島に赫々の大戦果」、⑤日本の降伏文書(1945年9月2日付)、⑥映像「HTBセレクションズ 中国残留孤児訴訟が結審 残留孤児の思いとは」、⑦神戸新聞2016年12月1日付記事「中国残留孤児の共同墓地建立を」

4. 学びの軌跡

　ここでは、単元終了後の振り返りカードの記述を示したい。なお、振り返りカードに書かれた内容は、自由記述形式のため、必ずしも全員が戦争孤児や中国残留孤児について記しているわけではない。本節では、孤児について取り上げた6人の振り返りを紹介する。B児は、次のように記している。

---

(1) 戦争孤児をごみや野犬扱いするのはおかしい。同じ戦争を生き抜いただけで、あんなにも差が出るものなのか。今までいた人が急にいなくなる事は相当ショックなはず……たまたま身近な人が全員生きていたからって孤児などを差別してはいけないと思う。

(2) 中国残留孤児……なんで帰ってくるのにそこまで時間がかかったのか……やっとの思いで帰ってこれたのになぜ人々はむかえ入れてあげないのか…日本語がしゃべれないのは当然だと思う。何十年も置いていかれたんだから。それを国は責任をとらなければいけないのでは……

C児は次のように記している。

　私は一言で言うと、戦争は「本当にやってはいけないこと」だと思います。その理由は、この学習をやったことで分かった二つです。

　一つ目は神戸空襲をテーマにした「火垂るの墓」を見たり、中国残留孤児のビデオを見たりして、何の罪もない子供が大人たちにひどい扱いを受けていることがあまりにも変だと思うからです。食べ物、住む所、着る物、家族、友達、希望、すべてない状態の子供が考える「自殺」。いじめや親の暴力などでの自殺はありますが、これは今で言えば大問題です。それは昔も今も変わらないと思います。それをそのままにしていた大人たち・国はおかしい。でも、もっとおかしいのは平和な世界をここまでひどくした「戦争」です。

　二つ目はすべてを「戦争」が奪っていくからです。命はもちろんのこと、思い出の品、歴史の遺跡物、動植物、環境、家、財産などすべてです。(筆者：中略)沢山の「人間にとってなければならないもの」がうばわれてしまう「戦争」。二度とやるべきではないと、この学習を通して再認識することができました。

D児は次のように記している。

> 戦争はやってはいけないことだと改めて思いました。日本の真珠湾攻撃や資源をえるための東南アジア進出も太平洋戦争が始まった原因です。太平洋戦争で、神戸空襲や東京大空襲、原爆投下などのたくさんの戦争被害が出て、たくさんの人が亡くなりました。そして終戦の日が過ぎても決して良い生活ができるのではなく、親がいない戦争孤児が全国でおよそ12万人にものぼり、満洲へ渡っていた中国残留孤児も生まれ、とてつもない苦労がまっていました。今でもつらい思い、悲しい思いをしている人が多く、差別を受けていたことをこの学習で初めて知りました。戦争は人の幸せ、少し言い過ぎかもしれませんが、人の人生の自由をうばいます。なので、戦争は二度としてはいけないことだと思います。

E児は次のように記している。

> （筆者：前略）神戸空襲、東京大空襲以外にも、愛知県、静岡県、神奈川県などでも空襲で1万人以上が被害を受けたことが分かりました。そして広島と長崎に投下された原子爆弾は10万人ほどの被害者数です。また身体に被害がなくても野菜の皮なども食べなければならず、配給制の食料で多くの人が苦しんだことも分かりました。被害で親をなくした戦争孤児の人も大勢いて、人々の苦しみが痛感されました。
>
> 　終戦の日についても学びました。ぼくは戦争の終わりが日本全体に広まった8月15日でいいと思います。その日は国々でちがってもよいと思います。（筆者：中略）戦争によって、多くの被害、問題が起きたことが分かりました。ぼくたちは戦争のことを経験していないけれど、次の世代へ受け継がなければならないと思いました。

　B児は戦争孤児や中国残留孤児について各々に取り上げ、置かれた状況に寄り添いながら周囲の人間がとるべき行動や国の責任について考えている。B児は海外帰国生であることから、とりわけ（2）の記述は、自身の体験と重ね合わせながらの記述ではないかと思われる。国境を越えて移動する子どもが、自身の経験と重ね合わせながらトランスナショナルな歴史的事象に向き合っていた様子が窺える。

C児は戦争孤児や中国残留孤児の共通性を見出し、「何の罪もない子供が大人たちにひどい扱いを受けている」ことを取り上げ問題視している。これは社会状況によって子どもは大人からひどい扱いを受けてしまうことを指摘し、その放置は大人や国の問題であることを述べている。戦争こそ「人間にとってなければならないもの」を奪うという指摘は、戦争孤児や中国残留孤児の体験にも当てはまる考え方である。

　D児は、戦争孤児や中国残留孤児については「今でもつらい思い、悲しい思いをしている人が多く、差別を受けていたこと」を知ったと述べている。この問題が決して過去の問題ではなく、現在の問題でもあることに触れつつ、戦争は、「人の幸せ」を奪うことを指摘している。「人生の自由」を奪うという表現から、問題の継続性を意識しているものと思われる。

　E児は、空襲による被害者に言及する際、被害者を一般化するのではなく、戦災が孤児を生み出し、人々が苦しんだことについて言及している。また、終戦の日については、「その日は国々でちがってもよいと思います」と述べ、国によって異なる見方ができることについて考えている。

　このほか、中国残留孤児に関しては、以下のような記述が見られた。

> 　中国残留孤児の人は、本当に居場所がないのだと思った。中国では日本人は鬼だといわれ、日本では日本人なのに中国語をしゃべるから中国人だと差別されているから。そのような人たちはどのような思いで暮らしているのかを考えた。「絶望」。生きていることが苦痛なのかなと思う。（F児）

> 　中国残留孤児についても初めて知り、本当は日本人なのに長い間、母国日本に帰ってこられず、日本に帰ってきても、中国語しか話せないため差別され、苦しい生活を送っていることが分かりました。国ももっとその人たちのために、働く職場を探してあげることや、働けない人には、ほかの国よりも少し多めにお金をあげるなど対策を考えないといけないと思う。（G児）

　F児は中国残留孤児が向き合わざるを得なかったアイデンティティの問題について触れ、中国残留孤児の心情を想像している。そしてG児は、中国残留

孤児が抱える問題を取り出し、その対策を考えている。中国残留孤児とその家族を対象とする改正支援法（2007年）については、評価される点もあるが、課題も指摘されている（大久保, 2009）。本実践を通して子どもは、中国残留孤児の心情や置かれた環境を知り、あるべき政策を考え始めたといえる。

5. 新たな実践に向けて

　本実践では、児童の関心を引く映画を切り口に、地域に残る戦争被害、戦争孤児や中国残留孤児が直面した現実、終戦日の多様性に目を向ける授業を行った。児童は、戦争孤児という社会的弱者の視点から戦争被害の実相を知ることができ、8月15日を終戦日とするのは一つの考え方であることに気付くことができた。また、地域に生きる中国残留孤児の今を知ることで、地域社会の多様性を確認し、中国残留孤児の心情について考えることができた。

　本実践の課題の一つは、戦争の終結日について深く考えられるように支援することである。たとえば、先述のE児は「ぼくは戦争の終わりが日本全体に広まった8月15日でいいと思います。その日は国々でちがってもよいと思います」と記しているが、E児のいう「日本全体に広まった」というのはどういうことか、国々でちがってよいとする根拠は何か、など考えさせるべき点は少なくない。とりわけ、本単元で取り上げた中国残留孤児は戦後の混乱期に生まれ、かつての戦争を背負って生きている。この事実と関連づけながら戦争に終わりはあるのかと再考させることも必要であろう。また逆に、なぜ日本では8月15日が終戦の日なのか。8月15日を終戦の日とする考えには、どのような価値観が影響されているのかなどの分析も授業内容として検討する必要がある。少なくとも「戦争の終結日は様々」という程度の認識に留まらない支援が必要である。

　二つは、本実践では、映像資料を活用することが少なくなかった点である。本実践で活用した映像資料は、戦争体験者の被害や願いが視聴者に分かりやすいように編集されてある。いわゆる「二次資料」である。高齢とはいえ、健在の戦争体験者はいるのであり、戦争体験者（親類などの関係者を含めて）から直接話を聞くことも価値ある学習である。本実践におけるA氏の語りは好例である。ある児童（H児）は次のように記している。

> 　今日のA先生のお話を聞いて、戦争の重みというものが、改めて分かった気がします。教科書や資料集で、戦争のことを取り上げているページは数ページ。このことは、どうなのかなとも思いました。私は実際に体験していませんし、周りに亡くなった方もいないので、体験された方や親族の気持ちは分からないところもあります。しかし、戦争の恐ろしさや先人の悲しみというものを今よりも詳しく受け継がなくてはならないと思いました。

　H児のいう「戦争の重み」というものは、「体験された方や親族の気持ち」やその人が置かれた状況を想像することで実感できるのかもしれない。それはH児にとって「教科書や資料集で、戦争のことを取り上げているページ」を超える内容だったと考えられる。戦争体験者（親族の方も含めて）の話を聞くことの重要性を改めて確認できる記述である。体験は語られることもあれば語られないこともあるだろう。多文化教育として声なき声に向き合う姿勢をもつという点において体験者の語りに耳を傾ける場面をできる限り設定することは重要と考える。

　三つは、中国残留孤児が体験してきた苦労や抱えている悩み――戦争体験に向き合うことの辛さ、日本社会への適応、自らのアイデンティティ、言語習得、日中間の平和、家族の就学や就職、高齢化する中国残留孤児の介護問題など――に対する深い理解には至らなかったことである。また、中国残留孤児とその家族に苦労や悩みがあるからといって、F児がいうように絶えず「絶望」しながら生きているわけでもない。バンクスは多文化教育のキーコンセプトとして「移民」を例示しているが、中国残留孤児は「中国社会と日本社会のはざまで母国でありながら『異文化の中の移民』として生きざるをえない」（蘭，1994: 26）存在である。中国残留孤児を中心テーマに据えた単元構想も考えられるが、筆者がそのようにしなかったのは、単元計画を立てる中、子どもと中国残留孤児との出会いを設定することができなかったことが一因である。小学校6年の社会科で子どもは初めて十五年戦争を学ぶ。出会いのない状態で中国残留孤児や十五年戦争の学習を進めれば、抽象的・観念的な学習に留まると危惧した。

　近年、中国残留孤児を学校に招くのは難しくなっている。2018年現在、70代の残留孤児は、敗戦当時6歳以下である。当時の様子をしっかりと記憶され

ている方となると 80 代以上の方になるだろう。ご健在の方もいるが、問題は日本語が話せるかどうか（話せない場合は通訳を置けるかどうか）である。中高年になって帰国し日本語を習得するのは容易ではない。それでも昨年、筆者は中国残留体験をもつ I さん（1937 年生まれ、1990 年永住帰国）と出会えた。大学 1 年生を対象とする授業に I さんをお招きし、自身の体験を日本語で語ってもらった。授業後にある学生は以下のように記述している[6]。

> 講演を通して学んだことは心に消えない傷を負うことは覚悟して「生きるため」の選択を余儀なくされたということだ。実際、開拓団の人たちが直接現地民を傷つけたのではない。自分たちが知らないところでされたことの責任を押し付けられたようなものだ。そのような中でも助けてくれた人がいて、H さんのように現地民と結婚し祖国日本に帰国する人もいれば、祖国の地を踏まずに死を迎える人もいる。歴史となってしまっているこの満洲移民は現代に「残留」「残留婦人」という問題を残している。その方々も現在 80 歳前後と高齢化している今日、この事実を体験した人は少なくなっている中で、このようなことが起こらないように伝えることが重要ではないだろうか。

I さんは日本語で表現することの難しさを時折話される。しかし、聞き手にとって体験者の語りは心に訴えるものがある。語りの内容から、語り継ぐべき歴史、日本社会の問題点が見えてきた時、子どもは今の自分に何ができるかを考え始めるのではないだろうか。その姿を期待したのが単元計画 II である。新たな実践に向けての一つの形として提示しておきたい。

単元計画 II
（1）単元名
　「地域で暮らす中国残留孤児と十五年戦争」
（2）単元目標
　中国残留孤児と呼ばれる人々に関心をもち、中国残留孤児が旧満洲に渡るようになった歴史的背景や日本の敗戦までの歴史的出来事について調べ、国内外の多くの人々が戦争の被害にあったことや中国残留孤児が帰国後も苦労していることについて理解し、地域で暮らす中国残留孤児のためにできることを考える。

(3) 指導計画（全 10 時間）

主な学習活動（時間）	主な問い
①中国残留孤児について話し合い、中国残留孤児の方から話を聞く。(2)	・中国残留孤児とはどんな人たちのことだろうか。 ・なぜ中国に渡り、そして残留することになったのだろうか。 ・いつどのようにして帰国したのだろうか。
②満洲移民について調べ、当時の社会状況を考える。(2)	・なぜ多くの人が満洲（中国東北地方）に渡ったのか。 ・当時の人々のくらしはどのような様子だったのか。 ・満蒙開拓青少年義勇軍とは何だろうか。
③戦争が終わるまでの出来事を調べる。(3)	・敗戦までにどのような出来事があったのだろうか。 ・十五年戦争はどのようにして終わったのだろうか。
④中国残留孤児の方から、中国（満洲）での戦争体験や帰国後の暮らしについて聞く。(2)	・中国残留孤児の方はどのような戦争体験をしたのか。 ・中国にいて帰国できないことをどう思っていたのか。 ・中国残留孤児の家族は、日本に帰国することをどう思っていたのだろうか。 ・帰国後はどのような暮らしをしているのだろうか。
⑤前時までの内容を振り返り、地域で暮らす中国残留孤児のためにできることを考える。(1)	・戦争は 8 月 15 日で終わっていたのだろうか。 ・中国残留孤児はなぜ帰国後も苦労しているのだろうか。 ・中国残留孤児にできることは何だろうか。

《注》

1) 平成 29 年版学習指導要領（文部科学省, 2017: 122-123）では、次のような知識を身に付けることと記されており、平成 20 年度版とほぼ変わらない。「日中戦争や我が国に関わる第二次世界大戦、日本国憲法の制定、オリンピック、パラリンピックの開催などを手掛かりに、戦後我が国は民主的な国家として出発し、国民生活が向上し、国際社会の中で重要な役割を果たしてきたことを理解すること」

2) ここでいう戦争孤児とは、空襲などによる戦災孤児や引揚孤児などを含む戦争中に生じた孤児をいう。引揚孤児とは日本が植民地支配をしていた旧満洲や朝鮮半島などからの引揚げの中で身寄りを無くした孤児のことである。1948 年 2 月 1 日現在、沖縄県を除く全国の孤児の数は 123,511 人とされる。この数は厚生省児童局企画課による調査で、戦災孤児、引揚孤児、一般孤児、棄迷児を合わせた数である（日本戦災遺族会: 164）。本実践では空襲によって孤児になった事例を取り上げているので戦災孤児と表記した方がより正確と考えるが、本実践で活用した教材に合わせ、本章では（本実践においても）戦争孤児と表記する。

3) 中国残留孤児は広義の戦争孤児に含まれるが（本庄, 2015）、先の厚生省による調査（1948 年）の対象外であったこと、中国で残留を余儀なくされ、中国社会を生きてきたその特殊性に鑑み、戦争孤児とは分けて論ずる。なお、本実践では中国残留婦人につい

4) 先行研究として舘（2002）、本庄（2016）があるが、指導計画などは示されず、実践の構想か学生の反応が提示されるに留まっている。これらは中学校以上の実践であり、先行研究に小学生を対象とするものは見られない。
5) 中国帰国者とは、日本に永住帰国した中国残留孤児または婦人本人とその家族を指す。その家族を学習内容として取り上げる意義もあるが、本実践では社会科教科書に記された中国残留孤児に焦点を当てることとする。
6) 2017年1月18日の共栄大学教育学部における授業の「満洲に渡った人々の歴史について、Hさんの語りを位置づけながら述べなさい」というレポート課題の一部である。

【引用文献】

蘭信三（1994）『「満洲移民」の歴史社会学』行路社。

大久保真紀（2009）「中国帰国者と国家賠償請求集団訴訟」蘭信三編著『中国残留日本人という経験——「満洲」と日本を問い続けて』勉誠出版、285-315頁。

「語り継ぐ、神戸空襲の記憶——神戸空襲を記録する会・石野早苗さん」https://www.youtube.com/watch?v=Yz9jd01o05c（最終閲覧日2018年4月16日）

舘潤二（2002）「公民的分野導入単元「現代日本の歩みと私たちの生活」の授業構想——「中国残留邦人」問題から現代日本を考える」『筑波大学附属中学校研究紀要』第54号、1-17頁。

日本戦災遺族会（1983）『全国戦災史実調査報告書 昭和57年度』

バンスク、ジェームズ・A著、平沢安政訳（1999）『入門 多文化教育—新しい時代の学校づくり』明石書店。

本庄豊編（2015）『シリーズ戦争孤児④引揚孤児と残留孤児——海峡を越えた子・越えられなかった子』汐文社。

本庄豊（2016）「戦争孤児と『出会った』中学生・大学生——戦争孤児関係者への聞き取りを全国で」歴史教育者協議会『歴史地理教育』853号、4-9頁。

森茂岳雄（2013）「多文化教育のカリキュラム・デザイン——日本人性の脱構築に向けて」松尾知明編著『多文化教育をデザインする——移民時代のモデル構築』勁草書房、87-106頁。

文部科学省（2008）「第2章各教科第2節社会」『小学校学習指導要領』22-30頁。

文部科学省（2017）『小学校学習指導要領（平成29年告示）解説 社会編』日本文教出版。

「HTBセレクションズ 中国残留孤児訴訟が結審 残留孤児の思いとは」https://www.youtube.com/watch?v=H9ru4gaVcBI（最終閲覧日2018年4月16日）

「NNNドキュメント 戦争孤児たちの遺言 地獄を生きた70年」http://www.dailymotion.com/video/x2ke4dh（最終閲覧日2018年4月16）

中学校における実践

第9章

刺青拒否から文化的多様性を考える地理授業実践

木村真冬

1. 実践の背景

　グローバル化の進展により国境を越えた移動が著しく増加し、異なる文化的背景をもつ多様な人々の共生する社会の体制づくりが求められている。市民的資質の育成をめざす上で、文化的多様性を取り上げ、異なる文化の衝突や受容について考えることは、社会科の重要なテーマの一つである。平成29年版学習指導要領の社会科の改訂の基本方針では、引き続き社会参画、伝統や文化、宗教に関する学習の充実を図る（文部科学省, 2017: 14）こととされ、地理的分野においても、生活文化や宗教に関する題材を積極的に取り上げ、世界や日本に関する地理的認識を形成するという分野の特色を生かしながら、生徒たちの関心や課題意識を高めていくことが重要とされている。

　中学生にとっては、まずは多様な文化の存在に気付き理解することが第一歩であるが、単に異なる文化を理解し「皆違ってよい」とするだけでは不十分である。中学生が関心を持ちやすい題材から、価値観の対立が起こる様々な葛藤の場面を取り上げ、地理や歴史の学習で得た知識や技能を活用しつつ、自分たちなりに偏見や先入観、差別の問題を考える課題を設定し、追究することが大切である。

　森茂は、「多文化社会において異文化の受容と承認を通してマイノリティに

対する差別意識を軽減し、社会的正義や公正の実現に向けて行動できる市民としての資質（multicultural citizenship）を一人ひとりの児童生徒に育成する教育としての多文化教育の意義」（森茂, 2013: 89）を述べている。多文化教育の観点からは、マイノリティの視点から学校知を再構成する視点が必要であり、マジョリティの側の意識の変革が求められる。社会科の学習においても、自明のこととされる日本人の価値観や生活様式を意識化し、自文化中心の視点から多文化の視点への転換へとつなげる授業を意図的に設定していく必要がある。

　近年、外国人観光客の増加が著しく、インバウンド誘致戦略から「おもてなし」が強調されるようになっている。しかし、異なる文化をもつ人々と接することにより自文化中心主義が高まり、対立が生じる可能性もある。今後さらなる訪日外国人の増加が予想される中で、そのような視点での題材は、まだ必ずしも多く取り上げられていない。そこで、本実践では、日本独特といわれる刺青文化に関わる題材を地理的分野で取り上げ、訪日外国人増加の中で起こってくる多様な価値観の共存という課題に気づくきっかけとすることをめざした。

　討論の題材としたのは、2013年9月、マオリ族の女性が、伝統文化である顔の刺青を理由に入浴施設での入場を断られたという北海道での出来事である。折しも、2020年東京オリンピック開催決定の時期でもあり、菅官房長官が「外国人をお迎えするにあたって、さまざまな文化に敬意を払い、理解することが大切」とのコメントを発表した。このニュースはネット上でも注目され、「外国文化を尊重すべきである」「刺青拒否は差別主義」という意見や、「刺青を拒否するのが日本の文化」であり「郷に入れば郷に従え」とする意見も見られ、議論が過熱した。

　関東弁護士会連合会の調査（成人男女1,000名対象）によると、「公共の場でイレズミを見せること」についての回答は「絶対許せない」38.7％、「どちらかといえば許せない」32.4％であり、年齢層が上になるほど不快に感じる人が多い。銭湯やプールなどでの「イレズミ・タトゥーお断り」の注意書きは「当然」42.4％、「あったほうが良い」26.0％との回答であった。また、刺青は「外国人ならば構わない」とする回答は32.5％であった（関東弁護士会連合会, 2014: 52-89）。一般的に、日本では刺青に対するネガティブなイメージは強くあるといえよう。

　この問題については、文化的多様性に気付き、外国人や先住民族というマ

イノリティに対する偏見や差別の問題をとらえ、日本での「刺青入浴お断り」というルールを一律に適用することがふさわしいのかという「公正・公平」の観点で検討することが必要となる。川﨑は、異なる文化的背景をもつ人々と共存するための資質を養うのが多文化教育であり、その手がかりとなるのが「公正」を踏まえた思考技能であるとしている。そして、「「異なる扱いをすることにより等しさを達成する」ことが「公正」の役割であるが、異なる扱いは、その時々の社会事象において変化する性質のものである」(川﨑, 2012: 14-16) と述べている。ここでは、日本での刺青のイメージのもとで、どのような対応をすることが合理的な判断といえるのかを中学生なりに考察させたいと考えた。

次節で紹介するように、日本においても、外国においても、刺青の意味づけやとらえ方は多様である。この問題について考える時、文化には可変性、重層性があり、「日本人」vs.「外国人」という単純な二項対立では論じられないことに気づかされる。「外国人」の刺青の問題を検討することを通して、生徒たちが自明視している日本の価値観や常識を問い直し、自文化中心から多文化的な視点へと転換させたいとのねらいをこめている。

なお、刺青を表す語は入れ墨、彫り物、文身、タトゥー (tattoo) など複数存在し、それぞれに意味や歴史的な背景がある。ここでは基本的には「刺青」の語を用いることとし、現代的スタイルの欧米由来のものを「タトゥー」としている。

2. 単元の概要

2-1 単元・題材について

本単元「オセアニア州」は、2014年度中学2年（4クラス計117名）を対象に、6・7月に実施したものである。

地理的分野「世界の様々な地域」の学習では、多民族多文化の国々を取り上げてきたが、本単元「オセアニア州」では「多文化社会」を主題として設定し、アジアとの結びつきを強める背景や多文化主義の課題をとらえることをねらいとした。「世界の様々な地域」と「日本の様々な地域」の学習をつなぐ単元というねらいもこめつつ、最後に「日本においてマオリ族が刺青を理由に

入浴施設への入場を拒否されたのはあってよいことか」を討論する学習を通して、多文化化が進む日本において文化的多様性を尊重するための課題に気付くきっかけとしたいと考えた。

　中学2年では「基本的人権」の詳細は未習であるため、この問題を考える上で必要な見方、考え方は何か、「個人の尊重」「表現の自由」「営業活動の自由」「公共の福祉」「公正・公平」などの概念にふれ、公民的分野の学習へとつなげることとした。

2-2　教材について

　「いれずみの世界は広く、深く、そしてそれは古く、かつ新しい」（小野, 2010: 184）と言われる。文化人類学の観点からみると、刺青は身体加工の一種とされ、慣習としての刺青文化は世界中に広く分布している。

　マオリ族の伝統的な刺青はモコ（moco）と呼ばれ、血族や所属集団や個人を表す文様など、アイデンティティに関わる社会的意味をもつ。伝統的には、男性は顔全体、女性は唇から顎にかけて施す場合が多く、個人の社会的地位の高さを表している。モコは近年になって復興されつつあり、マオリとしての表明手段である。と同時に、電気器具の使用によってより一般化しており、伝統的デザインをアレンジしてファッションとして身体の様々な部位に施す若者も増えている（秦, 2012: 110-117）。

　西欧社会においても、刺青はヒッピー文化やマフィアのものとする評価もあり、見方は一様ではない。しかし、先住民族の存在証明としての復権やファッションとしての刺青が若者に流行している。

　日本では縄文時代から刺青文化があったが、奈良時代、律令制における刑罰の一つとして「入れ墨」が用いられるようになり、刺青は否定的意味合いをもつものとなったとされている。江戸時代になると、軽罪については追放令や上腕部や額に「入れ墨」を施す刑罰が一般的となった。その一方、江戸後期になると、漁民や飛脚、鳶職、火消しなどの中で「彫り物」を入れることが流行した。これらは火事場や遭難時に身元を表す印、衣服の代替や装飾、縁起担ぎ、勇壮さの誇示などであった考えられるが、多様な図柄や技法が発達した。明治時代、刺青は近代国家にふさわしくない野蛮な風習であるとして政府が禁止令を出した。沖縄では女性が手に、北海道アイヌ文化では女性が口の周りに刺青

を入れる風習があったが、これらも厳しい取締りの対象となった（山本, 2016: 16-50）。

　昭和になり、任俠映画の流行の影響もあり、反社会的な組織への帰属やほかを威圧するものというイメージを持ちつつ、日本独特の刺青文化が継承された。近年は、欧米のファッションのタトゥーの流行を受け、おしゃれや記念として、また、好きなアニメのキャラクターなどの刺青も若い世代に見られるようになっている（鈴木・大久保, 2018: 27-34）。

　だが、現在も刺青が原因で解雇の対象となったり、リスクがあるとみなされて生命保険に加入できない場合もある。芸能人が刺青を見せ、視聴者から番組への抗議が寄せられ批判対象となることもある。

　法的にみれば、刺青そのものを直接禁止する法令はなく、規制される場合は「公共の福祉」に基づく必要最小限度の規制といえるかが問題となる（関東弁護士会連合会, 2014: 136）。刺青を入れることは「個人の自由」である一方、個人や私企業が営む銭湯や温泉、プールの経営者が刺青をした者の入場を認めるか、ほかの客が不快に感じるなど営業上の不利益が生じると判断して禁じるかは「営業の自由」に関わることである。

　公衆浴場法や東京都の銭湯に関する条例では、直接刺青拒否を義務づけるものはなく、各店舗の判断に任される。地域密着型の公衆浴場は、自宅に風呂を持たない者にとって「健康で文化的な最低限度の生活」を営むうえで必要なものと位置づけられること、地域的に暴力団とは無関係の職人などの刺青も見られることが理由と考えられる。

　刺青の制限としては、1992年少年への刺青強要の禁止を含む暴力団対策法が施行されており、各都道府県の青少年健全育成条例の中にも未成年者への施術を制限するものがある。2012年警察の暴力団の取締り強化を受けて、各自治体でも暴力団排除条例が定められたことで、公共の浴場やプールでは刺青をした者の利用を認めないというルールが強化される傾向にある。2013年には神戸市須磨海岸、2014年には逗子市湘南海岸など、刺青の露出などを禁止するルールが適用され、ファッションとしての刺青も同様に規制の対象となった。山本は、これほどの刺青の取締りが行われているのは近年のことであり、刺青をした人がアウトローだというイメージが広まったのは、任俠映画によってイレズミ＝やくざのイメージが定着してしまったこと、銭湯文化がなくな

り、他人の身体をほとんど見なくなったことが背景にあるのではないかとしている（山本, 2016: 129-152）。

　授業では、日本でも刺青の意味やあり方が変化してきた歴史や現状、様々なとらえ方があることを概説し、単に外国の先住民族の刺青の問題というだけではないことを踏まえた議論となるように留意した。

2-3　協働的な課題解決の場の設定について

　思考・判断・表現の力を育てる授業づくりの上では、意欲的に探究しようと思える学習課題の設定が重要である。協働的に課題解決に取り組む学習場面があることによって、既得知識や技能、学び方を積極的に活用し、社会の一員として主体的に関わる姿勢を育成することにつながると考えられる。

　授業を実施した中学2年の生徒は、物事を素直に受けとめる生徒が多く、話し合いを好む特徴があったが、社会的事象への興味を持ちつつも基礎的な知識の定着が不十分であったり意見の根拠が曖昧であったりする者も見られた。そこで、まず個人で入浴施設での刺青拒否に対する意見を考え、その後、3～4人の学習班での討論を行うこととし、対話を通して自分の意見の根拠や異なる意見との対立点を明確化させるようにした。その際に、考えていることを互いに見えやすくする「可視化」も重要である。そこで、ホワイトボードに議論の内容を記録し、図などを用いて、同じ意見をまとめたり関連性を表したりするなどの工夫を促した。また、学習班での話し合い後に、班ごとの意見をクラスで共有化する場面を設けて、さらに議論を深めることとした。討論を通して、自分と異なる意見や価値観に気付き、多面的・多角的に考察するとともに、解決に向かって努力しようとする態度の育成につなげたいと考えたものである。

3.　学習活動の展開

3-1　単元の指導計画　「オセアニア州」
第1時　オセアニア州の特色を知ろう
　　地図、国旗、写真資料などから、オセアニア州の位置、オーストラリア大陸や島々の特色のある自然や環境保護の取り組み、日本との歴史的な関係や交流、観光などについて理解する。

第2時　多文化社会への転換〜歴史〜
　　映像や文章資料から、植民地から独立した歴史、オーストラリアの白豪主義から多文化主義への転換、アボリジニやマオリの文化の特色や復権について読み取る。多文化社会の特色と課題について考察する。
第3時　多文化社会への転換〜産業〜
　　産業や貿易において、オセアニア州がアジア州との結びつきを強めていることや日本との関係を統計や映像資料から読み取る。アジア・太平洋諸国が結びつきを強めている背景について考察する。
第4時　「入浴施設での刺青拒否を考える〜多文化社会のあり方とは？〜」
　　日本の入浴施設において、マオリ族の刺青を拒否したことについて考える討論学習を行う。(本時)

3-2　本時の展開
①目標
・資料をもとに関心を高め、相手に意見を伝え合う活動を通して、刺青をめぐって様々な立場や価値観があることを理解する。
・討論を通して、今後の日本における多文化社会のあり方について、自分なりに多面的に考察する。
②授業の展開

	主な学習内容と活動	指導上の工夫・配慮
導入	○ラグビーのニュージーランド対日本の試合開始前に行われたHAKAの映像をみる。 ○オセアニア州やほかの州で学習した、多民族多文化の国々の取り組みや課題をふりかえる。日本の長期・短期滞在の外国人数の増加を示す資料を見て多文化化が進む状況をとらえる。 ○東京オリンピック招致決定の画像をみて、「おもてなし」と言われているが、異なる文化の尊重が課題となる例をあげる。	・マオリ族伝統の部族の結束を表す踊りをもとすることを説明する。 ・世界地理の学習内容を生かして、日本の学習へと入っていくことを予告する。 ・宗教上の理由からの食事の配慮など、異なる文化の受容や尊重の例についてあげさせる。
展開	○「ニュージーランドのマオリ族の女性が刺青を理由に北海道の入浴施設への入場を拒否された。これはあってよいことか」 →各自の意見をワークシートに記入する。	・顔に刺青（モコ）をした女性の画像をみる。先住民族の文化を考える会議に招かれていたことなどを補足する。

	主な学習内容と活動	指導上の工夫・配慮
展開	○刺青に関する文化的背景を知る。 ・マオリ族の伝統の刺青、日本の縄文文化やアイヌ民族の刺青の風習の写真 ・江戸時代の刑罰としての刺青のイラスト ・漁師や職人などに流行した刺青の写真 →刺青をした理由や、明治に刺青が禁止された理由を考える。 ・任侠映画の写真→反社会的勢力と結びついたイメージが強まったことを確認する。 ・サッカーワールドカップのスポーツ選手や外国人歌手のタトゥーの写真 →近年日本でも若い世代ではファッションととらえる人もいるが、芸能人のタトゥーは批判されることも知る。 ・プールや入浴施設・海岸での規制の看板 →各施設で対応が異なる状況を理解する。 ○「入浴施設でのマオリ族の刺青拒否はあってよいか」について、学習班で話し合う。 ・各自の意見を出し合い、賛成・反対の似た意見をまとめてグループ化したり、関連付けたりして、ホワイトボードにまとめる。できるだけ根拠に基づき意見を述べ、図なども用いてわかりやすく表現する。のぞましい解決策を自分たちなりに検討する。 ○各班の発表 ・ホワイト・ボードを見合いながら、互いの意見を参考にしあう。各班の意見の共通点や相違点を共有化する。	・海外や日本で刺青に接した経験などを出しあう。 ・写真資料をみながら、日本でも歴史的に刺青の意味が変わってきたことをとらえさせる。 ・明治時代、外国人向けに日本の風俗として絵葉書になっていたことを補足する。 ・学校周辺でも昭和50年代頃には刺青をした職人の方を見かけたエピソードを紹介する。 ・学校近くの銭湯に規制表示はなく、スパでは規制があることにふれる。 ・刺青を直接規制する法律はなく、暴力団対策法の取締り強化の一環で、警察の求めにより規制を強めていることを説明する。 ・偏った発言に対しては、広い視野から考えるように促す。日本の中でも様々な立場があり、多様な意見があることに気付かせる。 ・議論の途中で、生徒の意見をもとに「平等権」「表現の自由」「営業の自由」「公共の福祉」の概念を補足する。日本でも海外でも多様な意味やタイプがある刺青をどのように扱うことが望ましいかなど、議論のポイントを整理する。
まとめ	○話し合いをふりかえる ・この問題に関するネット上の論争について知り、自分たちの話し合いは多様な意見を尊重するものであったかをふりかえる。 ○どのように問題を解決することが望ましいか自分の意見をワークシートにまとめる。	・ネット上では、差別的な発言や、過激な発言が見られたことにふれ、のぞましい議論のあり方を考えさせる。 ・今後の多文化化の進む社会のあり方も含めて、自分なりに考えるように促す。

③**本時の評価**

・討論に積極的に参加し、刺青をめぐって様々な立場や多様な価値観があることに気付くことができたか。

・多様な文化を尊重する社会のあり方について、自分なりに社会の一員として考察することができたか。

4. 学びの軌跡

4-1 生徒の学習活動の様子

生徒たちは、授業冒頭に視聴したラグビーの試合での HAKA の力強さを印象深く受けとめた様子であり、林間学校の演し物に用いたクラスもあったほどである。そのようにマオリ文化に関心を持ちつつも、刺青モコをした女性の画像を見た際には「驚いて失礼かと思うが、知らないで出会ったらこわいと感じてしまうかもしれない」と感想を述べた生徒もいた。

マオリ族の方の刺青が入浴施設で拒否されたことについての第一印象をきくと、「拒否していけない」が優勢なクラス、「してよい、しかたない」が優勢なクラス、半々なクラス、考え込む者が多いクラスなど様々であった。続いて、日本での刺青の歴史に関する写真資料については、みな興味を持って見入っており、プールの刺青規制看板、海外スポーツ選手のタトゥー、メイクやアート刺青（シール）について「見たことがある」と声をあげる者が多かった。

学習班の討論に入ると、「今まで考えたことのない問題で難しい」と戸惑う様子の班もあったが、「東京オリンピックで外国人観光客の方が増えてこうした問題が起こったら？」という声かけでイメージを持たせた。多数決で結論を決めようとする班には、「一つの意見に無理にまとめなくてよい。意見の共通点や相違点、どんな解決策があるかなどをわかりやすく描いてみよう」と伝えた。「刺青を拒否したいか」のみの話し合いとなっている班には、店側の立場、先住民族の文化とファッションとの相違点などにも眼を向けるように促した。過去の捕鯨問題についての討論学習を振り返り、「日本文化を否定されるのだからこちらも否定する」や逆に、「捕鯨問題もそうだが感情的にならずに話し合えないか」とする意見もみられた。ホワイトボードを使って可視化することは、互いの意見を共有化するうえで効果的であり、教員も議論の展開を把握しやすかった。(図9-1〜2)

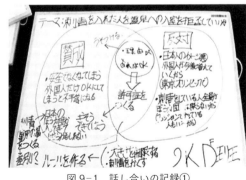

図9-1 話し合いの記録①

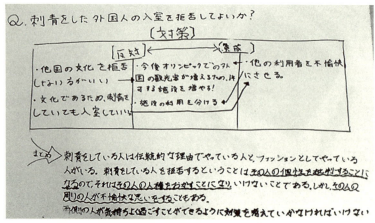

図9-2 話し合いの記録②

「平等権」「自由権」「公共の福祉」などの概念を補足すると、自分の考えをそれらに結びつけて主張する発言もあった。各班の発表では、ほかの班との共通点や新たな解決策に納得する様子がみられた。最後の振り返りの際にネット上の議論を紹介すると、多くの生徒たちは、対立をエスカレートさせる過激な意見の応酬に対して批判的であり、解決に向けて互いに歩み寄り徐々に理解を深めていくべきだという感想が見られた。

4-2 ワークシートの記述から

ワークシート（91名回収）に記入された討論前と討論後の個人の意見の記述をみると、生徒たち一人ひとりの様々な受けとめ方がみてとれた。

討論前の個人の意見をおよそ分類してみると、「拒否してはいけない」が約6割、「拒否してよい」が約3割となった。「拒否してはいけない」の理由としては、「伝統、文化は認める」「外国人はよい」が多く、「差別になる」「そもそも個人の自由」との意見もある。拒否しないが別風呂にするなどの対応をすると考えた者も1割見られた。「拒否してよい」の理由としては、「ルールだから」「こわいと感じる、ほかの客の迷惑」「日本の文化を尊重してほしい」などがあげられていた（表9-1）。

表9-1 ワークシートの記述 最初の意見 （91名）

最初の意見	割合（人数）	主な理由　（人数）　複数回答
拒否してはいけない	62.6%（57）	伝統文化は尊重（29）　外国人はよい（11） 差別になる（7）　交流（4）　刺青は個人の自由（4） 日本のイメージが下がる（1）　一律な対応にすべき（1） 証明書・別風呂などの条件つきで（13）
中立・曖昧	6.6%（6）	店の判断（2）　半々（3）　曖昧（1）
拒否してよい	28.6%（26）	ルールだから（9）　こわい・ほかの客の迷惑（9） （刺青拒否が）日本の文化（6）　伝統と区別できない（2）

　討論後にワークシートに記入した個人の意見をおよそ分類すると、「拒否してはいけない」という意見は8割近くに増えていた。討論をしたことにより「拒否してよい」という意見から「外国人はよい」「どちらも尊重（どちらとも言えない）」へと変化した者は14％（13人）みられた。「拒否してはいけない」としていても、証明書の提出や大きさの制限、徐々に理解を広めていくなど、条件や対策にふれている26％（24人）の意見は、「どちらともいえない」「拒否してよい（いずれは変えていく）」とする意見と似通ったものとなっている。

　また、「両方の意見がわかる」「難しい問題」「相互に理解し徐々に受け入れる必要性がある」などは「どちらともいえない」に分類した。「差別について深く考えた」など、簡単に解決できない問題ということを理解し、多面的に問題を考えようとした様子が伺われた（表9-2）。

表9-2 授業のふりかえりに記入した意見 （91名）

	割合(人数)	記　述
拒否してはいけない	51%（46）	伝統は尊重（18）、外国人はOK（12）　オリンピックもある（11）　差別になる（7）　刺青は問題ない（4）　刺青は個人の自由（4）互いに文化を尊重し折り合う（5）　対策必要（12）　みんな気持ちよく平等に（4）、一律に決められない（1）、外国人が減る（1）、迷惑かけない（1）
	条件や対策に言及 26%（24）	大きさの制限・シール・別風呂・証明書などの対策をする（20）、ほかの文化への考えを変えていく（8）、徐々に理解を広める（3）、区別できない（1）、対応の工夫を（1）、話しをふんわりさせたい（1）、基本は自由で問題あれば取り締まる（1）
どちらともいえない	12%（11）	徐々に認める（5）店の判断（2）難しい（3）なかよく解決を（2）
拒否してよい	11%（13）	日本のルール・こわいと思う人がいる（7） いろいろな考えがあることは理解できた（4）

生徒の記述から、討論前と討論後の振り返りの記述例を以下にいくつか示す。

　ア「拒否してはならない」（前：話し合い前の記述・後：話し合い後の記述）
　　　A　伝統尊重　　　　B　刺青自体OK

> A前：伝統を尊重して、入場OK！にしても良いと思います。ほかの国で日本の伝統を批判されるようなことがあったら悲しいです。自分の身になって考えたら入場してもよいと思います。
> 　後：伝統を、やっぱり尊重することが大事だと思います。お風呂に入りにきただけでしめだすのはかわいそうだと思いました。
> B前：別にいいと思う。タトゥーをいれたから何なんだということもあるし。タトゥーがはいっているから…というだけで入場禁止にするのは一種の差別でもあるのではないかなと私は思うので、いいと思う。個人の自由を尊重するのも国として大切なことなので、OKだと思う。
> 　後：別にいいと思う。タトゥー入れることには賛成。おしゃれでもある。今は自分でデザインして入れるというふうに楽しみとしてやっている人もいるし、一種の芸術でもあるので、それを拒否するのはひどいし、おかしい。

　イ「拒否してはならない」条件をつけるもの
　　　C　時間をわける　　　D　シールを貼る

> C前：マオリ族の方は、伝統的にタトゥーを入れているので、それを拒否するのはダメだと思います。暴力団以外のタトゥーを入れている人と、温泉に入れる時間など場所を分ければよい。
> 　後：マオリ族の人の気持ちを考えてみると、やはりとても悲しいです。なので、店側は、ほかのお客さんも気持ちよく入れるような工夫をすれば良いと思います。
> D前：伝統的な刺青ならばいいと思う→店の対応はとりあえず入れるのだが、なるべく見せないように、と指示したらいいと思う。
> 　後：確かに、オリンピックなどもあるし、取り入れてもいいと思う。でもなるべく見せないようにした方がいいと思う。私もプールなどで刺青の上からばんどうこうを貼っている人を見たことがあるので、そうやって努

> 力すればいいと思う！ 完全に拒否してしまうのは、文化の違いもあるし、条件をつければいいと思う（ほかのお客さんに見せないなど）

ウ 「拒否してよい」
　　E　迷惑・区別つかない　　　　F　日本の文化に従う

> E 前：温泉施設では拒否していいと思います。入れ墨をしていることでまわりのお客様の迷惑になると思うから。いくら伝統だとしても、それは日本に通用しない＆区別つかない。
> 　後：私はやはり拒否してもいいと思いました。しかし、入れ墨がだめ、の理由が分からないという人もいて、色々な意見にふれることができました。
> F 前：拒否して良い→人それぞれの文化があるから刺青をつけているのは仕方ないが、日本では日本の文化に従うべき。
> 　後：刺青に関するニュースをきいたことがなかったので、北海道でそういう問題があったことを初めて聞きました。刺青は、私にとっては基本的に暴力団が入れるものだと思っていたので完全拒否だったのですが、オシャレのためにつけている人や民族的につけている人もいたことを知って、東京オリンピックもあるので、日本人もそういう文化を受け入れていかなければならないのだなと思いました。

エ 「どちらともいえない」
　　G　「徐々に」　　　　　　H　「いずれ受け入れる必要」

> G 前：徐々に OK していくべき
> 　後：まだ日本は全然タトゥーに関しての理解が少ないです。なので、まずは、タトゥーについて、きちんと理解していく事を知る機会を増やしていくことが大切だなと思いました。そして徐々に OK していくべきではないかと思います。
> H 前：モコを OK にしたら、入れ墨の人も OK にしなければならなくなると思う。社会にモコなど文化的な入れ墨への理解が深まってからではないと、社会の規律が乱れる。何も知らない子どもが怖がったり、まねしようとしたりする悪影響がでるかもしれない。店には拒否する権利があると思う。

◆中学校における実践

> 後：伝統の入れ墨が、暴力団の入れ墨と同様に悪いものか、それともいいものか、ということではなく、そういう入れ墨を日本人がどういう風に受け入れていくのか、ということがこれから重要になってくると思います。私たちは、オリンピックを開催したり、外国人が過ごすというのを認めたりしている以上、ほかの国の文化を受け入れる義務があるし、いずれ受け入れていかなければならなくなると思います。

4-3 授業を振り返って

　本題材は中学生にとってはあまり馴染みがなく複雑な問題であったが、文化の対立を解決する難しさを感じつつ、相手の文化を尊重するにはどうしたらよいかという課題を中学生なりに考える機会となったと言えよう。生徒のふり返りコメントをみると、地理的分野で扱ったためか「人権」の概念から考えるよりも「文化」に意識が向かいやすく、「文化を否定されたらかわいそう」「自分も否定されたらいやだし」といった心情的要素を述べる生徒が多く見られた。世界の多文化社会について学習してきた流れや「オリンピックもあることだし」という話題提供のしかたにより、「外国文化を受け容れようと考えなくてはいけない」との方向にやや誘導してしまった可能性はあるが、多くの生徒が異文化に対する共感的理解の必要性を感じたものと思われる。

　また、問題解決のために、どのように刺青をかくすか（シール、布）、風呂をわけるか（外国人専用、時間帯をずらすなど）、反社会的な刺青とどのように区別をつけるか（パスポートを見せる、刺青に関する証明書の発行）といった、細かい議論に入るグループが多い傾向が感じられた。「（証明書を作ることで）話をふんわりさせたい」と述べた生徒もいて、対立をエスカレートさせない対処方法を検討していた。一律に「刺青拒否」のルールを適用するのではなく、「日本のやり方にしたがってほしい」や「やっぱりこわいと感じる」という側にも配慮しつつ、問題解決に取り組もうとする姿勢の表れといえる。しかし、「公正・公平」の観点からの検討なしに、単純にかわいそうだから隔離したり隠したりしてよしとするだけであるとしたら、マジョリティ側が自分たちのやり方を当然のこととしたままとなる恐れがある。「別の風呂やシールで隠すという方策は相手の方の誇りを傷つける失礼な行為ではないか」「（伝統的な刺青などについて）まずは知って理解するための取り組みが必要」とする生徒や班の意見を発表させた

り紹介したりすることで、考察を深めるように努めた。

　ある班では、拒否反対と拒否とで意見が対立していた。「（拒否することを）法律で認められていないのに拒否するのはおかしい」「いやそもそも法律で決めていないのはその店で勝手に決めてよいという意味が込められている」などと話し合い、やがて「別風呂」が差別かについて議論し、最終的には「刺青の人と入浴したくない人専用の風呂を作る」「刺青している人専用ではないから差別ではないのだ」というアイデアで合意していた。その班のある生徒は、当初「拒否してよい」意見だったが、討論後の振り返りとして、「刺青は、場合による、という特殊な例で、なかなか意見が分かれました。そんなときは逆転の発想で攻めるのもいいと思いました。おかげで実際に今回、自分では少なくとも納得できるアイデアが思いつきました」と記述していた。何が公正なのか、ということを自分たちなりに議論した結果であり、様々な立場から考えて視野を広げたようすが伺えた。

5. 新たな実践に向けて

　今回の実践では、生徒たちは討論を通して多様な価値観や立場に気付くことができた。しかし、単純に「日本人」vs.「外国人」の二項対立の問題ととらえている班もあり、自文化そのものを見直すという点については時間不足であったといえる。刺青の歴史を十分に理解したり、公正な判断に向けての論点をより明確にしたりするためには、文章資料などを用いて段階的に丁寧に議論を進める必要があった。

　資料活用という点では、刺青という題材の性格上、資料の選択や提示のしかたの難しさもあった。刺青の図柄は多様であり、資料を選択する上で、中学生にとって恐怖や偏見、また奨励や憧憬の対象になってしまわないような慎重さが求められた。教員側の資料提示のしかたによって印象や判断の結果が操作される危険性を感じさせられた。

　2018年現在、外国人観光客の増加などから刺青をした客を受け入れる施設も表れつつあり、メディアでも取り上げられている。観光庁が実施した「入れ墨（タトゥー）がある方に対する入浴可否のアンケート調査（581施設回答）」では、「入浴を断る」56％、「断らない」31％、「シールなどで隠すなど条件

付きで許可している」13％であった（観光庁, 2015）。観光庁は、一律の基準を設けるのは困難としながら、「シールなどで覆う、入浴時間帯の工夫、貸し切り風呂を案内する」などの対応改善を促すとともに、外国人旅行社を通して「日本の刺青に対するイメージ」など情報を伝えていくとしている（観光庁, 2016）。今後は、観光客だけでなく、在住外国人人口が増加して多文化化が進み、日常的に刺青に接する機会が増えていった際にどのように対応するかという問題を中心に考えていく必要があるだろう。

　地理的分野で扱う意味を考えるとき、今回の題材は、より「地域性」と結びつけ、ニュージーランドや北海道という地域での先住民族文化のあり方など、文化的多様性や文化の衝突の起こる空間を意識して課題を設定するべきであったと感じられた。さらに、「外国人観光客の多い地域」「在住外国人の多い地域」「自分の住む地域」ならばどうするかなど、地域性をふまえた課題設定をすることで、地理的に分析する視点が生まれるであろう。実際に当事者にあたって生の声を取材し「自分の住む地域としてどのように対応するとよいか」を考察することができれば、さらに現実味のある課題設定となっていくと思われる。

　今後も、3年間のカリキュラムの中で、様々な葛藤の生じる問題、社会におけるマジョリティとマイノリティの問題を取り上げ、多文化社会において相互理解を深めて肯定的に相手を認めるにはどうしたらよいかを考察する学習を行っていきたい。それには小中高を見通したカリキュラムが必要である。できれば、中学1年の早い段階で「公正・公平」とはどういうことかを考える題材を意図的に取り上げ、その後、生徒が疑問を持ち、追究し、振り返る協働的な学習活動を繰り返し行うことが望ましいと考えている。地理的分野において、文化的多様性を尊重する姿勢や文化の衝突から生じる社会問題の解決に関心を持って問題を解決しようとする意欲を育てることは、公民的分野や高校での学習の基礎となっていくであろう。協働して問題を解決しようとする主体的・対話的な学習活動を通して、相手に共感する力、他者に対して根拠を持って論理的に説明する力、公正に判断する力といった、多文化社会において求められる資質・能力を養っていくことができると思われる。今後も文化の対立について考える地理的分野の教材を開発し、より良い社会をめざす社会参画の視点をつねに持った3年間のカリキュラム、単元の開発に

取り組んでいきたい。

　＊本章は、木村（2015）をもとに加筆修正したものである。

【引用文献】
小野友道（2010）『いれずみの文化誌』河出書房新社。
川﨑誠司（2012）「アメリカにおける多文化教育の理論と実践――公正な社会的判断力をどう育てるか」日本社会科教育学会『社会科教育研究』No.116、13-24頁。
観光庁（2015）「入れ墨（タトゥー）のある方に対する入浴可否のアンケート結果について」。
観光庁（2016）「入れ墨（タトゥー）がある外国人旅行者の入浴に関する対応について」http://www.mlit.go.jp/kankocho/topics05_000183.html （最終閲覧日2018年8月10日）
関東弁護士会連合会編（2014）『平成26年度関東弁護士会連合会シンポジウム　自己決定権と現代社会――イレズミ規制のあり方をめぐって』。
木村真冬（2015）「文化的多様性に関する地理的分野の授業実践――刺青拒否を題材とした討論学習の試み」『お茶の水女子大学附属中学校研究紀要』第44集、27-40頁。
鈴木公啓・大久保智生（2018）「いれずみ（タトゥー・彫り物）の経験の実態および経験者の特徴」大阪大学人間科学研究科社会心理学研究室『対人社会心理学研究』第18号、27-34頁。
秦玲子（2012）「コンタクト・ゾーンにおける実践――ニュージーランド・マオリのタトゥー『モコ』と世界の『Tattoo』」京都大学人文科学研究所人文学国際研究センター『Contact Zone』第5号、108-123頁。
森茂岳雄（2013）「多文化教育のカリキュラム・デザイン――日本人性の脱構築に向けて」松尾知明編著『多文化教育をデザインする――移民時代のモデル構築』勁草書房、87-106頁。
文部科学省（2017）『中学校学習指導要領解説　社会編』東洋館出版社。
山本芳美（2016）『イレズミと日本人』平凡社。

第10章

ピクトグラムづくりを通した教科横断型多文化教育実践

津山直樹

1. 実践の背景

1-1 多文化教育の定義と先行研究の検討

本章の目的は、日本の学校教育においてマジョリティの意識（価値）変革を目指した中学校社会科における多文化教育の単元設計と授業実践の分析を通して、日本人生徒がメタ認知を行い、意識を変容させることの意義を明らかにすることである。

松尾は、グローバル化と多文化化が同時に進行している現代社会に対応するための学校教育のあり方について「学習権の保障という人間としてのまなざしを基礎に、文化や個人の差異に応じるまなざし、多文化社会に生きる共生へのまなざしをもつこと」（松尾, 2013: 17）を重要視し、「マイノリティの視点から、日本の学校の脱構築、それを踏まえた再構築がめざされなければならない」（松尾, 2013: 17）と指摘している。さらにマイノリティ支援や理解のためだけではなく、マジョリティも含めたすべての児童生徒に必要な教育として多文化教育をとらえ、「教育のユニバーサルデザイン化」を提案している。このような学校教育を実施するために、森茂は「多文化社会において異文化の受容と承認を通してマイノリティに対する差別意識を軽減し、社会的正義や公正の実現に向けて行動できる市民としての資質（multicultural citizenship）を一人ひとりの児童生徒に育成する教育としての多文化教育の意義」（森茂, 2013: 89）に言及している。

本章では、松尾の指摘する問題意識と森茂の指摘する意義にもとづいて多文

化教育をとらえる。以上のような多文化教育のとらえ方をふまえてこれまでの社会科教育におけるいくつかの多文化教育の実践研究について検討する。これまでの多文化教育の実践は、千葉のアイヌ民族に関する学習（千葉, 2012）や中山のグアム先住民の学習（中山, 2012）に代表されるマイノリティの立場に立った実践研究が主であった。これらの実践は、マイノリティへの理解や権利保障が中心となり、マジョリティの意識（価値）変革という視点が薄い。また、田渕の実践も在日コリアンの立場に立った実践（田渕, 2012）であり、マジョリティの意識（価値）変革には言及されていない。これらの実践研究は、マイノリティの現状を知るためには効果的であるものの、マイノリティとマジョリティが固定的な関係となっており、二項対立でとらえてしまっているところが課題である。

この課題をふまえて、本章で取り上げる実践ではマジョリティの意識（価値）変革に焦点をあて、日本人生徒がメタ認知をすることによって自らの意識（価値）と向き合うプロセスを分析する。

1-2　実践者の教材観・指導観

本節では、実践者の教材観と指導観によって実践の背景を示すこととする。まず、教材観については、中学校社会科地理的分野においてグローバル化に伴う「人の移動」をテーマにすることで、グローバルな課題とローカルな課題が同時に起こっている現状を把握し、どのように対応すべきかを考える契機になる教材を選択しようと考えた。したがって、多文化共生のためのツールの一つとなりうるピクトグラムと日本の現状を知るための在留外国人に関する表やグラフ、地域の多文化共生政策を先進的に行っている川崎市の政策を取り上げることにした。移民や難民に代表されるニューカマーの受容については、オールドカマーの受容に加えてこれからより一層考慮されなければならないグローバル・イシューであり、日本国内への影響も大きなものとなると想定される。そのため、本章で取り上げる実践では、在留外国人に関する表やグラフによってグローバル化に伴う日本国内の多文化的状況を把握し、在留外国人との多文化共生のための先進的な取り組みを行っている川崎市の事例から日本国内の多文化共生政策の現状をふまえ、これからより増加すると考えられる文化背景の異なる外国人を受容するための一つの手段としてピクトグラムを考えることとし

た。

　次に指導観についてであるが、多文化教育の視点から中学校社会科地理的分野の「日本の地域的特色」における「人口」をとらえ直すことを意識した。日本国内の過疎・過密問題や超少子高齢社会の問題に加えて、オールドカマー・ニューカマーの受け入れについて考えることで日本国内や地域で抱えているローカルな課題が、グローバルな課題とつながっていることを意識し、文化背景の異なる外国人と多文化共生の道を模索することを重視した。そのために学習方法については、次の2点を工夫した。1点目は、ピクトグラム作成をパフォーマンス課題とし、ルーブリックによって評価したことである。詳細は後述するが、このようなパフォーマンス評価を実施することは、ルーブリックによって単元のねらいや目標を教師と生徒で共有できることや課題の作成プロセスを可視化することとなり、それが単元での学びのプロセスを可視化することになる。2点目は、表10-6にある振り返りシートを活用することによって、深い振り返りを可能にしたことである。多文化教育実践においては、多文化的状況の理解とそれをふまえた生徒自身の意識の変容が重視される。つまり、授業前・授業中・授業後でどのように学びの履歴を蓄積したのかを生徒自身が自覚し、意識の変容を可視化できるかが重要となる。

1-3　研究方法

　本章では、対象とする実践をさまざまな側面からとらえるために、トライアンギュレーションに基づいて、複数の方法で描き出す。主に実践に対する教師の想いやねらいに関しては、実践に関わった教師・学校司書による座談会形式の省察インタビューによって描き出す。単元設計プロセスと実践中のピクトグラムづくりを中心とした授業展開に関しては、単元の指導計画・パフォーマンス課題・ルーブリック・本時案によって描き出す。実践前の「多文化共生」へのイメージから実践後の振り返りまでの生徒の学びのプロセスや本質的な問いへの応答については、パフォーマンス課題の作品と振り返りによって描き出す。

2.　単元の概要

　本節では、2016年10〜12月に東京学芸大学附属世田谷中学校で中学2年

生を対象に実践した教科横断型単元の概要について論じる。対象校は、日本の教育を受けてきた日本人生徒のみで構成されており、これまでに文化背景が異なる他者などマイノリティと関わりを持ったことがある生徒もほとんどいない。したがって、日本社会が多文化化しており、多様なマイノリティが存在している状況について理解することが必要である。このような生徒に対して、中学校社会科地理的分野を中心とした教科横断型単元を設計し、実践を試みた[1]。

2-1　教科横断型単元設計についての各担当の思いやねらい

　まず、実践後に実施した実践に関わった教師・学校司書による座談会形式の省察から本単元のねらいについて論考する。主に「この実践をやろうと考えた契機は？」「この実践中に気を付けたこと・苦労したことは？」「この実践をやったことによる社会科・英語科・学校図書館それぞれの効果は？（各教科の課題とそれへの対応）」という三つの質問を中心に半構造化インタビューに近いかたちで省察をした。ここでは主に一つ目の質問に対する応答を分析する。

　教科横断型単元設計の思いやねらいについて、社会科担当の筆者は、「マジョリティの変容に向けたマイノリティの立場の経験」に重きを置いている。司書の村上氏は、この実践の「マイノリティの立場になることのおもしろさ」を感じ、学校図書館司書としてかかわろうという考えにいたっている。英語科担当の森教諭は、「ピクトグラムというトピックを深め、英語を実際の文脈で使う」ことをねらいにしようと考えていることがわかる。

　以上のように各担当の思いやねらいは立場によって異なる部分もあるが、日本に増えつつあるマイノリティと共生するためには、どうすればよいのかという現実的な問題に生徒を向き合わせることの重要性は共通している。

2-2　教科横断型単元の「テーマ」「問い」「ゴール」「単元の指導計画」

　2-1をふまえて、「逆向き設計」論[2]にもとづいて、設定した教科横断型単元の「テーマ」「問い」「ゴール」「単元の指導計画」を示し、次に「パフォーマンス課題」[3]「ルーブリック」[4]を示すこととする。

　「テーマ」は「ピクトグラムで多文化共生を考えよう――マジョリティの立場とマイノリティの立場の往還」である。概要としては、マジョリティの立

場からマイノリティを支援するためにピクトグラムを作成するまでと省察を社会科で実践し、マイノリティが母語で思考したことを日本語で表現できないことを想定して、日本語で思考し、作成したピクトグラムを英語でプレゼンするというロールプレイを英語科で実践した。次に「問い」は「あなたにとって多文化共生とは何か」である。この「問い」は、「本質的な問い（essential questions）」[5]であり、永続的に考え続けることが求められ、答えが一つではない問いである。「逆向き設計」論に基づいてカリキュラム設計を行う際には不可欠なものである。「ゴール」は、「日本にいる外国人児童・生徒が困っていることを考え、共生のためにピクトグラムを作成して英語で伝えよう」である。「あなたにとって多文化共生とは何か」という「問い」に応答するためにマジョリティの立場とマイノリティの立場の両方を体験することをゴールとしている。以上を表10-1に示す。

表10-1 教科横断型単元の指導計画

【テーマ】	「ピクトグラムで多文化共生を考えよう――マジョリティの立場とマイノリティの立場の往還」			
【問い】	「あなたにとって多文化共生とは何か」			
【ゴール】	「日本にいる外国人児童・生徒が困っていることを考え、共生のためにピクトグラムを作成して英語で伝えよう」			
時数	各本時のテーマ	問い	パフォーマンス	
第1時（社会科）	パフォーマンス課題：「ピクトグラムと英語で考える多文化共生」の概要	「普段の生活で必要なものは何か」「あなたにとって多文化共生とは何か」	パフォーマンス課題「ピクトグラムで多文化共生を考えよう――マジョリティの立場とマイノリティの立場の往還」の作成	
第2時（社会科）	世界の人口分布と変化	「人はなぜ移動するのか」「これからの日本の人口統計と日本にいる外国人児童・生徒の統計を比較して、これからの日本を予測すると何がわかるか」		
第3時（社会科）	日本の人口と人口問題、日本の過疎・過密問題	「日本の人口問題とは何か」「日本にはどれくらい外国人がいるのか、どのような課題があるのか」		
第4時（英語科）	前時に挙げた課題を選択し、その対応を英語で表現するための文法・語彙の確認	「外国人児童・生徒の困難へ対応するための支援としての英語表現とは何か」		

時数	各本時のテーマ	問い	パフォーマンス
第5時 (英語科)	ピクトグラムと英語での解説文づくり	「外国人児童・生徒に何を伝えるか」	
第6時 (英語科)	ピクトグラムを英語で伝えよう	「母語ではない英語でどのくらい伝えられるか」	
第7時 (英語科)	ピクトグラムを用いて、ロールプレイをしてみよう	「英語のシナリオをつくり、演じるとは」	
第8時 (社会科)	マジョリティの立場とマイノリティの立場で考えるこれからの日本	「あなたにとって多文化共生とは何か」	

3. 学習活動の展開——パフォーマンス課題とルーブリック

3-1 パフォーマンス課題とルーブリックの作成プロセス

　社会科が担当したのは、第1時〜第3時と第8時である。ここでは生徒の作品に関わる第1時とその時に提示したパフォーマンス課題、ルーブリックの作成プロセスについて論じる。また、第8時については、振り返りの手順を示し、「4、学びの軌跡」にて記述内容を分析する。

　第1時は、単元の導入にあたり、新聞記事の読み取りから1964年の東京オリンピックの際にはじめてピクトグラムが作成されたことに触れ、パフォーマンス課題とルーブリックの提示・解説を行った。パフォーマンス課題は、「問」「配点」「本課題の到達目標」「ピクトグラム作成のポイント」という4項目により示した。詳細を表10-2に示す。

表10-2　パフォーマンス課題の概要

問、近年、増加傾向にある外国人児童・生徒が普段の生活で困っていることを考え、その助けとなるようなピクトグラムを作成してみよう（マジョリティの立場）。また、その解説文を英語でつくり、他者に伝えてみよう（マイノリティの立場）。そして、マジョリティとマイノリティの両方の立場の経験をふり返って、「多文化共生とは何か」に応答してみよう。

<配点>
【社会科】「関心・意欲・態度」：「思考・判断・表現」＝6：6　点

第10章　ピクトグラムづくりを通した教科横断型多文化教育実践

<本課題の到達目標>
【社会科】
◆日本に外国人児童・生徒がたくさんいるということにその理由も含めて気づいている。その上で彼らにどのような支援が必要なのか、彼らが抱える困難はどのようなものなのかをロールプレイをすることで認識し、これからの日本の多文化共生について追究しようとしている。(関心・意欲・態度)
◆自分自身が普段の生活で必要なものは何かを再認識し、外国人児童・生徒が一番困っていることに迫り、ピクトグラムの作成というかたちで支援している。さらに、自分の考えを充分に伝えることができない英語でのプレゼンを通して、外国人児童・生徒の気持ちを理解し、これらを踏まえて「多文化共生」について自分の考えを表現できている。(思考・判断・表現)
<ピクトグラム作成のポイント>
〇普段の生活(衣食住や通学の移動、校舎内など)で目印にしているシンボル(言葉や看板など)を思い出して、その内容を誰にでもわかるような絵にしてみよう。
〇普段目にするピクトグラムでわかりにくいものを探し、外国人児童・生徒に対してわかりやすいものにつくりかえてみよう(「温泉のマーク」のように日本人にとっては当たり前でも外国人にとってはわかりにくいものなど)。
〇かたちだけでなく、色にも気をつけて考えてみよう(「トイレのマーク」「信号」など)。
〇外国人児童・生徒の母文化に配慮しよう(宗教独自のマークへの理解など)。

　このようにパフォーマンス課題の提示は、教師による生徒への働きかけを言語化したものであり、課題の手順・目標・評価の観点を生徒と共有できる点で効果的である。このような働きかけを踏まえて「4. 学びの軌跡」において生徒がどのような応答をしているのかを分析する。　次にルーブリックであるが、表10-2に示したように社会科の「評価の観点」のうち「社会的事象への関心・意欲・態度」「社会的な思考・判断・表現」の二つの観点でパフォーマンス課題を評価するために作成した。表10-3に社会科の本単元に該当する「評価の観点」、表10-4にパフォーマンス課題のルーブリックを示す。

表10-3　社会科の本単元に該当する「評価の観点」

社会的事象への関心・意欲・態度	社会的な思考・判断・表現	資料活用の技能	社会的事象についての知識・理解
世界と比べた日本の地域的特色に対する関心を高め、それを意欲的に追究し、とらえようとしている。	世界と比べた日本の地域的特色を、世界的規模や日本全体の視野から見た自然環境、人口、資源・エネルギーと産業、地域間の結び付きを基に多面的・多角的に考察し、その過程や結果を適切に表現している。	世界と比べた日本の地域的特色に関する様々な資料から、有用な情報を適切に選択して、読み取ったり図表などにまとめたりしている。	世界と比べた日本の地域的特色について、世界的規模や日本全体の視野から見た自然環境、人口、資源・エネルギーと産業、地域間の結び付きを理解し、その知識を身に付けている。

ルーブリックを作成する際に表10-3の「評価の観点」を次のように解釈した。「社会的事象への関心・意欲・態度」については、「世界と比べた日本の地域的特色」では、「人口」に着目する。特に日本の人口減少と労働者としての在留外国人の関係をつかみ、「外国人児童・生徒の困難」への関心を高め、「マジョリティとしての自覚」「マイノリティへの配慮」をピクトグラム作成を通して意欲的に追究する。　「社会的な思考・判断・表現」については、ピクトグラム作成を通して「マジョリティとマイノリティの両方の立場」から「多文化共生について深く考え、当事者意識を持って意見を表明する」ということを多面的・多角的に考察し、その過程や結果を適切に表現している。

　このルーブリックでピクトグラムの作品と振り返りシートを評価した。

表10-4　「ピクトグラムで多文化共生を考えよう」ルーブリック（評価基準表）満点のみ

スタンダード	記述語
12点	・さまざまな事情で日本に来ている外国人児童・生徒を理解し、自分にできることを考えながら支援するためにピクトグラムを作成している。それが、普段の生活に密着しており、外国人児童・生徒が抱える困難の助けになるものとなっている。ピクトグラムは、誰にでもわかるものとなっており、日本にいるマイノリティに対してユニバーサルデザインの役割を果たしている。日本におけるマジョリティとしての自覚を持ち、マイノリティを配慮できている（主に「関心・意欲・態度」）。 ・マジョリティとマイノリティの両方の立場を経験したことを踏まえて、「多文化共生」について深く考え、自分ごととして自らの意見を表明することができている（主に「思考・判断・表現」）。

3-2　社会科の本時案（第1・2・3時）

　第1時は、単元の導入にあたり、新聞記事の読み取りから1964年の東京オリンピックの際にはじめてピクトグラムが作成されたことに触れ、パフォーマンス課題とルーブリックの提示・解説を行った。

【第1時】

	学習内容・学習活動	指導上の留意点
導入 15分	○オリンピックとピクトグラム ・新聞記事の読み取り→1964年東京オリンピックの際にピクトグラムが開発され、著作権フリーで公開されたこと。2020年東京オリンピックに向けてピクトグラムが見直されていること。ピクトグラムが災害時の避難にも役立つようになったこと。ユニバーサルデザインとしてのピクトグラムが議論されていることなどの理解。	・読売新聞（2014/10/10付）「伝言 絵文字は『おもてなしの心』」 ・読売新聞（2016/01/13付）「外国人向け新地図記号」、読売新聞（2016/03/23付）「災害別避難所マーク」 ・読売新聞（2016/09/11付）「変更に慎重意見目立つ」
展開① 15分	Q、あなたにとって多文化共生とは何か？ ○パフォーマンス課題「ピクトグラムで多文化共生を考えよう——マジョリティの立場とマイノリティの立場の往還」概要。 ・ルーブリックに沿って課題を実施することの確認。	・「あなたにとって多文化共生とは何か」という問いに応答することが最終目標であることの共有
展開② 7分	○パフォーマンス課題をやるうえでの情報の取り扱いについて ・司書の村上さんから「情報の調べ方（本・雑誌、インターネットの両方）」「出典の示し方」について説明。	・情報活用能力については、専門家の学校司書による授業（協働）
まとめ 13分	Q、普段の生活で必要なものは何か？ ・ダイヤモンドランキングで応答。	

【第2時】

	学習内容・学習活動	指導上の留意点
導入 7分	○増え続ける世界の人口、かたよった人口分布 ・世界の総人口数、人口が増えている地域、人口密度などの概説。 ・世界の人口問題としての人口爆発・食料問題 →南北問題・南南問題。	・教科書をベースに端的に解説する。
展開① 5分	○移動をともなう人口問題 ・難民、少子高齢化・人口減少。←難民になってしまう理由や人口減少と移動の関係の確認。	・朝日新聞社（2016）『月刊ジュニアエラ』（6月号）なども参照。
展開② 30分	○資料「人はなぜ移動するのか」の読み取り ・「『自主的移動』について時系列にまとめよう」「『非自発的移動』について時系列にまとめよう」「グローバル化の中で、国境を越えて移動している理由について説明しよう」という三つのポイントから理解を深める。	・大津和子編（2014）『日韓中でつくる国際理解教育』明石書店
まとめ 8分	○これからの日本の人口統計と日本にいる外国人児童・生徒の人口統計を比較しよう。	・資料1：国土交通省国土計画局（2011）「『国土の長期展望』中間とりまとめ概要」における人口推移グラフ

	学習内容・学習活動	指導上の留意点
まとめ 8分	・「問、資料1と資料2を比較して、両者の関係性を読み解き、それぞれの人口推移からこれからの日本の方向性について予察しよう」→資料1では、日本の人口が今後さらに減少していくことが予測されているのに対して、資料2では、日本に在籍する外国人児童生徒数は増加している。したがって、人口減少を補うために外国から移民が来ており、今後も増えていくと予察できる。	・資料2：文部科学省初等中等教育局国際教育課（2011）「外国人児童生徒受入れの手引き」における「日本の学校に在籍する外国人児童生徒数の推移」

【第3時】

	学習内容・学習活動	指導上の留意点
導入 3分	○減少し始めた日本の人口 ・【第2時】の「まとめ」で扱った資料1を再確認。日本の総人口数や国勢調査。	・前時とのつながりを意識して解説する。
展開① 20分	○人口分布の特徴と変化（日本の過疎・過密問題） ・過疎・過密それぞれの特徴と問題点→村おこしの例などの理解。 ・人口ピラミッド：富士山型・つりがね型・つぼ型の見分け方。 ・少子高齢化の特徴と問題点→働く環境の変化（多様化）の理解（正規と非正規、パートタイム、フレックスタイム、ワークシェアリングなど）。 ・バリアフリー社会とユニバーサルデザインの原則。	・現代日本の人口問題とその対策について解説する。 ・人口ピラミッドは、教科書を用いて読み取り方を解説する。
展開② 25分	○在留外国人数の統計資料から考える多文化共生 ・「第1表、第1図から国籍・地域別の上位を占める国籍・地域の理由を考えよう」「1989年に改正された出入国管理法の影響を考えよう（『定住者』として3世までの日系ブラジル人とその家族を無制限に受け入れることを始める→ほとんどは工場労働者などブルーカラーとしての『出稼ぎ』）」「第3表および第4表、第3図から都道府県別の上位を占める都道府県の理由を考えよう。その際に1989年の改正にもとづいて考えてみよう」に注目して読み取る。 Q、外国人児童生徒が困っていることを挙げて、ピクトグラムを作成するためのテーマ・課題を決めよう（班活動）？ ・川崎市の多文化共生政策を参考事例としてあげる。→「ごみの出し方」「外国語医科診察マニュアル」「防災マップ」など。	・資料：「法務省報道発表資料の平成27年末における在留外国人数について（速報値）」 ・在留外国人について「国籍」「在留資格」「オールドカマーとニューカマー」「住む場所」などさまざま視点から考えるように促す。 ・具体的な課題をイメージできる事例をあげる。 ・「子ども」の視点を意識させる。
まとめ 2分	○班ごとに出た課題や意見を共有する。	

　第3時で実施した「外国人児童・生徒が困っている課題」についての班での話し合い活動で出てきたことをフィードバックし、共有した。そのポイントが表10-5である。

表10-5 班活動「外国人児童・生徒が困っている課題」フィードバック

●次の三つの視点から外国人児童・生徒が困っている課題にアプローチしてみよう！
◇「モノ」など：普段の生活で必要なモノや場所（駅・病院・飲食店など衣食住に関係するモノや場所など）
◇「感情表現・気持ちの表明」など：自分の感情や気持ちを表明できる選択肢（病気の際に症状を伝える、自分がやりたいことや嫌なことなどを伝える、わからないことを聞くなど）
◇「日本の文化・習慣・マナー」など：マジョリティである日本人が当たり前だと思っている文化・習慣・マナー、日本人が無意識に行っている言動（駅やバス停での整列、食べ物のための行列、交通ルール、室内に入る際に靴を脱いだり、室内履きに履き替える、日本の学校にだけある教室や習慣、あいさつ、ごみの分別、遊びのルール、箸の使い方のような食文化など）

これら三つのポイントを踏まえて生徒は「外国人児童・生徒が困っている課題」を自身で選択し、ピクトグラムを作成した。

4. 学びの軌跡

生徒の作品・省察の分析については、実践の中でマジョリティの立場とマイノリティの立場の両方を体験したことによって「多文化共生」についての見方・考え方がどのように変容したのかを中心に行う。そのため、作品を踏まえて振り返りシートのコメントを主に分析していく。第8時で使用した振り返りシートのフォーマットを表10-6に示す。

表10-6 振り返りシートのフォーマット

④深い振り返り	①応答のための振り返り
【ピクトグラムの実践の前後での自己変容】 【ピクトグラム実践による他者からの学び】	問1、外国人児童・生徒を支援する立場（マジョリティ）で「ピクトグラム」を作成できたか？ 問2、外国人児童・生徒に近い立場（マイノリティ）からすると「ピクトグラム」は役に立つか？ 問3、英語でプレゼンすることで、言語が使えないもどかしさを理解できたか？
⓪本質的で根源的な問い「あなたにとって多文化共生とは何か」	
コメント1（　　　　　） コメント2（　　　　　） コメント3（　　　　　）	問、本質的で根源的な問い「あなたにとって多文化共生とは何か」に応答しよう。その際、①の振り返りや「自分にとっての異質な文化」と出会うことを想定した「共生」とは何かを考えよう。
③回覧による他者からのコメント	②本質的で根源的な問いへの応答

4-1　生徒A——「靴を履き替えよう!!」

生徒Aの作品タイトルは、「靴を履き替えよう!!」である。以下にピクトグラムの作品、ピクトグラム作成のために選択した外国人児童・生徒が困っている課題、ピクトグラムに込められた想いの3点を示す。

＜ピクトグラム作成のために選択した外国人児童・生徒が困っている課題＞
「学校に入る際に靴を脱ぎ、室内履きに履き替えるという日本の習慣を知らない、分からない」
＜ピクトグラムに込められた想い＞
「『学校に入る際、外靴から室内履き替える』というアクションは、世界では少なく、日本独自に近い習慣です。また、日本人の私でさえ土足禁止のところに土足で入り、注意されたことがあるので、外国人はなおさら理解しにくいのではないかと考えました。多くの外国人がこの習慣について知り、学校の出入りで困ることが少なくなればいいなと思います」

次に振り返りシートの記述（抜粋）を示す。

振り返りシート：「あなたにとって多文化共生とは何か」への応答（抜粋）
②本質的で根源的な問いへの応答
　私は「多文化共生」とはマジョリティとマイノリティの溝がなくなることだと思う。日本に近年外国人が増加し、マイノリティの存在を無視できない状況になっているし、また私も近々マイノリティに触れることがあると思う。その時、マジョリティ・マイノリティがそれぞれ何もしなくては溝があるままだ。なので、マジョリティもマイノリティもお互いの文化を知り、理解しあうことが、間にある溝をなくし、お互い過ごしやすくする、つまり「多文化共生」につながると思う。
④深い振り返り
【ピクトグラムの実践の前後での自己変容】
　ピクトグラム実践前は、マイノリティの人たちを見て見ぬふり、つまり知ろうとしていなかった。しかしピクトグラム作成の際にマイノリティが困っていること、またマジョリティが当たり前としていることを考え、ピクトグラム発表の際に、実際にマイノリティの存在を意識できるようになったと思う。

【ピクトグラム実践による他者からの学び】
　様々なピクトグラムを見て、ピクトグラムは必要性・普遍性が重要だと思った。また、マイノリティがマジョリティを理解するのはとても難しいということも分かった。

　生徒Aは、実践前には「マイノリティの人たちを見て見ぬふり、つまり知ろうとしていなかった」が、実践後には「マイノリティが困っていること、またマジョリティが当たり前としていることを考え、ピクトグラム発表の際に、実際にマイノリティの存在を意識できるようになった」と省察している。このような変容は、「あなたにとって多文化共生とは何か」への応答の「マジョリティ・マイノリティがそれぞれ何もしなくては溝があるままだ。なので、マジョリティもマイノリティもお互いの文化を知り、理解しあうことが、間にある溝をなくし、お互い過ごしやすくする」から読み取れる。

4–2　生徒B ——「病院の案内」

　生徒Bの作品タイトルは、「病院の案内」である。以下にピクトグラムの作品、ピクトグラム作成のために選択した外国人児童・生徒が困っている課題、ピクトグラムに込められた想いの3点を示す。
　次に振り返りシートの記述（抜粋）を示す。

＜ピクトグラム作成のために選択した外国人児童・生徒が困っている課題＞
「病院でどの専門科に行ったら良いかが分からない」
＜ピクトグラムに込められた想い＞
「日本には病院の中にも様々な種類に分けられて、専門科というものができている。病院といっても一つの専門科しか取り扱っていない所、反対に多くの専門科を取り扱っている所があるが、地図上では病院としか明記されず、また外国語で明記されていてもその言語に対応できない人もいるはず。その場合、外国人児童・生徒が病院に行かなければならない場合になっても正しい対処ができない。だからこそ、言語ではなく誰にでも分かるピクトグラムを使用することで外国人でも不自由せずに病院を利用することができると思う」

振り返りシート:「あなたにとって多文化共生とは何か」への応答(抜粋)
②本質的で根源的な問いへの応答
　私にとって「多文化共生」とは1人1人がもつ文化を誰かに抑えさせられることなく理解し合った上で協力して生きていけるということだと思う。今回、ピクトグラムを作成する上でマジョリティとマイノリティの立場を考え、双方の視点をふまえていかにマジョリティもマイノリティも理解できるものを作るかということの大切さを知った。異質な文化があることで対立してしまう可能性もある。そんな中でお互いがお互いについて深く知り、どう行動していくのか、自分は相手に何ができるのかを考え、実践していくというピクトグラムを作成するときに行った行為はとても重要で「共生」という言葉があらわしていることだと思った。「多文化共生」はこれからグローバル化していくためには、必要不可欠であり、また私達が変化しなければいけないことを示している。自分の文化を押しつける「マジョリティ」のままではいけない、「マイノリティ」と時には譲歩し合いながら、自分達も「マイノリティ」のために変化しながら「マイノリティ」と向き合い「共生」していくことで「多文化共生」の社会へと変化していくだろう。
④深い振り返り
【ピクトグラムの実践の前後での自己変容】
　「ピクトグラム」作成を通じて自分がいかにマイノリティの存在を無視していたかを知ることができた。マジョリティの視点をあらためて考えることで自分達がしなければいけないことを再発見し、マイノリティの視点をあらためて考えることでマイノリティの苦労、日本で生きることの難しさを知った。今までは「マジョリティ」「マイノリティ」の言葉すら知らず、外国の子どもの苦労なんて知ろうともしなかったが、「ピクトグラム」という「多文化共生」につながる手段を知り、自分で考え作成することで異質な文化をより身近に感じた。また、私が住む駅の近くの商店街には外国人が集まるセンターがあり、駅にはたくさんの外国人が居る。今まではただその事実を知っていただけだったが、これを学んだ今、そのセンターへ行って外国人と触れ合おうという意識も出てきた。
【ピクトグラム実践による他者からの学び】
　班の発表(英語)ではそれぞれが考えた「ピクトグラム」やそれをなぜ作成したのか、それによって何が変わるのか、どこで使われるのかを詳しく説明しており、様々な「マイノリティ」の姿を知るとともに自分達「マジョリティ」が考えたことは本当に「マイノリティ」が必要としていることなのかどうかを考え、「マジョリティ」が「マイノリティ」の手助けをするには「マジョリティ」が「マイノリティ」がもつ異質な文化を理解することが必要不可欠であると気づいた。

◆中学校における実践

生徒Bは、実践前は「『マジョリティ』『マイノリティ』の言葉すら知らず、外国の子どもの苦労なんて知ろうともしなかった」が、実践後には「『ピクトグラム』という『多文化共生』につながる手段を知り、自分で考え作成することで異質な文化をより身近に感じた」「外国人と触れ合おうという意識も出てきた」と省察している。このような変容は、「あなたにとって多文化共生とは何か」への応答の「ピクトグラムを作成する上でマジョリティとマイノリティの立場を考え、双方の視点をふまえていかにマジョリティもマイノリティも理解できるものを作るかということの大切さを知った」「自分の文化を押しつける『マジョリティ』のままではいけない、『マイノリティ』と時には譲歩し合いながら、自分達も『マイノリティ』のために変化しながら『マイノリティ』と向き合い『共生』していくことで『多文化共生』の社会へと変化していく」から読み取れる。

4-3　生徒C ──「自分自身を学ぼう!!」

　生徒Cの作品タイトルは、「自分自身を学ぼう!!」である。以下にピクトグラムの作品、ピクトグラム作成のために選択した外国人児童・生徒が困っている課題、ピクトグラムに込められた想いの3点を示す。

＜ピクトグラム作成のために選択した外国人児童・生徒が困っている課題＞
　「地震が起きた時、どのように行動するか？」
＜ピクトグラムに込められた想い＞
　「日本は、環太平洋造山帯に属しており、特に地震が多い国である。だが、来日した外国人は地震を体験したことがないかもしれない。自分自身を守るために、地震が起きた時の逃げる手順を表している」

　次に振り返りシートの記述（抜粋）を示す。

振り返りシート：「あなたにとって多文化共生とは何か」への応答（抜粋）
②本質的で根源的な問いへの応答
　多文化共生とはただ一緒に生活するということではなく、外国から来た人たちが、日本で、困ることなく暮らせて、私たちも今まで通り困ることなく暮らせるということだと思う。そう考えてみると共生は簡単なことではない。なぜなら、文化が日本人と外国人では違う所が必ずあるからだ。だからといって、その異質な文化をつぶすのではなく、互いに尊重し合いながら生活していくべきだと思う。そのために、外国人が困ることがないように外国人の文化を前もって理解し、そのために私たちがなにをすることができるのかを考え、応用をきかせる必要があると考える。
④深い振り返り
【ピクトグラムの実践の前後での自己変容】
　ピクトグラムの実践の前では、外国人生徒が困っているということすらあまり知らなかったが、ピクトグラムの実践後では、多文化というものを意識し、外国人がどのような所で困っていて、それを解決するためには何をしたらよいかなどを考えられるようになった。文化の違いを知っていくと、多文化共生というものは、簡単にできることではないが、多文化共生がうまくいけば、外国人生徒のことをもっと歓迎し、その外国人と日本人が一緒にいる機会がもっと増えると思う。
【ピクトグラム実践による他者からの学び】
　ピクトグラム実践により、外国人生徒に対する画一的な考えが、他者の意見を聞くことで、感心が深まり、色々な考えが生まれてきた。たとえば、外国人が困っていることとしては、「言語」が通じれば、なにもかもが解決すると思っていたが、そうではなく、文化の違いがあるので、どうしても解決できないこともあるということがわかった。

　生徒Cは、実践前は「外国人生徒が困っているということすらあまり知らなかった」が、実践後には「多文化というものを意識し、外国人がどのような所で困っていて、それを解決するためには何をしたらよいかなどを考えられるようになった」と省察している。このような変容は、「あなたにとって多文化共生とは何か」への応答の「多文化共生とはただ一緒に生活するということではなく、外国から来た人たちが、日本で、困ることなく暮らせて、私たちも今まで通り困ることなく暮らせるということだと思う。そう考えてみると共生は

簡単なことではない。なぜなら、文化が日本人と外国人では違う所が必ずあるからだ。だからといって、その異質な文化をつぶすのではなく、互いに尊重し合いながら生活していくべきだと思う」から読み取れる。

5. 新たな実践に向けて

　本章では、マジョリティの意識（価値）変革を目指した単元設計と授業実践の分析を通して、日本人生徒が意識を変容させることの意義を明らかにした。マジョリティの立場でマイノリティであるニューカマーの生徒を想定したピクトグラムづくりとマイノリティの立場をシミュレーションすることをねらった英語でのプレゼンテーションを通して、生徒たちに日本国内にマイノリティが存在していることへの気づきが見られ、マジョリティの意識（価値）についてメタ認知をし、そのあり方をとらえ直す契機となった。

　しかしながら、本章で明らかにしたことは、多文化共生へ向けたプロセスの一部である。ピクトグラムという方法は、マイノリティ支援に役立つものであるが、一方で日本社会への同化を促す装置にもなりうる。ピクトグラムがマジョリティの枠組みでつくられた場合には、配慮の中身が不適切であったり、勘違いや思い込み（間違った配慮）につながる場合も想定される。そのような展開にしないために今後は発達段階を考慮しつつ、マジョリティとマイノリティの関係性を組み替えていくことにどのように迫っていくべきかが課題となる。そこで示唆的なのが、「公正（エクイティ）」という概念である。川﨑誠司の実践研究（川﨑, 2012）では、「公正（エクイティ）」という概念を中心に多文化教育の重要性を指摘しており、さらに「それが進展するに連れて、マイノリティへのケアが手厚くなる一方で今度はマジョリティへのケアが手薄になり、時にはマイノリティとマジョリティの有利不利の関係が逆転したりもする。このパラドックスを調整する働きをもつのが『コンプリヘンシブ』という概念である」（川﨑, 2012: 21）と指摘している。以上のようにマイノリティの立場や視点だけではなく、特に日本の学校教育においてはマジョリティに目線を移すことがこれからの多文化教育の実践には求められる。

　このような実践を積み重ねるためには、カリキュラムマネジメントが重要となる。ある学年の一単元だけではなく、校種や学年を越境した一貫したマジョ

リティの意識（価値）変革を目指したカリキュラムデザインが求められることになるだろう。そのためにマクロの視点とミクロの視点を組み合わせながら多文化教育実践研究を進めることは重要である。

《注》
1) 社会科は筆者、英語科は森美穂教諭、学校図書館司書は村上恭子氏が担当した。
2) 理解をもたらすために「第1段階：求められている結果を明確にする」「第2段階：承認できる証拠を決定する」「第3段階：学習経験と指導を計画する」という順序で単元設計をするカリキュラム理論（ウィギンズ／マクタイ，2012）。
3) 「本質的な問い」への応答を求めるための課題。単元中で習得した知識・スキルを設定されたある文脈において活用できるかどうかを評価するために実施する。
4) パフォーマンス課題を評価するための評価規準表。数レベルの尺度（スタンダード）とそれぞれのレベルの特徴を示した記述語からなる。
5) 単元の中で重視される概念に対して、どのように理解しているかを表現させるための問いのこと（ウィギンズ／マクタイ，2012）。本章での単元では「多文化共生」が概念にあたる。

【引用文献】
川﨑誠司（2012）「アメリカにおける多文化教育の理論と実践――公正な社会的判断力をどう育てるか」日本社会科教育学会『社会科教育研究』No.116, 13-24頁。
G. ウィギンズ・J. マクタイ著、西岡加名恵訳（2012）『理解をもたらすカリキュラム設計――「逆向き設計」の理論と方法』日本標準。
田渕五十生（2012）「マイノリティの子どもたちの組織化と保護者との連携――多文化教育の可能性をもとめて」日本社会科教育学会『社会科教育研究』No.116, 25-34頁。
千葉誠治（2012）「アイヌ民族に関わる学習（歴史・文化）から見えてきた多文化教育視点」日本社会科教育学会『社会科教育研究』No.116。
中山京子（2012）「社会科における多文化教育の再構築――ポストコロニアルの視点から先住民学習を考える」日本社会科教育学会『社会科教育研究』No.116, 35-45頁。
松尾知明（2013）「日本における多文化教育の構築――教育のユニバーサルデザインに向けて」松尾知明編著『多文化教育をデザインする――移民時代のモデル構築』勁草書房, 3-24頁。
森茂岳雄（2013）「多文化教育のカリキュラム・デザイン――日本人性の脱構築に向けて」松尾知明編著『多文化教育をデザインする――移民時代のモデル構築』勁草書房, 87-106頁。

第11章

政策づくりから多文化共生都市を考える地理授業実践

中澤 純一

1. 実践の背景

　今日、グローバル化の進展に伴い、社会的・経済的にも国家の垣根を越え世界規模で結びつきが深まっている。一方、グローバル化の進展と連動して多文化化も進展している。多様化する世界の中で、異なる文化をもつ人々が、互いの文化や価値観の違いを認め合い、尊重し対等な関係を築き、より良い社会を目指す「多文化共生」は今後さらに重要な課題となってくる。

　1990年の出入国管理および難民認定法の改正により、日系人に対する在留資格が大幅に緩和され、出稼ぎとして来日する南米出身の外国人をはじめとしたニューカマーの増加をはじめ、日本の公立学校では、南米出身の日系人やフィリピン、中国、ベトナムなど、児童生徒の多国籍化、多文化化が進展している。筆者の勤務校のある浜松市の場合、2018年12月現在、全人口は804,780人であり、そのうち外国人登録者数は、合計24,336人である（浜松国際交流協会, 2019）。外国人登録者数は、総人口の約3.02%を占めており、その中でも外国人登録者数においてブラジル、ペルーの国籍を有する南米系外国人の割合は、5割弱を占めている。また、公立小中学校に在籍する外国籍児童生徒数は、小学校1,186人、中学校541人、計1,727人で、ブラジル、ペルーの南米系外国人がおよそ6割を占めている。さらに、学校別の在籍人数を眺めると、市内146小中学校（分校2校を含む）の83.6%にあたる122校に外国籍児童生徒が在籍している（浜松市教育委員会, 2018）。浜松市内の小中学校において、外国籍の児童生徒が通うことは今や珍しいことではない。また、日本国籍の中

にも外国にルーツをもつ児童生徒が多くいる。ニューカマーを中心に定住化が進む中、日本で生まれた次世代の児童生徒が増加している。故に、公立小中学校に通う日本人児童生徒、外国籍児童生徒ともに、学校生活を通し、教室や学校の中で文化の多様性や差異性について身近に感じる環境である。両者ともに、多文化共生社会を構成する一員として育成していくことが、学校教育に求められている。

　一方、2017年3月に新学習指導要領が告示された。『中学校学習指導要領解説（社会編）』において地理的分野の学習内容として、「C 日本の様々な地域」の中に「(4) 地域の在り方」が新設され、「ア-（ア）地域の実態や課題解決のための取組を理解すること」「ア-（イ）地域的な課題の解決に向けて考察、構想したことを適切に説明、議論まとめる手法について理解すること」「イ-（ア）地域の在り方を、地域の結び付きや地域の変容、持続可能性などに着目し、そこで見られる地理的な課題について多面的・多角的に考察、構想し、表現すること」（文部科学省, 2018: 71）が明記された。ここで言う「地域の課題」とは、新学習指導要領の内容の取扱いにも示されているように、生徒自身が具体的な地域の在り方を考察できるように、各学校が適切な規模の地域を設定し、相応する課題を取り上げることを示している。さらに、「世界と日本の様々な地域を学習した後に位置付けることで、既習の知識、概念や技能を生かすとともに、地域の課題を見いだし考察するなどの社会参画の視点を取り入れた探究的な地理的分野の学習のまとめとして行うことが必要である」（文部科学省, 2018: 72）と示唆している。そこで新学習指導要領の内容や現行の教科書の単元を参照しながら、多文化共生を主題とした授業を構想することは「地域の課題」に則した内容であると考える。また新多文化共生都市ビジョンを作成することは、社会参画の視点を取り入れることとも結びつく。

　総務省は2006年3月に策定した「地域における多文化共生推進プラン」、「多文化共生の推進に関する研究会報告書」などを基に、地方公共団体に対し地域の実情と特性を前提とし、地域における多文化共生の推進を計画的かつ総合的に実施するよう求めている。全国的に多くの自治体で多文化共生推進プランが策定されている。浜松市も2001年に「浜松市世界都市ビジョン」を策定し、「共生」、「交流・協力」、「発信」の各分野での施策を推進してきた。さらに2011年に「浜松市多文化共生都市ビジョン」（以下、都市ビジョンと表記）を

策定した。浜松市は、都市ビジョンが示す将来像として「相互の理解と尊重のもと、創造と成長を続ける、ともに築く多文化共生都市」(浜松市, 2011: 15) を示している。まさに、外国人集住都市会議の加盟自治体でもある浜松市にとって、多文化共生は浜松市の地域の課題の一つである。

中学生を対象とした多文化共生社会における地域の課題を取り上げた先行実践の研究としては、中学3年生を対象とし、将来の多文化社会に向け「埼玉県多文化共生推進プラン」の修正案を生徒が作成し、地域の課題や解決策を県の国際課や国際交流協会に提案し、社会参画の態度を養う公民的分野の授業実践を提示した島村の研究(2016)、中学生を対象とし地理、歴史、公民的分野での活用を想定し、地域の課題として在日外国人問題の学習に主眼を置き、多民族と共存・共生していく意識を育むことに追究した中村の研究(2002)がある。これらの研究は、中学生を対象とした実践研究であり、先行研究として授業づくりの有用な視点を提供してくれている。島村の実践は、多文化共生推進プランから生徒が新プランを創造し、地方自治への社会参画を促すことができている。しかし、島村の研究は、公民的分野の民主政治と政治参加における、地方公共団体の政治についての実践である。本研究では、浜松市の人口や都市、産業などの地域的な課題を起因とし、多文化共生都市ビジョンに焦点をあて、地域の結び付きや地域の変容、持続可能性などについて地理的な側面から多文化共生について多面的・多角的に考察、構想し、新都市ビジョンの提案という形で表現する点で島村の研究とは異なる。また、中村の実践は、地理、歴史、公民的分野の三分野での活用を想定しているが、学習内容の提案に留まっており、生徒の学びの軌跡や記録は示されていない。

以上を踏まえ本研究では、中学2年生を対象とする社会科地理的分野において「多文化共生都市ビジョン」に焦点をあてた単元開発を行い、①地域の多文化共生社会の在り方を、地域の結び付きや変容、持続可能性などに眼目した授業構想はどうあるべきか、②生徒一人ひとりに多様性を理解させるためにはどうすればよいか、③生徒が地域社会の一員として認識し、多文化共生社会を作り出す人員として意識を高める授業展開はどうあるべきかを明らかにすることを目的とする。

2. 単元の概要

2-1 総合的な学習の時間の実践から社会科地理的分野の実践へ

　森茂は、日本の学校において多文化カリキュラムを開発する際、以下の二つの実践可能性を挙げている。「(1) 総合的な学習の時間のように教科や領域の枠にとらわれないテーマを設定して学年・学期を通した特設の多文化カリキュラムをデザインする方法、(2) 学習指導要領に示された各教科、領域における既存の学習内容に多文化教育の視点を加えたり、その視点から再構成する方法（発展学習の可能性も含む）」（森茂, 2013: 99）である。(1) は、主に総合的な学習の時間の活用を想定しており、場合によっては教科とも関連付けながら構想するものとしているが、すべての学校で取り組むことを期待するのは難しいと示している。他方、(2) は現行の教科の学習内容に関連づけ、あるいは既存の学習内容を深化・発展させ構想することで実践の可能性が高いと述べている。

　筆者は本社会科単元を実践する前に、実践対象となる中学2年生の総合的な学習の時間において単元「より良い多文化共生社会の未来を築くために」の実践を行った。本単元は、森茂の(1) の教科や領域の枠にとらわれない独自の多文化カリキュラムの開発をめざした。本単元では「多様性」「社会的な特権」「脱構築」などの内容を包含し、「多文化共生」に焦点をあてた単元の開発と実践であった。単元目標は以下のように設定した。一つは「日本人であるか否かの定義にも多種多様な解釈があることに気づく」（多様性）である。二つは、「一つの社会において、マジョリティのものの見方や価値観によって、暗黙の内に社会的基盤を形成し、マジョリティの社会的な特権に繋がっていることに認識を促す」（社会的な特権）である。三つは「多文化共生社会において、一人ひとりの多様性を理解し、マジョリティとマイノリティの間に、無意識の力関係が存在していることに気付き、その打開策を考える」（脱構築）である。単元構想は以下の通りである。

◆中学校における実践

2-2　総合的な学習の時間における単元構想

1 単元名（対象学年）	より良い多文化共生社会の未来を築くために（2年生）
2 実施期間と総時数	2017年6月〜7月　全9時間
3 教科領域	総合的な学習の時間

4 学習活動の展開

次／時	主な学習活動（○は教師の発問、・は生徒の活動を示す）	資料・留意点
1次 2時間	わたしとあなたの瞳の色は!? ○私たちの瞳の色は何色でしょうか。 ・日本人の瞳の欄に、日本人の瞳の色をイメージして、色鉛筆で色をつけ描く。 ・わたしの瞳の欄に、自分の瞳を鏡で観察しながら、色鉛筆で色をつけ描く。 ・ペアー間で描いた瞳を共有した後、全体で描いて気づいたことを発表する。	・基本的に、人の眼は24種類に分けることができ、日本人に多いのは4種類のこげ茶色の瞳であることを伝える。また、辞書では、日本人について色彩は黒褐色であると書かれていることを説明する。
2次 2時間	日本人とは何か!? ○日本人とはどう言うヒトのことを言うのでしょうか。 ・各自がイメージする日本人像を1文又は単語で書き出す。 ○カードを見て日本人と外国人に分けてみましょう。 ・各班に9枚のカードを配り、カードに描かれた人物の写真を見て、日本人と外国人に分ける。 ・カードを裏返し、人物の情報から日本人と外国人に分ける。また、そのように分けた理由をワークシートに記入する。 ○川田ユキオ先生の話を聞いてみましょう。 ・日系ブラジル人の学生の話を聞き、感想をワークシートに記入する。	・日本人について考える上で、生徒自身の根底にある日本人像を列挙させ、整理し、それらを基に日本人の定義について考えさせる。 ・表面には人物の写真、裏面には人物の出身地、家族構成、ルーツ、職業などを記している。 ・見た目の違いだけで、容易に分類することはできず、日本人か外国人かは、各々のアイデンティティに起因していることに気づかせる。
3次 2時間	わたしとあなたの文化 ○日本では、日本とブラジルの母の日に共通することはなんでしょうか。 ・行動のピラミッドに、日本とブラジルの母の日に何を送り、そのためにどのような行動をし、なぜそのようなことをするのか書き出す。 ○文化には具体的にどのようなものが考えられますか。 ・1付箋につき1項目書き出し各班で共有し、目に見える文化と目に見えない文化に分類する。	・日本では、カーネーションを送ることが多いが、ブラジルでは、電化製品を送る人が多い。送る物が違っても、母親に対する感謝の気持ちがあり、通底していることを気づかせる。 ・表層的な文化と深層的な文化、表層的理解と深層的理解について理解を深める。
4次 3時間	だれもが多数派&少数派 ○右利きと左利きについて考えましょう。 ・利き手とは違う手で、箸で小豆をつかんだり、はさみで切ったりする。 ・駅の改札口の写真から、右利きが優位な社会であることを考える。 ○様々な少数派の呼称に対して、多数派は何という呼称がついているでしょうか。 ・左利き―右利き、同性愛者―異性愛者のように対義語を書き出す。 ○性別や障がいの有無にかかわらず、誰でも使えるトイレについて考えましょう。 ・愛媛県A中学校生徒会の事例を基に、性的少数者であるLGBTの生徒も使えるトイレについて話し合う。	・利き手を具体的に、多数派である右利き優位な社会と少数派は利き手を意識する社会構造にあることに気づかせる。 ・多数派と少数派の非対称的な関係を生み出していることを考える。 ・愛媛県A中学校の「思いやりトイレ」を基に、性的少数者であるLGBTの人々に限らず誰もが使えるトイレを考え、打開策を考える力を養う。

実践を通して見えた成果として次の3点が挙げられる。一つは、マジョリティの側面から日本人性を起点とし差異を眺めることで、「多様性」を観取させることができた。二つは、生徒の身近な事例を取り上げることで、マジョリティの「社会的な特権」についての認識が促された。三つは、マイノリティが生きやすい「脱構築」した社会を構成するためには、生徒の自尊感情を高め、打開策を考える機会を採納することができた。一方、マジョリティの「社会的な特権」によりマイノリティの社会参画が制限され、その打開策まで具体的に考えることができなかった生徒がみられた。ゆえに、マジョリティの特権に対する「脱構築」をより意識した単元開発の必要性を痛感した。そこで本研究は、総合的な学習の時間での実践を土台とし、森茂の（2）に着眼し既存の教科内容の発展学習を意図した実践を試みた。

　一方、地理的分野において多文化共生について学ぶ単元の例示として、世界の諸地域・オセアニア州が挙げられる。オセアニアの社会の支配と移民の歴史を取り上げ、歴史的にイギリスの影響が強かったオーストラリアは、イギリス以外のヨーロッパやアジア各地からの移民が増加したことで、様々な文化を互いに尊重し合う多文化社会へ変化を遂げ、オセアニアにおける多文化社会への歩みを学ぶことができる。また同じく、日本の諸地域・関東地方では発展学習として、群馬県大泉町を例に挙げ、日本に住む外国人の数が増加していることに触れ、多文化共生を目指したまちづくりについて学ぶことができる。さらに教科書には、浜松市や豊田市も記載されている。（谷内ほか, 2015: 104-105; 238）世界と日本の様々な地域を学習する中で、筆者の勤務校の生徒は、南アメリカ州の学習を通し、ブラジルやペルーなどの日系人との繋がり、中部地方とりわけ浜松市における多文化共生への取り組みに対して強い興味・関心を示す傾向にある。換言すれば、生徒が生活の基盤としている浜松市という身近な地域が抱えている多文化共生の課題を見いだし、その地域の課題に対して解決策を多面的・多角的に考察、構想し、表現する授業実践が可能であると考えた。

2-3　地域社会の多文化共生社会を創造する生徒の育成

　多文化化する社会を生徒が生きていく中で、多様な文化的背景をもつ人々と豊かに共に生きるための心を培い、共に生きる社会を築いていくことは明瞭なことである。しかし、時には地域社会の中でマイノリティの人々が文化的な差

異や習慣の違いから排除され、マイノリティと対等な関係を築きにくいことがある。森茂は、多文化教育の目標の一つに「差別の軽減や異文化間の平和的共存といった学習内容が含まれており、グローバルな問題をローカルな視点から考えられる学習を提供してくれる」（森茂, 2010: 65）と示唆している。身近な地域社会や学校には様々な文化的背景をもつ人々が既存している。故に多様性への理解と共生は、生徒にとって地域的な学習課題の一つである。さらに、生徒にとって地域社会の一員としての自覚を促す機会となる。

2-4　地理的分野としての授業構想

池野は今までの学校教育は構成員教育であったと示し、「構成員教育とは、メンバーシップの教育のこと、家族、地域社会、市民社会、国家（社会）、世界（社会）、学校、会社、役所、諸団体など、いずれの社会のメンバーをその社会の一員にするとともに、その社会を作り出す人員として育てることである」（池野, 2014: 2）と述べている。つまり、生徒一人ひとりは地域社会の一員であり、多文化共生社会の基因であることを自覚し、社会を創造し変革していく素養を高める生徒の育成は重要である。そこで、生徒が地域社会の一員として認識し、多文化共生社会を作り出す人員として行動を促す授業の展開が主要である。以上から「地域の多文化共生社会に着目した授業構想」「多様性への理解」「多文化共生社会を創造する生徒の育成」の内容を包含し、「多文化共生都市ビジョン」に焦点をあてた単元開発を構想した。

本単元は、中学２年生「社会科地理的分野」における「世界の様々な地域」および「日本の様々な地域」の学習後に、独自単元として設定した。また、「日本の様々な地域」を学ぶにあたり、①自然環境、②人口、③資源・エネルギーと産業、④交通・通信までの４項目を取り上げ、分布や地域などに着目し、課題を追究し解決する力を養うことが学習指導要領に示されている。特に、地域区分を踏まえ４項目について、日本の特色を大観し理解することが求められる。そこで、俯瞰的に日本の諸地域について学んだ後、身近な地域の実態や課題解決に向けた活動を設けることは意義深いと考える。特に、都市ビジョンを取り上げることは、４項目にある②人口および③資源・エネルギーと産業（特に、産業）の発展的な学習と関連付けることができる。

そこで、筆者の勤務校のある浜松市を対象地域とし、浜松市における多文化

共生の課題の解決に向け、地域社会の一員として何ができるのか考察、構想し、「新浜松市多文化共生都市ビジョン」を表現する単元として設定した。

3. 学習活動の展開

単元の指導計画と学習活動の展開は、以下の通りである。

1 単元名 (対象学年)	より良い多文化共生社会の浜松を築くために (2年生)
2 実施期間と総時数	2018年1月～2月 全13時間
3 教科領域	社会科 (地理的分野)

4 単元目標
○浜松市の多文化共生社会の在り方や結び付き、持続可能性などに対する関心を高め、国籍や民族などの視点から「多様性」について考え、多文化共生社会を創造する態度を身に付ける。【関心・意欲・態度】
○「多文化共生都市ビジョン」を手がかりとして、地域の変容について多面的・多角的に考察、構想し、表現する。【思考・判断・表現】
○「多文化共生都市ビジョン」に関する資料から、有用な情報を適切に選択して、効果的に活用することができる。【技能】
○浜松市には、多くの外国籍の人々が居住しており、多文化的なまちであることを理解する。【知識・理解】

5 学習活動の展開

次/時	主な学習活動 (○は教師の発問、・は生徒の活動を示す)	資料・留意点 (【 】は新学習指導要領との関連性)
1次 3時間	孤独なツバメたち――デカセギの子どもに生まれて ○ 浜松市の外国人登録者数の割合について考えてみましょう。 ・割合的に、ブラジル、フィリピン、中国、ベトナム、ペルー、韓国、インドネシア、そのほかの順であることに気づく。 ○日系ブラジル人の歴史的背景と現在について考えてみましょう。 ・1900年初頭に日本人がブラジルへ渡った背景を知る。 ・1990年の入管法の改正により、多くの日系ブラジル人が日本へ定住したことを考える。 ・多くの日系ブラジル人が自動車工場などで勤務していることを知る。 ○「孤独なツバメたち」の概要を説明する。 ・印象に残ったことをワークシートに記述する。 ○孤独なツバメたちを鑑賞し、日系の若者の抱える思いや様々な課題を解決するために、私たちが出来ることについて考えましょう。 ・DVD鑑賞を通して感じたことを、日系の若者の抱える思いや様々な課題を解決するために私たちが出来ることを中心に記述する。 ・ペア間で感想を共有した後、全体で気づいたことを発表する。	・浜松市における外国人登録者数の傾向として、南米系外国人の割合が高いことに気づかせる。 ・最初の移民船である「笠戸丸」の写真を示し、日本人がブラジルに渡った経緯や理由を示す。 ・入管法の改正により、在留資格が創設 (定住者) されたことを説明する。 ・日系ブラジル人は群馬、静岡、愛知、岐阜、三重、滋賀に多く住み、静岡県でも浜松市に集住していることを示す。 ・「孤独なツバメたち――デカセギの子どもに生まれて」(津村ほか、2013) の鑑賞後に、感想の記述および共有の時間を設けた。 【地理:2-C-(4)-ア-(ア)】
2次 2時間	「多文化共生都市ビジョン」って何!? ○多文化共生都市ビジョンの内容を読んでみましょう。 ・班ごとに、都市ビジョンの実施計画を読み解く。	・都市ビジョンの中で分からない個所や疑問に思う点など、マーカーで下線を付ける。

第11章 政策づくりから多文化共生都市を考える地理授業実践

次／時	主な学習活動（○は教師の発問、・は生徒の活動を示す）	資料・留意点 （【　】は新学習指導要領との関連性）
2次 2時間	・実施計画の内容を全体で共有する。 ○実施計画の内容に関して、浜松国際交流協会の職員の方に質問したいことを書き出しましょう。 ・班で話し合い、実施計画を読んで分からなかった点、より具体的に知りたい点を中心に質問項目を五つ書き出す。 ・各班の質問項目を全体で共有する。	・3次で専門家を招くことから、都市ビジョンを読む中で分からなかった点や、より具体的に知りたい点を中心に考えさせる。 【地理：2-C-（4）-イ-（ア）】
3次 2時間	浜松市の「多文化共生都市ビジョン」に対する取り組み ○浜松国際交流協会の松岡真理恵先生から、都市ビジョンの施策体系の三つの分野について、この5年の取り組みの成果について紹介して頂きましょう。 ・松岡氏から浜松市における「多文化共生」の概念および具体的な取り組みを聞き、ワークシートに記述する。 ○班の質問事項に関して、松岡先生に質問をしましょう。 ・2次で考えた班ごとの質問事項について松岡氏に質問する。	・松岡氏には、三つの分野（協働・創造・安心）を中心に講話をしてもらう。 ・2次で出た班の質問事項を、松岡氏には事前に示し、浜松市の具体的な取り組みと共に助言やアドバイスを頂く。 【地理：2-C-（4）-ア-（イ）】
4次 4時間	「新多文化共生都市ビジョン」を考えよう ○『浜松市多文化共生都市ビジョン』をより良いものにするためには、どのようなことが求められるのか考えましょう。 ・マンダラートを活用し、①班ごとに都市ビジョンをより良いものにするための具体的な取り組みを八つ書き出す。②八つを各自が担当し、取り組みを実現するための手段をそれぞれマンダラートに書き出す。 ○各班で完成させたマンダラートを基に、「新多文化共生都市ビジョン」をまとめましょう。 ・班で話し合いながら、模造紙に各班の都市ビジョンを書く。 ○「新都市ビジョン」の分析をしましょう。 ・班で作成した新都市ビジョンを見直し、現行の都市ビジョンと比較し、対策や支援は新規か継続したものかふりかえる。	・マンダラートを活用することで、新都市ビジョンの作成に向けて、具体的に創造できるように促す。 ・具体的な対策や支援を考えさせるために、実施期間や対象、場所、費用などを考える。 ・新都市ビジョンと現行の都市ビジョンを比較・検討することで、各班の作成した新都市ビジョンの加筆・修正を促す。 【地理：2-C-（4）-イ-（ア）】
5次 1時間	「新多文化共生都市ビジョン」を発表しよう ○各班が考えた「新多文化共生都市ビジョン」を発表しましょう。 ・交流協会の松岡氏を講師として招き、各班が考えた新都市ビジョンを発表し、コメントを得る。 ・ほかの班の発表を聞く際、評価シートに項目ごとに評価をし、コメントを記入する。	・評価シートの評価項目は、テーマ設定の明確さ、発表の仕方、多文化共生の視点が含まれているか、対策や支援の実現可能性などが含まれている。 【地理：2-C-（4）-イ-（ア）】
6次 1時間	より良い多文化共生社会の浜松をめざして ○『新多文化共生都市ビジョン』を考える中で、どのような気づきや変化があったか考えましょう。 ・ワークシートに気づきや変化について書き出す。 ・ペアーで共有した後、全体で発表をする。	・全体の活動を通しての自己変容についてのふりかえりを促す。 【地理：2-C-（4）-ア-（イ）】
評価	○浜松市の多文化共生社会の在り方や結び付き、持続可能性などに対する関心を高め、「多様性」について考え、多文化共生社会を創造する態度を身に付けることができたか。　　　　　　　　　　　　　　　　　　　　　【関心・意欲・態度】 ○「多文化共生都市ビジョン」を手がかりとして、地域の変容について多面的・多角的に考察、構想し、表現することができたか。　　　　　　　　　　　　　　　　　　　　　　　　　　【思考・判断・表現】 ○「多文化共生都市ビジョン」に関する資料から、有用な情報を適切に選択して、効果的に活用することができたか。　　　　　　　　　　　　　　　　　　　　　　　　　　　　　　　　　　　【技能】 ○浜松市には、多くの外国籍の人々が居住しており、多文化的なまちであることを理解することができたか。　　　　　　　　　　　　　　　　　　　　　　　　　　　　　　　　　　　　【知識・理解】	

4. 学びの軌跡

　ここでは、1次「孤独なツバメたち―デカセギの子どもに生まれて」、3次「浜松市の『多文化共生都市ビジョン』に対する取り組み」、4次「『新多文化共生都市ビジョン』を考えよう」を取り上げ授業の実際について述べる。さらに、授業を受講した生徒24名中、特に評価基準（表11-1）で示した評価Aから評価Cに該当する生徒を一人ずつ抽出し、生徒A（評価A）・B（評価B）・C（評価C）、3名の生徒を取り上げ、ワークシートの記述内容から、「多様性への理解」「多文化共生社会を創造する意識を高める」の二つの視点に着眼し、分析および考察をする。なお、分析対象とした3名の生徒たちは日本国籍を有する生徒であり、保護者も外国にはルーツを持っていない。

表11-1　評価基準および生徒の到達割合

	評価A	評価B	評価C
関心・意欲・態度	浜松市の多文化共生社会の在り方や結び付き、持続可能性などに対する関心を深め、「多様性」について考え、話し合いに積極的に参加したりするなど、主体的に授業に参加することができる。	浜松市の多文化共生社会の在り方や結び付きに対する関心を高め、「多様性」について考え、話し合いに参加したりするなど、積極的に授業に参加することができる。	浜松市の多文化共生社会の在り方に対する関心をもち、「多様性」について知り、他者の意見を聞いたり、ワークシートに記述するなど、授業に参加することができる。
思考・判断・表現	「都市ビジョン」を手がかりとして、「新都市ビジョン」を多面的・多角的に考察、構想し、表現することができる。	「都市ビジョン」を手がかりとして、「新都市ビジョン」の具体的な対策や支援を複数構想し、表現することができる。	「都市ビジョン」を手がかりとして、「新都市ビジョン」の具体的な対策や支援を構想し、表現することができる。
技能	「都市ビジョン」に関する資料から、有用な情報を適切に選択して、効果的に活用することができる。	「都市ビジョン」に関する資料から、自発的に情報を適切に選択して、活用することができる。	他者の意見や「都市ビジョン」に関する資料から、情報を選択して、活用することができる。
知識・理解	浜松市には、多くの外国籍の人々が居住し、多文化的なまちであることを、様々な資料から広い視野で理解することができる。	浜松市には、多くの外国籍の人々が居住し、多文化的なまちであることを、外国人登録者数などの資料から理解することができる。	浜松市には、多くの外国籍の人々が居住していることを理解することができる。
割合	31.8%	50%	18.2%

4-1　1次「孤独なツバメたち──デカセギの子どもに生まれて」

1次では、浜松市の外国人登録者数の割合について資料を読み取り、浜松市には多くの外国人が住んでいることを学んだ。そして、この人口の偏在は浜松市には、スズキ、ホンダ、ヤマハなど、世界を舞台に活躍する大企業が立地するとともに、中小企業が集積する産業構造が、外国人労働者の就労の場を提供しているという気づきが生まれた。その後、浜松市を舞台とした日系ブラジル人の若者の実際を追ったドキュメンタリーである「孤独なツバメたち──デカセギの子どもに生まれて」を鑑賞し、親のデカセギに伴い来日し、日本で生まれ育った日系ブラジル人の若者の現状について理解を深めた。以下は、1次の授業実践後に生徒が記入したワークシートの記述である（表 11-2）。

表 11-2　1次「孤独なツバメたち」の鑑賞後の生徒の記述

生徒 A	aリーマンショックで世界の経済がくずれ、日本に出かせぎに来ていた日系人は、いやな気分でブラジルに帰っていってしまっている。b自分が日系人にできることは、特別あつかいをするわけでもなく、日本人ではないからって、バカにしないということが出来ると思った。（原文ママ）
生徒 B	正直僕はc外国人を町などでみても、ぜんぜんくるしそうにも、さみしそうにも思ったことがなかったけど、本当はくるしんでいることが分かりました。それにd外国からきたでかせぎの人々は差別を受けていることが分かりました。だからe僕は外国人に差別をせずに助けてあげることがあればできるだけ助けてあげたいなと思いました。（原文ママ）
生徒 C	f日本は、外国人やハーフに対する差別がひどいから少しでも、日本人が外国人に対する差別をなくしていけばいいと思った。外国人でも仕事ができる企業をもっと増やせば外国人も困らず日本に働きに来れると思うから日本がそんな国に変わるとさらにいい国になると思った。（原文ママ）

表 11-2 中の下線部 a や d のように、親のデカセギの関係で日本に定住する日系ブラジル人の若者たちの苦労や置かれている状況に対して言及する記述内容がみられる。また、c は過去の経験を回想し外国人の人々が日常生活の中で不自由さを感じながら暮らしていることを知らず、初めてその苦悩を知ったことについて述べている。さらに、授業で取り上げたドキュメンタリーは 2008 年に起こったリーマンショックの影響で、派遣労働者として働いていた多くの日系ブラジル人が仕事を失い帰国する様子も取り上げているため、a の記述にもあるように、ブラジルに帰国を余儀なくされた若者の気持ちに寄り添った趣

旨が汲み取られる。一方、bやe、fは、日系ブラジル人をはじめとした外国人への差別や偏見の打開に向けた社会の構築や自己変容について言及している。以上から、オートバイや自動車といった輸送機器、楽器などの製造業現場を中心に外国人労働者を雇用してきた浜松市の産業構造、2008年のリーマンショックを契機に外国人労働者を取り巻く環境が激変し、地域の変容をもたらしたことを理解することができた。さらに、浜松市の外国人登録者数の割合と日系ブラジル人の背景と現状を通し、日系ブラジル人の境遇を認識するのみならず、彼らが排除されることなく、文化的な差異を承認することについて考えることができたと判断できる。

4-2 3次 浜松市の「多文化共生都市ビジョン」に対する取り組み

2次では、都市ビジョンの施策体系の三つの分野（協働・創造・安心）を班ごとに分けて実施計画を読み解き、（公財）浜松国際交流協会の職員（以下、交流協会の職員と表記）の方に課題として質問したいことを挙げた。そこで3次では、交流協会の職員から、浜松市の考える「多文化共生」の概念および都市ビジョンの施策体系の三つの分野についての具体的な取り組みについて話を聞き、2次で考えた班の質問事項に関して回答を得ることで、「多文化共生都市ビジョン」および「多様性」に対する考察を深めた。以下は、3次の授業実践後に生徒が記入したワークシートの記述である（表11-3）。

表11-3 3次「浜松市の『多文化共生都市ビジョン』に対する取り組み」後の生徒の記述

生徒A	a多文化共生というのが、「外国人」や「日本人」などの区別は関係ないということを知った。bいろんな事業をしてるが、自分が何かするということが大切だと思った。（原文ママ）
生徒B	僕はc差別のない行動をもうちょっと増やした方がいいと思う。それに標識や看板などでも日本語だけのものがあるので、そこを外国語もいれた方がいいと思う。d外国人の交流会などに参加したいと思った。（原文ママ）
生徒C	（都市ビジョンが）e少し分かりにくい所が多かったので、学生にも分かりやすく書いてほしいと思った。今の状況を続ければいいと思った。（原文ママ）

表11-3中の下線部aのように、「『外国人』や『日本人』などの区別は関係ない」という「多様性」を理解する記述がみられる。これは、都市ビジョンにある「オール浜松」および「日本人市民・外国人市民を問わず」といった視点

から生徒の理解が促されたことが推察される。さらに、bやc、dには、多文化共生社会の実現にむけて、自分たちが行動を起こすという趣旨の記述内容がある。これは、bの「いろんな事業」が示すように、交流協会の職員の話を聞くことで、防災対策や地域支援などの取り組みを理解し、外国籍の人々と共に持続可能な地域の在り方の視点を養うことができたことに起因している。また、生徒Bについては、「外国人の交流会などに参加したい」と具体的な行動目標を挙げている。これは都市ビジョンを読み解き、実際に交流協会の職員に都市ビジョンを読むだけでは分からなかった課題について、質問し内容を深めることで、生徒が多文化共生社会の実現に向けた行動変容を促す契機に繋がったと判断できる。また、eからは都市ビジョンを実際に読む中で、文章表現が中学生にとって難解であり、「学生にも」という言葉にも表れているように、誰にとっても読みやすく理解できる都市ビジョンの作成を指摘している。以上から、国籍や民族などの「多様性」への理解を深め、都市ビジョンが示す防災対策、地域支援、雇用・居住分野での支援といった地域の課題の解決に向けた支援について考えることで、多文化共生社会の実現に向けた行動変容の足掛かりについて考察することができたといえる。

4-3　4次「新多文化共生都市ビジョン」を考えよう

　4次では、五つの班に分かれ「浜松市多文化共生都市ビジョン」を踏まえ、新たな「浜松市多文化共生都市ビジョン」を構想し、表現した。1班は「お互いに助け合うためにできること」と題し、①外国人のためのメンタル相談（継続）、②子育て支援（継続）、③外国人でも働ける会社（新規）の三つの対策や支援を挙げてまとめた。2班は「外国人が暮らしやすい町づくり」と題し、①日本に来たばかりの人に日本を教える（新規）、②インターナショナルクラスをつくる（新規）、③色々な国の言葉をつかった標示をする（新規）、④母国を思い出せるような場所をつくる（新規）、⑤みんなが協力できるイベントをつくる（新規）の5点を挙げた（図11-1）。3班は「多文化共生のために」と題し、①外国人向けのサービスを設ける（継続）、②外国人向けの雑誌を売る（新規）、③外国人が安心できる施設をつくる（新規）、④差別をなくす（新規）の4点を挙げた。4班は「多くの文化と共に生きる」と題し、①国際理解教育の充実（継続）、②他国の人を交えたイベントを増やす（新規）、③若者の学び直し教室（継続）、④

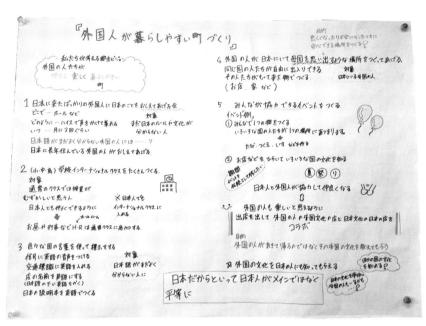

図 11-1　2 班が考案した都市ビジョン

外国人の学び直し教室（継続）の 4 点を挙げた。5 班は「若いころからの交流でお互い理解を深める」と題し、①日本の学校と外国人学校の交流（新規）、②小中高生の頃から外国の文化にふれて、色々な文化を認め合える環境をつくる（新規）、③若い内から外国人との交流に慣れて、お互いの理解を深める（新規）、④コミュニケーション能力を高める（新規）の 4 点を挙げた。各班の新都市ビジョンを眺めると、1 班の①・②・③、2 班の①・②・③、3 班の①・②、4 班の④の対策や支援は、浜松市の外国人登録者数や日系人の人口や産業構造の変化がもたらす地域の変容の視点から、地域に暮らす外国人の生活に着目して構想、表現していることが窺われる。また、2 班の⑤、3 班の④、4 班の①・②、5 班の①・②・③は、外国人がもたらす多様性を生かした持続可能な地域の在り方に着目していることを観取することができる。

　以下は、生徒が記入したワークシートの記述である（表 11-4）。

表 11-4 4次「『新多文化共生都市ビジョン』を考えよう」後の生徒の記述

生徒A	a最初は国と国のつながりだと思っていたが、人と人とのつながりが、多文化共生につながるということを知った。普段の生活が多文化共生だと思った。(原文ママ)
生徒B	私たちのグループでは、浜松や日本に初めてくる人やまだ慣れていない人たちを助けることを第一に考えました。工夫したのは、まずb自分たちが全く知らない国に行ったとき、なにに困るか、どうしたらなじめるかを考えました。(原文ママ)
生徒C	多文化共生とはなにかを考え、c自分の意見を出せたので良かった。複数の意見を自分で考えられた。自分の意見も意外と良い意見もあったので、うれしかった。(原文ママ)

　表11-4中の下線部aのように、「人と人のつながりが、多文化共生につながる」という記述内容にあるように、日本人と外国人が共に協力し、安心して生活できるための具体策を考えることの必要性に対して考察していることが推察できる。さらに、bは浜松や日本に移り住む人々を想定し、前時までの学習を活かし地域の在り方について追想することで、新たな対策や支援に反映させている。しかし、生徒Cは下線部cの記述内容に示すように、新たな都市ビジョンを考えグループ学習を進める中での活動の感想に留まっている。したがって、生徒A・Bのような多文化共生社会を創造するための意識を高めた記述内容はみられなかった。以上から、新たな都市ビジョンにおける具体的な対策や支援を考案し、地域の在り方について考察、構想、表現することで、大半の生徒において、多文化共生社会を作り出す人員としての意識の変化を築くことができたと判断することができる。しかし、各班の都市ビジョンの対策や支援に具体例はあるものの、生徒の記述を眺めると、グループ活動に対する感想やふりかえりを示すものもあり、どこまで「多文化共生社会を創造する意識を高める」ことができたのか課題として残された。

5. 新たな実践に向けて

　本研究では、浜松市における多文化共生の課題の解決に向け、地域社会の一員として何ができるのか考察、構想し、「新浜松市多文化共生都市ビジョン」を表現する単元開発を行った。さらに本研究の目的は、一つは地域の多文化共生社会の在り方を、地域の結びつきや変容、持続可能性などに着目した授業構想はどうあるべきか、二つは、生徒に多様性への理解を促すにはどうすれば

よいのか、三つは、生徒が地域社会の一員として認識し、多文化共生社会を作り出す人員として意識を高めるための学習はどうあるべきか、を明らかにすることであった。以下に実践を通して見えてきた成果をまとめたい。一つは、地理的分野の領域から、地域における外国人登録者数の割合や産業構造を取り上げた後、生徒にとって身近な地域の日系ブラジル人の現状を学ぶことで、「地域の在り方」について考察した。さらに、都市ビジョンを読み解き課題を見つけ、交流協会の職員に対して直接質問をし、新たな都市ビジョンを構想、表現することで、地理的分野における授業構想を提示することができた。二つは、浜松市の外国人登録者数の割合について資料を読み取り、浜松市に住む外国人の現状を知り、産業構造と深く繋がっていることを理解した上で都市ビジョンを解釈することで、「多様性」を観取させることができた。三つは、新たな都市ビジョンを構想し具体的な対策や支援を考えることで、生徒が地域社会の一員としての意識を高めることができた。これは、社会科単元を実施する前に、総合的な学習の時間において、「多様性」「社会的な特権」「脱構築」などを包含した学習をした後、地理的分野で養われる資質や能力を生かした授業実践を行ったことが起因していると考える。

　また、多文化共生を地域の課題としてとらえ、課題の解決に向け、地域社会の一員として何ができるのか考察、構想し、新たな都市ビジョンを表現する単元を取り入れるのは、浜松市のように外国人の登録者数が多い都市や工業都市、大都市に限ったことではない。地方創生が叫ばれる昨今、少子高齢化や人口減少が進む小さな地方自治体においても、外国人と日本人が一市民としてお互いを理解し、多様性を認め合い支え合うまちづくりが進んでいる。その中で、自然環境、人口、資源・エネルギーと産業、交通・通信の４項目の中から、その地域の特色を地理的課題として取り上げ、授業を構想するかが枢要となる。また、多文化共生の視点は歴史的分野、公民的分野といった社会科全体で取り入れられるべきものである。だからこそ、本実践は公民的分野における基礎的・基本的な布石となると考える。

　今後は、本研究によって生徒が地域の一員としての認識が、日常生活を通してどのような場面で見られるのか、どのように行動変容に繋がっていくのか、生徒の様子を観察しつつ継続して分析・検証していきたい。

【引用文献】

池野範男（2014）「グローバル時代のシティズンシップ教育——問題点と可能性：民主主義と公共の理論」日本教育学会『教育学研究』第81巻 第2号、138-149頁。

（公財）浜松国際交流協会「浜松市の外国人登録者数」（2019）
http://www.hi-hice.jp/index.php（最終閲覧日2019年1月1日）

島村勲（2016）『確かな学力を育む学び合う社会科授業の研究——地方自治における社会参加・参画する授業を通して』埼玉県長期研修教員研修報告書。

谷内達（ほか）（2015）『社会科中学生の地理——世界の姿と日本の国土』帝国書院。

津村公博、中村真夕（2013）『孤独なツバメたち——デカセギの子どもに生まれて』ティー・オーエンタテイメント。

中村水名子（2002）『多民族・多文化共生の明日を拓く社会科授業』三一書房。

浜松市（2011）「浜松市多文化共生都市ビジョン」浜松市。

浜松市教育委員会（2018）『「外国人子ども教育推進事業」説明資料』浜松市教育委員会学校教育部指導課（教育総合支援センター）外国人支援グループ。

文部科学省（2018）『中学校学習指導要領解説 社会編』東洋館出版社。

森茂岳雄（2010）「学習領域『多文化社会』」日本国際理解教育学会『グローバル時代の国際理解教育——実践と理論をつなぐ』明石書店、64-67頁。

森茂岳雄（2013）「多文化教育のカリキュラム・デザイン—日本人性の脱構築に向けて」松尾知明編著『多文化教育をデザインする——移民時代のモデル構築』勁草書房、87–106頁。

高等学校における実践

第12章

在日外国人の問題から日本人生徒の偏見・差別・排外意識に気づく「現代社会」授業実践

山根俊彦

1. 実践の背景

　私が教員になった1970年代後半は、教室の中であからさまに韓国や朝鮮を侮蔑する言葉が飛び交い、在日コリアンの生徒たちは萎縮し、自分を隠しながら生きざるを得ない状況があった。その後、様々な差別撤廃闘争や外圧によって、在日外国人に対する差別制度が少しずつ改善されていった。また学校でも、在日朝鮮人教育・在日外国人教育や国際理解教育が取り組まれるようになり、その結果、自分を隠さず、本名で生きようとする在日コリアンの生徒たちも少しずつ増えていった。

　1990年代になると、在日外国人は多様化し、学校でも、在日コリアンだけでなく、様々なルーツをもつ生徒たちが増えていく。小・中学校時代にクラスの中に外国につながる子どもたち[1]がいた経験をもつ生徒も多くなった。しかし、なぜクラスに外国につながる子どもたちがいるのか、その背景を理解していないために、「外国に帰れ」と言ったり、日本生まれの子どもたちに「日本語うまいね」とほめたり、外国につながる生徒たちが置かれた現状に無知・無関心のまま3年間を過ごす生徒たちが多い。

　外国につながる子どもたちへの「支援」の取り組みは少しずつ広がりつつあるが、周囲の日本人の子どもたちが変わらなければ、外国ルーツを隠す子ども

たちが減ることはない。外国につながる子どもたちが、生き生きとした生活を送るためには、周囲の日本人生徒の変容が重要である。しかも、近年歴史が逆戻りするかのように、ネットの中や街頭で「ヘイトスピーチ」が広がるなど、排外的な主張が表立って語られるようになり、外国につながる子どもたちが深く傷ついているだけでなく、日本人の子どもたちも間違った知識やゆがんだ歴史観に影響を受けている。今後、在日外国人のますますの増加が予想される日本社会において、偏狭なナショナリズムで排外的になるのではなく、人々が共生できる多民族・多文化共生社会をどう構築するかが大切になってくる。

現在日本では、多文化共生社会を構成する市民を育成する教育に関して、「多文化教育」「多文化共生教育」「多文化共生社会における市民性教育」など、様々な用語が使用されている。「多文化教育」は、欧米の多文化主義・多文化教育の視点から日本の教育を考えていこうとする研究者に用いられることが多く、「多文化共生教育」は、学校や地域などの現場で実践する人が多く使用する。

日本では、終戦直後から、朝鮮学校などで「民族教育」が行われていたが、日本の公私立学校で外国につながる子どもたちに関する教育が本格的に取り組まれるようになったのは1970年代からで、当時は在日外国人の8割以上が在日韓国・朝鮮人であったため、その取り組みは「在日朝鮮人教育」[2]と呼ばれた。1980年代後半から、日本に住む外国人の多様化がはじまり、「在日外国人教育」という言葉も使用されるようになった。その後1990年代になり、「多文化共生」という言葉が広がっていき[3]、教育の場では「多文化共生教育」という言葉が使用されるようになった。

本章では、在日朝鮮人教育や在日外国人教育の蓄積の上に発展し、グローバル化の諸課題などにも取り組んできた国際理解教育の要素も取り入れた多文化共生社会を構成する市民を育成する教育について、日本独自の言葉として日本の教育現場に定着している「多文化共生教育」を使用することにする。

現在日本で取り組まれている多文化共生教育に関しては、以下に述べるような問題点が指摘されている。

1-1　マジョリティが対象になっていない

一つは、現在の多文化共生教育の実践の多くは、外国につながる子どもたち

を対象とした「日本語教育」や「適応教育」になっていて、外国につながる子どもたちの周囲にいるマジョリティの日本人の子どもたちが対象にされていないという点である。森茂が「マジョリティの意識（価値）変革なくして、多文化共生はあり得ない」（森茂, 2013: 88, 2014: 57 など）と指摘するように、多文化共生社会を実現するためには、マジョリティの変容こそが重要であり、それを視点に入れた「多文化共生教育」が必要である。

1979 年から在日朝鮮人教育の全国大会を開催してきた全国在日朝鮮人教育研究協議会（略称全朝教）は、①正しい歴史認識をもつ、②本名を呼び名のる、③進路保障、を三つの柱として活動し、日本人の子どもを含むすべての子どもたちをその対象にしていた。1990 年代からの在日外国人の多様化の中で、在日外国人教育と呼ばれるようになった実践でも、「日本の子どもたちの自国中心主義からの解放」（全国在日外国人教育研究協議会の基本方針）がめざされていた[4]。

また、1980 年代以降、各自治体が現場の実践を追認するような形で在日外国人教育基本方針（指針）を出すようになるが、たとえば神奈川県の基本方針（1990年制定）のように、「差別や偏見を批判し排除しようとする勇気ある児童・生徒を育成する」（鄭ほか, 1995: 263）といった、日本人生徒の変容を教育目標としていたものが多かった[5]。在日外国人（朝鮮人）教育の中では、「日本人生徒の変容」がめざされ、「外国人（朝鮮人）教育は、外国人（朝鮮人）生徒の問題ではなく、日本人生徒の問題である」と言われていたが、それが現在の多文化共生教育に継承されていない。

1-2 在日朝鮮人教育と新渡日（ニューカマー）の教育との「断絶」

二つめの問題は、現在の多文化共生教育の対象が、新たに渡日したいわゆるニューカマーの子どもたち中心になっており、オールドカマーの在日外国人の子どもを対象にしていないという点である。中島（2007）が、オールドカマーの教育とニューカマーの教育の「断絶」があり、それをつなぐ必要があると指摘するように、多文化共生教育に、在日朝鮮人教育の問題意識がきちんと継承されていない。塩原は、現在の日本で多文化共生のスローガンは、「日本語が不自由なニューカマー外国人住民への支援や、異なる文化をもった人々への寛容の奨励に限定されがち」（塩原, 2012: 27）だというが、現在の教育実践が、マジョリティの子どもたちには、異文化をもつ人々への「寛容の奨励」にしか

なっていないために、「かわいそう」という感情にとどまり、無意識のうちに相手に対して自分を優位に位置づけることにもなっている。

1-3　差別・抑圧構造を不可視化する多文化共生教育

日本人生徒を対象にするものとして国際理解教育が行われてきた。しかし、国際理解教育には、「異文化理解」のための3F（Food, Fashion, Festival）を中心としたものが多く、目の前にいる在日外国人の子どもを素通りして、海外の文化に触れるといった内容になり、外国の文化には詳しくなったが、在日外国人のことは何も知らず、差別やいじめがなくならない、という現象が起こることになった。国際理解教育の要素を引き継いでいる多文化共生教育にも同じ課題がある。

異文化理解が、差別・抑圧の構造を見ようとしない文化の「共生」にとどまれば、日本人の子どもと外国につながる子どもたちの関係性は変わらない。「日本国民」として「異国の文化」を理解することにとどまってしまっている多文化共生教育は、差別・抑圧構造を不可視化する役割を担ってしまったのである。これが三つ目の問題点である。

もちろん、「3F」の教育的価値を否定するものではない。周囲の人たちに、自国の文化を否定され蔑まれて育ってきた外国につながる子どもにとって、自国の文化がすばらしいものであることを誇らしげにクラスメイトに語れる場面があることはとても有意義なことである。また、日本人の子どもたちにとっても、他国の文化を素直に「きれい」「おいしい」「すばらしい」と感じることは重要である。しかし、3Fだけで終わってしまったら「共生」にはならないし、文化を本質主義的にとらえて、ステレオタイプなイメージを植え付けてしまうことにもなる[6]。

1-4　問題点を克服する多文化共生教育の試み

以上のような問題点をもつ多文化共生教育は、①マジョリティの日本人の子どもたちを対象にする、②オールドカマーとニューカマーの課題を両方視野に入れる、③差別・抑圧構造を可視化し、マジョリティが自分を問い直そうとする、といった視点が重要になる[7]。

次節では、これらの問題点を克服しようと試みた、高校の「現代社会」の授

業での多文化共生教育の実践を紹介してみたい。

2. 単元の概要

2-1 授業の概要と単元
科目：高校現代社会　2単位　50分授業　A高校　2011年度実施
テーマ学習：「多文化共生社会」12時間
対象：高校1年生（40名×3クラス）
単元の目標：
　南北問題（貧困と開発）、移住労働、戦後補償、外国人の人権と差別、国際化社会などを総合的に学ぶ中で、マジョリティである日本人生徒が自らの偏見、差別・排外意識に気づき、その克服をめざすと同時に、マイノリティである外国につながる生徒たちがエンパワーすることをめざす。

2-2 授業を構成するにあたっての留意点
(1) 単元の再構成
　教科書では、在日外国人や差別、国際化など多文化共生社会に関連する内容は、いろんな単元に分かれて置かれている。在日外国人の存在をトータルに理解し、多文化共生社会に向けて何が必要かを考える授業にするために、教科書の単元を再構成したテーマ学習にし、単元の目標を上記のようにした。

(2) 単元の構成上の工夫
　一つは、オールドカマーとニューカマーの問題を一緒に考えることにした。これまでの取り組みでは、旧植民地出身者のオールドカマーの問題と新たに渡日したニューカマーの問題は別々に扱われることが多かったが、共通の課題として扱うことにした。両者の「断絶」やニューカマーしか扱わない現状を克服するための構成である。
　二つ目は、生徒たちが、「ひとごと」ではなく「じぶんごと」として考えられるように、マンガや視聴覚教材を利用し、日本社会にある「差別」に、自分自身が無知・無関心であったことに気づき、在日外国人の問題は、マジョリティである自分自身が「当事者」であることを自覚できる工夫を試みた。

3. 学習活動の展開

表12-1のように、12時間かけて学習活動を展開した。

表12-1　授業の展開

回	学習内容	学習活動
導入	在日外国人についてのイメージ	○在日外国人についてどんな意識を持っているか自覚するために、在日外国人に関するアンケートを記入する。
1	○在日外国人に関する基礎知識 ・在日外国人数、国別数の変化 ・日本への移住の背景～ベトナム難民の場合、南米から移住した日系人の場合を例として	○クイズ形式で在日外国人ベスト5を当てる。 ○法務省の在留外国人統計を使って、在日外国人数の変遷を読み取る。 ○なぜ上位の国の人たちが多いのか、その原因を考える。 ○『まんが　クラスメイトは外国人』所収の、第4話リカルドの物語（沖縄からボリビアへの移住）第5話フォンの物語（ベトナム難民）を読む。
2	○外国人労働者問題 ・外国人労働者の移住の背景～途上国から日本に「出稼ぎ」に来る人々 ・日本社会で外国人労働者がおかれている現状～3K職種と差別的視線	○外国人労働者問題を扱ったドラマ『パラダイス日本』（45分）を視聴する。 ・なぜ日本に「出稼ぎ」に来ることになったのかその背景を理解する。 ・日本社会で外国人労働者がどのような生活をしているか理解する。 ・外国人労働者を私たちはどのような「まなざし」で見ているか、に気づく。
3	○移住の背景と在日外国人の現状 ・日本から南米への移民と南米から日本へのUターン ・ベトナム難民の発生と日本への移住の理由 ・外国人労働者の現状	○二つの漫画の解説から、人が国境を越えて移動するのは、様々な背景があることを理解する。 ○ドラマの解説から、外国人労働者のおかれている現状を理解し、私たちの「まなざし」を自覚する。
4～5	○南北問題と日本 ・移住・移民の原因としての南北問題 ・消えない植民地構造、貧困と開発 ・先進国の責任、援助のあり方	○まんが『親友録』（石坂啓）を読み、登場人物のセリフから、先進国と途上国の関係を考える。 ○人の移動の背景にある南北問題を理解し、先進国日本に住む私たちのあり方を考える。
6～7	○植民地支配と戦後補償 ・植民地支配とその結果としての移住 ・戦後補償問題	○ドラマ『愛と哀しみのサハリン』（90分）を2回に分けて視聴し、植民地支配による被害の事実を理解し、戦後補償のあり方を考える。
8～9	○在日韓国・朝鮮人と現在の日韓・日朝関係 ・在日韓国・朝鮮人が生まれた理由 ・戦後史の中での日韓・日朝関係	○前回のドラマを振り返りながら、日本の植民地支配の結果としての在日韓国・朝鮮人について理解する。 ○なぜ在日韓国・朝鮮人への戦後補償がされなかったのか考える。 ○戦後史を学び、現在の日韓・日朝関係のあり方を考える。

回	学習内容	学習活動
10	○日本の近代化政策と人の移動 ・日本から海外への移住・移民 ・海外から日本への移住・移民	○日本からの海外移民も多いことに気づく。 ○移住・移民の背景にどんな政策があったかについて考える。
11	○在日外国人の人権と差別 ・在日外国人の子どもたちの現状 ・現在の外国人差別について	○朝鮮学校の子どもたちとオーバーステイの子どもたちを扱った２本のニュースを視聴し、現在の在日外国人の子どもたちの課題を理解する。
12	○日本が多文化共生社会になるには ・在日外国人の現状と課題の整理、多文化共生社会への展望	○オールドカマーの外国人、ニューカマーの外国人、オーバーステイの外国人、それぞれの課題を考える。 ○多文化共生社会に必要なことや私たち一人ひとりがどうすればいいか考える。

4. 学びの軌跡

4-1 在日外国人についての当初のイメージ

導入の在日外国人のイメージを問うアンケートには次のような特徴があった。

○白人、黒人、青い目など外見でわかる外国人のイメージ。外国語＝英語であり、アジア人や日系人のイメージがない。

○オールドカマーの外国人を上げる生徒がほとんどいない。

○「怖い」や「犯罪」といったマイナスイメージが一部にある。

○国際交流をする相手、日本文化を知ってもらう「お客さん」のイメージが強く、「生活者」としての在日外国人というとらえ方が少ない。

○これまでもクラスの中で外国につながる生徒に出会っているはずなのに、それを記述した生徒は少ない。出会っていても見えていない、意識化されていないということだろう。

また、「日本は、外国人に対する差別は多い国だと思いますか？」という質問には、多数の生徒が「いいえ」と答えていた。

4-2 在日外国人ベスト５

最初に在日外国人ではどこの国の人が多いか生徒に予想させると、多くの生徒がアメリカを上位に上げる。アメリカが６位であることを知ると驚き、ペルーの５位[8]は全く予想外である。また、上位の国について、なぜ多いかを

聞くと、「貧しいから出稼ぎに」「近いから」「日本が住みやすい」といった理由をあげる生徒が多い。「植民地」を原因にあげる生徒はほとんどない。オールドカマーの外国人は見えていないのである。ここまでがいわば「導入」である。

4-3 移住の理由と日本人の「まなざし」

1回目の後半は、なぜこれらの外国人が日本に住んでいるのか、その背景を知る学習を展開していく。

まず『まんが　クラスメイトは外国人』(2009)[9]の二つの物語を読ませた。二つの事例だけでも、生徒たちは日本への移住の理由が、「貧しいから」とか「近いから」といった単純な理由ではなく、多様な歴史的背景やそれぞれの家族の物語があることを理解するようになる。

2回目は外国人労働者を扱ったドラマを見せる。外国人労働者の事を学び、日本社会の外国人対する＜まなざし＞を意識させるためである。このドラマの中には「日本人は自分たちのことを何も知らないし知ろうともしない、ジロジロ見るくせに道を聞こうとしてもすぐ逃げる」というパキスタンから来た外国人労働者の発言や、彼に対し、日本語がわからないと思い込んだ日本人の大学生が「自分の国に帰れ、勝手に日本に来ておいて生意気な事をいうな」と罵詈雑言を浴びせるシーンがある。

生徒たちの感想には、大学生の言動について「ありえない」とか「うざい」と書いた生徒もかなりいたが、一方で、「たしかに差別がある」「自分も外国人を避けていた」といった「気づき」も見られる。導入のアンケートでは、「差別はない」と答えていた生徒が多かったが、このドラマを見ることで自分の心の中を振り返り、差別意識に気づく生徒もいる。

4-4 オールドカマー外国人への理解不足

6、7回で見せたドラマの主題は、サハリン残留朝鮮人への戦後補償問題だが、日本の植民地支配の中での皇国臣民化政策と、戦後は一般外国人として放置したことがよく理解できるドラマである。

生徒の感想では「こんな歴史があったことを知らなかった」というものが目立つ。生徒たちには、過去の植民地支配や侵略の歴史についての認識がほとん

どない。授業終了後のアンケートでも、「なぜ日本に在日コリアンが多いのかはじめて知った」という感想が多数あった。

4-5 日本の近代化政策と移住・移民の歴史

10回目にこれまでの授業の「まとめ」として、明治以降の日本からの移住・移民の歴史と海外からの移住・移民の歴史を、表12-2を使って解説した。オールドカマーとニューカマーの両方を視野に入れ、人の移動の背景には、政府の政策や植民地支配、戦争と深いつながりがあることを考えさせるためである。生徒たちは、外国につながる子どもたちが「勝手に日本に来た」という認識を改めるようになる。

表12-2 日本からの移住・移民 日本への移住・移民

日本からの海外移住・移民	海外から日本への移住・移民
① 1868～ハワイ（1868年 150人）、北米へ ② 1899～ハワイ、北米、東南アジア、南米へ ・南米→1899年 ペルーへ790人、1908年ブラジルへ781人など ・東南アジア→「からゆきさん」と呼ばれた女性たち ③ 1924～アメリカ、日本人の移民を禁止→中南米、東南アジアへ行く人が増加 ④植民地にした台湾・朝鮮への移住 ・1945年には台湾に49万人、朝鮮に70万人の日本人が住んでいた ⑤ 1932～「満州国」へ30万人以上が移住 ・敗戦時に日本へ帰れない「中国残留孤児」の発生 ⑥戦争での人の移動～アジア・太平洋諸島各地へ ⑦敗戦後、日本への引き上げ ⑧ 1952～中南米への移民再開 ・米軍に土地を接収された沖縄からの移住者も多い ⑨日本企業の海外進出に伴う海外への移住	① 1858　開港した横浜、神戸などに西洋人や中国人（華僑）が居住 ② 植民地になった台湾（1895～）と朝鮮（1910～）から日本へ移住 ③戦争中の強制連行（朝鮮・中国から） ④日本の敗戦で祖国に帰国 　→ 1945年 200万人以上の在日朝鮮人のうち、多くは帰国した→約60万人が日本に残る 　　＝オールドカマー ⑤ 1970年代以降　ベトナム戦争終結前後の「インドシナ難民」の増加 ⑥ 1980年代以降～外国人労働者の増加 ⑦中国残留孤児とその子孫の帰国 ⑧ 1990年以降　南米からの日系人の急増 　　＝以上　ニューカマー

（中島, 2007をもとに筆者作成）

4-6　外国につながる子どもたちの現状

　11回目は、在日外国人の現状を理解するために、外国につながる子どもたちを扱った2本のニュースを見た。朝鮮学校を取り上げたニュースを見た感想からは、近くに住んでいながら朝鮮学校の存在を知らなかった、存在を知っていてもずいぶん偏ったイメージを持っていたという気づきがある。
　マスコミ報道とネットの情報が生徒たちのイメージを作っているため、わずか10分のニュースだが、実際の朝鮮高校の生徒たちの姿を見ることで、そのイメージがずいぶん変わる。

4-7　授業後の感想と生徒たちの変容

　一連の授業を終えてから、「この授業を受ける前と受けた後では、あなたの意識は変わりましたか？」というアンケートを書いてもらった。
　3クラスの集計結果は、以下のような結果だった。

変わった67％（76人）　変わらない29％（33人）　どちらともいえない4％（4人）

「どんな点がいちばん変わったか？」という質問に対しての回答は、
- 「外国人を少し変な目でみていたが考え方が変わった」「日本と朝鮮の関係を知り朝鮮人の立場がわかった」といった、外国人に対する印象や見方の変化。特に在日朝鮮人のイメージの変化。
- 「在日韓国・朝鮮人が日本にいるのは、昔の日本が原因なんだとわかった」などの、在日コリアンが日本に住んでいる理由の理解。
- 「今までは外国の人たちはヒドイと思っていた」「朝鮮人や中国人というだけで野蛮だと思っていた」といった、自分の中の偏見や無知であったことへの気づき。
- 「ひとごとで終わらせずに自分のできることをしていきたい」「国籍なんて関係ない、と思っていたけど、外国人ということを受け入れた上で付き合いをしていかないとけない」などの、差別をなくすために自分の関わり方を考える。

といった内容に分類できる。
　生徒たちから提出された感想を三つ紹介する。

生徒A…僕にも外国人の友だちが居ます。その友だちは人気者でしたが、少し面白くないと、みんなに「お前、国に帰れ」とか言われていました。とても人気がありましたが、裏ではとてもいやだと僕に打ち明けてくれました。日本人はもっと外国人が今どのような状態になっているのか、どのような事があって日本にいるのか考えていくべきだと思います。

生徒B…私は、「昔の人はかわいそう」だとか「戦争だから仕方ない」と他人事のように思っていました。ですが、この昔のことが今につながって、差別などが起きているんだなと思ったら、とても他人事には思えなくなってしまいました。もしかしたら自分の周りに在日韓国・朝鮮人がいるんじゃないかと思いました。

生徒C…おそらく多数の人が授業の中で「かわいそうだな」など、同情はしても、それだけで変わっていないと思います。自分も最初はそうでしたが、勉強をしていく上で、やっぱり一人一人が変わらないと意味がないのだと思いました。正直どこから変えていけばいいのか、どうすればいいのか全く分かりませんが、まずは「自分には関係ない」という考えをあらためて、自ら向き合っていくことが大切だと思います。無関心な人はほかにもたくさんいると思うので、いかにこの問題に向き合わせることができるのかが、多文化共生社会の第一歩につながるのだと思っています。

　この「多文化共生社会」というテーマ学習の目標は「マジョリティである日本人生徒の偏見、差別・排外意識の克服をめざす」であった。Aの感想からは、人気者であっても「国へ帰れ」と言われている現実とそれを変えていかなければいけないという思い、Bの感想からは、「他人事」だと思っていた問題が、今につながる「じぶんごと」に変わっていく様子が伝わってくる。またCの感想には、無関心から脱却し一人ひとりが変わることが重要で、それが多文化共生の第一歩になるとの気づきがある。

　このように、上記の生徒たちのアンケートや感想からは、偏見、差別・排外意識の「克服」とまでは言えないまでも、差別・抑圧構造への気づきと、「じぶんごと」として自分自身を問い直し、差別意識や偏見を変えようとする姿勢があり、マジョリティ生徒に変容があったと言えるのではないだろうか。

5. 新たな実践に向けて

5-1 マイクロアグレッションと多文化共生教育

　私がこれまで接してきたマジョリティの日本人生徒たちは、マイノリティの在日外国人に対して、「かわいそうな人々」「触れてはいけないタブー視」「無関心」といった態度を取る者が多かった。こういった態度は最近「マイクロアグレッション」[10]という言葉で表現される。マイクロアグレッションとは、「マイノリティに対して、意識的か無意識的かを問わず、敵意や侮辱を伝えるささいでありふれた日常的な言動」(金, 2018: 38) のことである。

　第4回で扱ったまんが「心はイミテーション」(石坂, 1993: 33-60) には、フィリピン人に間違われて怒るミキという日本の高校生が登場する。ミキがなぜ怒るのか、ミキの言動がなぜマイノリティを傷つけるのかを考えることで、ミキの立ち位置や自分たちの立ち位置を振り返ることができる。

　こういった言動は、無自覚なマジョリティの特権から来ることが多い。差別・抑圧構造を可視化し、マジョリティが自分を問い直すためには、グッドマン (2017) が言うように、「特権に無自覚なマジョリティ」に「特権や抑圧について学び直す」機会をつくる必要があり、今後の多文化共生教育に重要な示唆を与える。

5-2 「日本人性」と多文化共生教育

　これからの多文化共生教育の実践、とりわけ日本人の変容を重視する実践に関してもう一つ重要なキーワードが「日本人性」である。

　松尾は、「日本人性」について、次のように説明している。

　日本人であることは、空気のように毎日の生活のなかで意識されることはほとんどないが、日本人であることが人間であることと同じ意味でとらえられ、すべてであり普遍であるかのようにみなされる。また、日本社会において、何がノーマルで、正しく、大切であるかは、不可視な「日本人」の視点によって形成され、意識することなく自文化中心主義的で排他的なパースペクティブをもつ。日本人であることは、日本社会において構造的な特権をもつことを意味し、意識にのぼらない日本人の経験、価値、生活様式は、外国人に対し当然のこととして適用される。あるべき標準として正統化された日本社会のルールや

規範は、知らず知らずのうちに、日本人と外国人の間で、就労、居住、医療、教育、福祉など社会の諸領域において構造的な特権として機能している（松尾, 2013: 11-12）。

先述の「かわいそう」という意識も「構造的特権」に無自覚なままの上からの同情であろう。そして、マイノリティが対等な権利を主張すれば、「外国人のくせに生意気だ」という反発が生まれる。つまり同情も「構造的特権」の範囲内での同情でしかなく、自分の特権的立場は譲らないのである。また、「無関心」という態度も、マイノリティの置かれている現状は自分たちとは無関係であるし、無関係でいられるという意識の反映である。

第2回目の授業で扱ったドラマ『パラダイス日本』に出ている田代という大学生は、露骨に「マジョリティの特権」をふりかざし「自分の国に帰れ、勝手に日本に来ておいて生意気な事をいうな」と言う。一方、パキスタンから来たニキという外国人労働者は「日本人は自分たちのことを何も知らないし知ろうともしない、ジロジロ見るくせに道を聞こうとしてもすぐ逃げる」という。このセリフには、マイノリティのことを何も知らなくても生きていけるマジョリティと、日本で生きるためには日本のことや日本人のことを知らないと生きていけないマイノリティの非対称性が暗示されている。

こういった、毎日の生活のなかで意識されていない特権をもつ日本人であること（＝「日本人性」）を自覚できるような「しかけ」が今後の多文化共生教育に求められる。

5-3 マジョリティの特権を可視化するためのカリキュラム

森茂は、日本人性の脱構築に向けた多文化教育のカリキュラム・デザインについて、「マジョリティの特権を自覚させるような内容や、マイノリティとマジョリティの葛藤や対立を扱った内容、またその中にあるマイノリティの対抗的な語りを学習内容として構成する必要がある」（森茂, 2013: 102）と提案している。

先述の第2回のドラマに出てくる日本人の大学生・田代とパキスタンからの外国人労働者のニキの対立、第4回の漫画の登場人物・日本人高校生ミキとバナナ農園で死んでいく少女マリアの葛藤は、「マイノリティとマジョリティの葛藤や対立を扱った内容」と考えていいだろう。第6、7回の『愛と悲しみの

サハリン』では、主人公のヨンオクが、サハリンに取り残された夫のことや、朝鮮人被爆者のことなど、戦後補償から取り残された人々のことを切々と訴えるシーンがある。第11回では、日本に残りたいと訴えるフィリピンルーツで日本生まれの中学生の話や、朝鮮学校の高校生が電車などでいやがらせを受ける話が出てくる。まさに「マイノリティの対抗的な語り」であろう。

今回の私の実践では十分に展開できなかったが、森茂の提案する日本人性の脱構築に向けた多文化教育カリキュラムが、マジョリティの変容に重要になってくると思われる。

日本学術会議は、18歳選挙権などを受けて、高等学校公民科の改革に向けての提言（2016年5月）を出している。その提言には、高校での公民科の新科目で、「多様性へと開かれた関係として公共性をとらえるために、社会を構成する人々の多様性に気づかせようとする視点」として①多文化共生、②セクシュアリティの多様性とジェンダー平等、③東アジアのなかの日本、④立憲主義と民主政治、⑤哲学・倫理学的素養を重視すべきだとしている。そして、「多文化共生」に関しては、「マイノリティの人びとをどのように主流社会に溶け込ませていくかという課題だけでなく、主流社会に身を置く人びとこそが現在のマイノリティの人々が抱える問題を知り、それを深く理解することで自らが変わり、共に解決していく姿勢に立つことを可能にする教育が求められている」（日本学術会議, 2016: 8）と言っている。まさにマジョリティが変わるための教育として多文化共生教育が必要とされている。

③の「東アジア市民としての資質形成」（日本学術会議, 2016: 14）も合わせて、前半で述べてきた様々な課題を克服し、多文化共生社会を構成する市民を育成するためのカリキュラムを構想し、実践可能な体制づくり（教材づくりや教師の育成）をすすめることが今必要とされている。

《注》
1) 外国籍だけでなく、日本国籍の外国ルーツの子どもたちを含めて「外国につながる子ども」「外国につながる生徒」と表記する。
2) ここでいう「朝鮮人」は朝鮮半島をルーツとする子どもたち全般を指す言葉で、韓国籍・朝鮮籍・日本籍すべてを含む言葉として使用された。
3) 「多文化共生」「多文化共生教育」の言葉の生成に関しては、山根（2017a, 2017b）を参

照のこと。
4) 全朝教は 2002 年に、「全国在日外国人教育研究協議会」（略称全外教）に名称変更したが、その時に改定された基本方針（全外教, 2018: 101）である。
5) 鄭早苗ほか編（1995）『全国自治体在日外国人教育方針・指針集成』に実例がいくつも掲載されている。
6) たとえばハタノは、ブラジルの多様性を見ようとせず、コーヒー、サッカー、サンバなど、マジョリティが好むステレオタイプなブラジル文化を押しつけようとする3Fの問題性を指摘する（ハタノ, 2006: 63-69）。
7) 同様な問題意識からの教育実践・教材として中村（2002）や織田（2012）がある。
8) その後ベトナム（4位）やネパール（6位）の急増で、2016年末現在では、アメリカは7位、ペルーは9位である。
9) 外国につながる子どもたちに関するわかりやすい教材がないため、私も含め中・高・大の教員で、在日外国人の移住の背景や現状を理解してもらうために、まんがを使った教材として編集した書籍である。
10) 大阪府在日外国人教育研究協議会は、マイクロアグレッションの実践用教材を含んだ『ちがいドキドキ多文化共生ナビ』を発行している。

【引用文献】
石坂啓（1993）「心はイミテーション」『親友録①』集英社、33-60頁。
大阪府在日外国人教育研究協議会実践プラン集作成プロジェクト編（2017）『ちがいドキドキ多文化共生ナビ——在日外国人教育実践プラン集』大阪府在日外国人教育研究協議会。
織田雪江（2012）「『多みんぞくニホン』を生きる」開発教育研究会編著『ESD実践教材集 身近なことから世界と私を考える授業Ⅱ—オキナワ・多みんぞくニホン・核と温暖化』明石書店、49-109頁。
「外国につながる子どもたちの物語」編集委員会（2009）『まんがクラスメイトは外国人——多文化共生20の物語』明石書店。
金明秀（2018）『レイシャルハラスメントQ&A ——職場、学校での人種・民族的嫌がらせを防止する』解放出版社。
グッドマン、ダイアン・J、出口真紀子監訳、田辺希久子訳（2017）『真のダイバーシティをめざして——特権に無自覚なマジョリティのための社会的公正教育』上智大学出版。
塩原良和（2012）『共に生きる——多民族・多文化社会における対話』弘文堂。
全国在日外国人教育研究協議会（2018）『第39回全国在日外国人教育研究集会資料集』101-102頁。
鄭早苗・朴一・金英達・仲原良二・藤井幸之助編（1995）『全国自治体在日外国人教育方針・指針集成』明石書店。
中島智子（2007）「『オールドカマー』と『ニューカマー』をつなぐ」『解放教育』2007年11月号、18-24頁。

中村水名子（2002）『多民族・多文化共生の明日を拓く社会科授業』三一書房。

日本学術会議（2016）『提言 18 歳を市民に──市民性の涵養をめざす高等学校公民科の改革』日本学術会議心理学・教育学委員会　市民性の涵養という観点から高校の社会科教育の在り方を考える分科会。

ハタノ、リリアン・テルミ（2006）「在日ブラジル人を取り巻く『多文化共生』の諸問題」植田晃次・山下仁編著『「共生」の内実──批判的社会言語学からの問いかけ』三元社、55-80 頁。

松尾知明（2013）「日本における多文化教育の構築──教育のユニバーサルデザインに向けて」松尾知明編著『多文化教育をデザインする──移民時代のモデル構築』勁草書房、3-24 頁。

森茂岳雄（2013）「多文化教育のカリキュラム・デザイン──日本人性の脱構築に向けて」松尾知明編著『多文化教育をデザインする──移民時代のモデル構築』勁草書房、87-106 頁。

森茂岳雄（2014）「多文化教育」山下晋司編『公共人類学』東京大学出版会、55-68 頁。

山根俊彦（2017a）「『多文化共生』という言葉の生成と意味の変容──『多文化共生』を問い直す手がかりとして」横浜国立大学都市イノベーション研究院『常盤台人間文化論叢』第 3 巻、135-160 頁。

山根俊彦（2017b）「『多文化共生教育』の歴史と位置づけ」東京学芸大学大学院連合学校教育学研究科研究プロジェクト第 1 年次研究報告書『現代社会における差別に関する〈学び〉活動の実態と課題の歴史的解明──セクシュアル・マイノリティ、ハンセン病、在日コリアンの分析を通して』13-24 頁。

第13章

国籍法違憲訴訟から
外国人の子どもの人権を考える公民科授業実践

◆

坪井龍太

1. 実践の背景

　2017年末現在における在留外国人数は、過去最高の317万人を超えた。このうち小学生、中学生、高校生の年齢と重なる7歳から18歳の子どもは、225,000人を超える。学校の教室の中が多国籍化していることも、容易に推測できる。もちろん小学生、中学生、高校生の2017年の学校基本調査における総数は13,236,000人であるから（中等教育学校、特別支援学校を含む）、外国人児童生徒の数は、全国水準で見れば圧倒的な少数派であることは間違いない。一方で、日本国籍と外国籍の者によるいわゆる国際結婚の父母の間の子どもの数も少なくないことを考えれば、外国籍または外国につながりのある子どもたちの人権を考える授業実践は、小学校から高等学校までの社会科・公民科で、今後、重要な位置を占めると思われる。

　そこで多文化社会における社会科教育実践について考える本章では、日本国憲法下、最高裁判所8件目の違憲判決の事例となる国籍法第3条の非嫡出子の国籍取得制限について、取り上げてみたい。この判決が日本国憲法14条の「法の下の平等」をはじめてマイノリティの権利擁護のために用いたことの意義を見出し、父母の婚姻関係（＝家族関係）に起因して、国籍（＝シチズンシップ）を獲得することを切実な課題とする子どもがこの日本に存在することを、高校生とともに考えた授業実践報告を試みる。

1-1　家族の在り方の多文化化

　日本国憲法施行後、最高裁判所が法令違憲の判断を下した訴訟は、2015年12月15日、民法733条に規定されていた6ヵ月間のいわゆる女性の再婚禁止期間について、憲法14条1項及び憲法24条2項に照らし、その100日を超える部分について憲法違反とされた判決まで、これまでに10件を数える（2018年12月現在）。本章で取り上げる旧国籍法第3条の非嫡出子の国籍取得制限の違憲判決8件目の事例（2008年6月4日）、民法900条の非嫡出子の法定相続分制限の同9件目の事例（2013年9月4日）、すなわち最高裁判所の違憲判断の10回のうち、直近の3回は、すべて家族に関する事例が争われている。

　日本国憲法下の最高裁判所による法令違憲判断10件のうち、3件が家族に関することということは注目してよい。日本国憲法施行後の70年の間の家族観の変化に、それなりに対応したものと評価することも可能であろう。特に本章で取り上げる判例を通じて、家族の在り方の多様化かつ多文化化していることを考え、外国人もしくは外国につながりのある子どもの人権尊重への関心を高めることは、社会科・公民科の多文化教育実践として一つの有力な方法と考えられる。

1-2　旧国籍法第3条とは

　判例を教材化する上では、法令と争われた事件の内容を正確に精査しなくてはならない。違憲性の争われた旧国籍法第3条を調べてみる。

　2008年以前、国籍法第3条は次のように定められていた。「父母の婚姻及びその認知により嫡出子たる身分を取得した子で20歳未満のものは、認知をした父又は母が子の出生の時に日本国民であった場合において、その父又は母が現に日本国民であるとき、又はその死亡の時に日本国民であったときは、法務大臣に届け出ることによって、日本の国籍を取得することができる」（下線部筆者）。この規定が、憲法第14条1項の「法の下の平等」に違反するとされた、いわゆる国籍法違憲訴訟（最大判2008年6月4日、判例時報2002号3頁、以下本判決）が本章で注目する判例である。

　日本では、国籍取得要件の原則を血統主義とし、父または母のいずれかが日本国籍の場合、その子どもも日本国籍となる。オーストラリア・アメリカ合衆国などの移民国家は生地主義を原則としているが、日本同様、血統主義を採用

しているフランス・ベルギー・ドイツなどは、婚姻要件は定められていない。

　具体的に見てみよう。まず母が日本国籍であれば、非嫡出子の場合でも、父の認知の有無にかかわらず、子どもは日本国籍を取得できる。しかし、父が日本国籍で母が外国籍の場合はどうなるか。父と母に婚姻関係があれば、その子どもは日本国籍となるが、婚姻関係のない非嫡出子の場合には、話は複雑であった。

　まず日本国籍の父が、子どもの出生までに認知をしていれば（いわゆる胎児認知）、その子どもは日本国籍を取得できる。国籍法第2条により、「出生の時に父又は母が日本国民であるとき」は、子どもに日本国籍が与えられるからで、国籍法第2条では婚姻要件は定めていないため、出生までに日本国籍の父が認知をしていれば、子どもに日本国籍が与えられるのである。

　では、生後認知の場合、国籍はどうなったか。旧国籍法第3条では、「婚姻及びその認知」（「婚姻又はその認知」ではない）と規定されているため、父が生後認知した場合には、さらに父母が婚姻をしない限り、その子どもは日本国籍を取得できなかったのである。本判決はこの事例であり、フィリピン人を母親とする10人の子どもが、本判決によって日本国籍と確認されることになった。

　日本では、民法第732条で「配偶者のある者は重ねて婚姻をすることができない」と定め、さらに刑法第184条で「配偶者のある者が重ねて婚姻をしたときは、2年以下の懲役に処する。その相手方となって婚姻をした者も、同様とする」と重婚罪を定めるなど、配偶者の権利と地位の保護および家族制度の安定が図られている。しかし、現実には、配偶者のいる者によって、重婚しないまでも、さらには内縁関係になるにも至らず、配偶者以外の異性との享楽的な性的関係が一切生じない社会はあり得ない。たとえば、妻子のある男性が、内縁関係にも至っていない妻以外の女性との間で、子ども（非嫡出子）を出生させてしまうことはあり得る。男性にとっては、生後認知をするのが精一杯で、現在の配偶者と離婚し、生まれてきた子どもの母親である女性と新たな婚姻をする選択はできない場合もあろう。

　非嫡出子の父親である男性を、倫理的・道徳的に非難することと、生まれてきた子どもの権利を保障することは、別々に論じられなければならない。その男性と子どもは、別個に自律・独立した個人であるからだ。しかし、日本では生まれてきた非嫡出子の子どもの権利を、嫡出子同様に保障すると、結果的

に、男性に対する倫理的・道徳的非難が薄まり、家族制度の安定が損なわれることが危惧されてきた。そのため、非嫡出子の権利保障が、諸外国に比べ、遅れていたのである。

家族は、「社会の自然かつ基礎的な単位であり、社会及び国による保護を受ける権利を有する」（国際人権規約自由権規約第23条）が、一方で「法律は、あらゆる差別を禁止し（中略）、出生又は他の地位などのいかなる理由による差別に対しても平等のかつ効果的な保護をすべての者に保障する」（国際人権規約自由権規約第26条）のであって、国家の政策として家族をどのように保護するべきかを考えるうえで、家族制度の安定よりも個人（[本件の場合には]子ども）の権利保障が優越するというのが、筆者の立場である。

多文化教育は、「社会の多様性を認め、それに備えるための教育」（中島, 1998: 4）といえよう。以下、本章では、本判決を検討し、多文化教育の視点から、外国人の非嫡出子という少数者の権利保障が、公正な社会の実現に不可欠であることを理解させるための教材として、本判決をいかに活用できるかを考えてみたい。

1-3　本判決のあらまし

(1) 事実の概要

法律上の婚姻関係にない日本国籍の父とフィリピン国籍の母との間に、日本で出生し生活するフィリピン国籍の子ども10人（8歳から14歳）が、出生後父から認知を受けたことを理由として、2003年（1人）と2005年（9人）、法務大臣（窓口は法務局）宛に国籍取得届を提出した。しかし、法務大臣は、父母が法律上の婚姻関係にないため、国籍法第3条で定める国籍取得の要件を満たさない旨を通知した。そのフィリピン国籍の子ども10人が、法務大臣に対して、日本国籍を有することの確認を求めた裁判であった。

(2) 本判決の判旨

最高裁判所大法廷（裁判長　島田仁郎）は次のように判示した。

まず、「憲法第10条は、日本国民たる要件は、法律でこれを定める」と規定し、日本国民たる要件＝国籍は国家の構成員としての資格であると同時に、「基本的人権の保障、公的資格の付与、公的給付などを受ける上で、重要な意

味をもつ法的地位である」。一方、国籍に関する要件は「それぞれの国の歴史的事情、伝統、政治的、社会的および経済的環境など、種々の要因を考慮する必要がある」ことから、基本的には「立法府の裁量判断にゆだねる趣旨のものであると解される」。

しかし、国籍法の規定によって、合理的理由のない差別的取扱いが生じるときは、「憲法14条1項違反の問題が生ずることはいうまでもない」。国籍法第3条1項の規定する外国籍母の子どもは、父の認知が生後認知の場合、父母の婚姻によってはじめて国籍を取得できるが、父母の婚姻は「子にとっては自らの意思や努力によっては変えることのできない父母の身分行為に係る事柄」であり、このような事柄をもって子どもの日本国籍取得の要件に関して区別を生じさせることに合理的な理由があるか否かについて、「慎重な検討を要する」。

国籍法第3条1項による国籍取得に際し、1984年、国籍法改正当時、父母の婚姻を条件としたのは、「日本国民である父が出生後に認知した子については、父母の婚姻により嫡出子たる身分を取得することによって、日本国民である父との生活の一体化が生じ、家族生活を通じた我が国社会との密接な結び付きが生ずることから、日本国籍の取得を認めることが相当である」と考えられたことが背景にある。しかし、国籍法改正から20年以上が経ち、「夫婦共同生活の在り方を含む家族生活や親子関係に関する意識も一様ではなくなってきており、今日では、出生数に占める非嫡出子の割合が増加するなど、家族生活や親子関係の実態も変化し多様化してきている」。

また近年、日本の多文化化の進展によって、「日本国民である父と日本国民でない母との間に出生する子が増加しているところ、両親の一方のみが日本国民である場合には、同居の有無など家族生活の実態においても、法律上の婚姻やそれを背景とした親子関係の在り方についての認識においても、両親が日本国民である場合と比べてより複雑多様な面があり、その子と我が国との結び付きの強弱を両親が法律上の婚姻をしているか否かをもって直ちに測ることはできない」。これらのことを考慮すれば、父母の婚姻をもって子どもに日本国籍を与えることは「必ずしも家族生活などの実態に適合するものということはできない」。被控訴人（10人の子ども）の国籍取得届を提出した2003年ないし2005年の段階では、「国籍法3条1項の規定は憲法14条1項に違反するものであったというべきである」。

本判決は、最高裁判所大法廷 15 人の裁判官のうち、10 人の裁判官の多数意見によるものである。5 人の裁判官が反対意見を述べているほか、多数意見の 10 人の裁判官のうち、6 人が補足意見ないし意見を挙げている。合議での激しい議論の様子がうかがえる。

1-4　本判決の検討

　本判決は、戦後 8 件目の最高裁判所による法令違憲の判決として注目されたが、特に違憲とされた法令が、国籍法という国家の基本法令であり、今後、多文化化がさらに進展する日本において「国籍とは何か」「日本人とは何か」を考える上で重要である。しかも、外国人の非嫡出子という少数者の差別を理由として、最高裁判所が違憲判断をしたことの意義は大きい。本判決当時のデータ、厚生労働省の人口動態統計（2006 年）によれば、日本人母による出生に占める非嫡出子の割合は 2.1％であるが、外国人母による非嫡出子の割合は 10.7％で、実数にすると 2,794 人に及ぶ。同（2013 年）では、日本人母による出生に占める非嫡出子の割合は 2.2％と微増であるが、外国人母による非嫡出子の割合は 17.7％に上昇する。また本判決当時の読売新聞と日本経済新聞は、外国人母から生まれた 20 歳未満の非嫡出子は「数万人」と推計している[1]。最高裁判所は、この実情を踏まえた判断をしたと言えよう。

　確かに 1984 年、国籍法改正当時は、外国人といえば、いわゆる在日韓国朝鮮・台湾人といったオールドカマーが多数派であり、特別永住が認められていたため、日本での在留資格を心配する必要がなかった。しかし、1980 年代後半のバブル経済にともない、韓国・中国・フィリピンからのいわゆるニューカマーが増加し、日本の多文化化が徐々に進みはじめる。特にフィリピンからのニューカマーは、多くが女性であったといわれる。そのため、日本国内でフィリピン人女性から生まれてきた子どもの在留資格は、その発達権保障の観点からも、大きな課題となっている[2]。

　実際に、厚生労働省人口動態統計（2006 年）によると、日本人男性と外国人女性との国籍別婚姻数は、1 位がフィリピン人女性で 12,150 人、2 位が中国人女性で 12,131 人となっている。このことは、日本人男性とフィリピン人女性の接点の多さを、訴訟がはじまる当時から物語っている。いわんや、内縁関係もしくはそれに至らないまでもの関係で、フィリピン人女性から日本人男性を

父とする非嫡出子が相当数存在することもうなずける。本判決により、国籍確認を受けることができた10人は氷山の一角とも言えよう。

多文化教育は、「不可視な基準のもとで聞かれてこなかったマイノリティとしての他者の声に真摯に耳を傾けるところから始めなければならない」（松尾, 2013: 229）。その意味で本判決の多文化教育の立場から注目すべき第一は、父母の婚姻は、「子どもにはどうすることもできない父母の身分行為」であるとし、父母の婚姻をその子どもの国籍取得要件とすることは、「立法目的との合理的関連性の認められる範囲を著しく超える手段」として、社会的弱者である子どもの権利を保障する立場を鮮明にしたことである。多数意見の裁判官の一人 泉徳治が補足意見で、国際人権規約自由権規約と児童の権利に関する条約に言及したことは評価できよう。

第二に、違憲判決の効果についてである。

本判決では、憲法訴訟によって、子どもたちの国籍取得を確認した。原審（控訴審）では、「裁判所が法律にない新たな国籍取得の要件を創設する」、すなわち「裁判所が国会の本来的な機能である立法作用を行うものとして許されない」としたが、もしこの理屈が通れば、違憲立法審査権の存在意義は大きく低下してしまう。違憲立法審査権は、多数決原理に基づく議会制民主主義において、少数者の人権保障を担保する制度でもある。国籍制度や家族制度のすき間に存在する外国人非嫡出子などが、法的に救済される途を開いたことは、最高裁として先例のない判断を示したものと言うことができる。憲法訴訟によって、子どもたちの国籍取得を確認したことは、裁判所が積極的な立法作用を行使することに類似することになるため、立法府との関係で慎重な検討が必要となるが[3]、本判決が当事者（10人の子どもたち）の救済を最優先にした意義は多文化教育を論じるうえでも大きい。

国籍法のあり方は、「日本人とは何か」「日本国民とは何か」を問う重要な論点を含むものとなる[4]。それはまさしく多文化化が進展する日本での外国人の権利保障を考える上で、重要な教材となる。

1-5 本判決の社会科教育（多文化教育）での活用の可能性

本判決で日本国籍を確認された子どもたちはどのような心境だったのであろうか。

新聞報道によれば、マサミ・タピルさん（判決当時10歳）の母ロサーナさんは出生時の届出を「正美」の名で行ったところ、市役所の担当者から「日本国籍ではない」とローマ字への書き直しを命じられたという。マサミさんは、ロサーナさんが仕事上知り合った日本人男性との間に生まれた子どもであった。マサミさんは出生の一年後、父の認知を得られたのである。マサミさんは「日本人でしかかなえられない夢だった警察官になりたい」と判決後の会見で述べたという5) 6)。

　ジェイサ・アンティキエラさん（同11歳）の母リリベスさんは、1995年に知り合った日本人男性と「結婚の約束」をしたが、ジェイサさんを身ごもると、男性の態度は一変し、妻がいることもわかった。認知を求める裁判を起こし、男性を捜しだして勝訴し、さらに子どもの日本国籍を求めて集団訴訟を起こした。ジェイサさんは、フィリピンのパスポートで、母の故郷に2度行ったことがあるが、食事が合わず、やせて帰国したという。ジェイサさんは「日本のパスポートでハワイに行きたい」と会見で打ち明ける7)。

　多くの日本人にとって、日々の生活の中で、国籍を意識することは、おそらくほとんどない。しかし、日本で暮らす外国籍の人、特にマサミさんやジェイサさんのような日本生まれの日本育ちで、日本語しか話すことのできない子どもは「私って、何人なの」と自問する日々が続く。

　2006年の教育基本法改正では、教育の目標（第2条）として、「3　正義と責任、男女の平等、自他の敬愛と協力を重んずるとともに、公共の精神に基づき、主体的に社会の形成に参画し、その発展に寄与する態度を養うこと」が規定され、一人一人が社会的主体として実際に行動し、社会の中で課題を発見し、問題を解決していこうとする動的な学習へと変えなければならない。そして、子どもたちが、参加型民主主義を理解・実践するために必要な知識・スキル・価値観を身につけ、行動的な市民となることが社会科教育（公民科教育）の目標の一つとなる。

　知識注入型から行動型の社会科教育（公民科教育）へという動きは歓迎されるべきものであろう。しかし、そもそも市民権とは何なのか。市民権を得るためには、国籍を取得することが必要となるが、国籍を取得するとはどういうことなのか。「社会科において多文化教育を進める場合、行動的、参加的な市民を育成する多様な学習活動が重視されなければならない」（森茂, 1996: 118）とす

ると、ふだん国籍を意識することのない多くの日本人にとって、国籍を獲得することを切実な課題とする人々がこの日本にも存在することを学ぶことは、行動型の学習を行う前提の知識としても重要である。

　マサミさんやジェイサさんのように、日本の国籍制度や家族制度のすき間に存在するわずかな少数者を、今回は裁判所が救済した。公正や正義の追求が「私って、何人なの」と悩む子どもたちを救済しているのである。本判決を通じて、国籍を獲得することの苦悩や葛藤を学び、さらに裁判所が紛争解決を通じて、公正や正義を目指すなかで、人を救済する役割があることを学ぶことは、多文化教育の観点からも意味は大きい。

　さらに、本判決が家族のあり方を問うもので、「人間が自分の固定観念を問い直して自由になっていくためのものであると考えれば、家族の定義を求めるプロセスそのものが教育である」（久田, 1998: 52）とすれば、最も基礎的な社会集団である家族を学ぶ教材としても、本判決を活用できる。本判決の当事者の家族を見つめることを通じて、「日本人とは何か」「日本国民とは何か」ひいては「国」とは何かを子どもたちは考えられるのではないか。

2. 単元の概要

　以上のような問題意識の下、高等学校公民科で国籍法違憲訴訟最高裁大法廷判決を活用した授業を実際に行ってみることとした。

　2018年1月17日、大学教員である筆者が授業を行ったのは、首都圏にある私立女子高等学校（1学年5学級）であった。センター試験を直前にしたこの時期、すでに進学先が決まっている3年生36人を対象に、公民科の特別授業として、50分授業、2時限連続でおこなわれたものであり、本時の特別授業も「大学の先生から違憲立法審査権について学ぶ」と生徒たちには予告されていた。必修科目の政治・経済との関連が生徒たちには期待されていたようである。

　この高校は中高6年間一貫教育を行っていて、中学校社会科、高校地理歴史科・公民科を通じて、ノート作りがねばり強く指導されている。自分の意見をノートに書くことについては、日常的な学習習慣ができていると考えてよい。したがって、授業の分析は生徒の記入したメモを大いに活用できると考えた。

なお、高等学校公民科は、倫理（2年生1単位、3年生1単位）、政治・経済（3年生2単位）が必修となっていて、政経特講と呼ばれる選択科目が3年生に2単位配当されているが、履修者の数は10人程度で、地歴公民科については、大学受験を意識してか、公民科の科目よりも日本史、世界史に熱心な生徒のほうが多い。

単元は、「最高裁判所の判例を通じて学ぶ外国人の子どもたちの人権」とし、次の3点を学習目標として設定した。

①日本国憲法下での裁判所の違憲立法審査権は、少数者の人権保障のための機能があることを学び、日本国憲法に対する理解を深めることができるようになる。

②旧国籍法の規定により、日本で生まれ、育ちながら、日本国籍を取得できない外国籍の子どもたちが存在することに、関心をもつことができるようになる。

③憲法訴訟を通じて、外国籍の子どもたちが日本国籍を獲得したことを学びながら、国籍とは何か、国民とは何か、国とは何か、生徒同士のディスカッションを通じて、一人ひとりが考えを深め、自分の考えを表現できるようになる。

教材は、筆者の作成した「過去の最高裁違憲判決10件の一覧、関連する日本国憲法の条文」などをまとめたA4判1枚のプリント、本判決の報道された2008年6月5日の朝日新聞朝刊（1面と社会面の31面）、同日読売新聞朝刊（13面の解説記事）A3判3枚セットのプリントを中心に使用し、筆者が本判決について論評した2008年度の論考（坪井, 2009）、A4判13枚の冊子を「大学の先生が書く論文」として、4月から大学生になる生徒たちに補助的に参照させた。なお、教室は5～6人が向かい合って座るグループ形式（7グループ、座席は自由）とし、生徒たちが自由に意見交換ができる雰囲気になるようにした。

3. 学習活動の展開

途中に10分間の休憩の入る2時限続きの100分授業として学習指導案を作成した。

表 13-1 「最高裁判所の判例を通じて学ぶ外国人の子どもたちの人権」授業の概要

	学習項目	学習活動	指導上の留意点
導入 (10分)	違憲立法審査権は何のためにあるかを考える。	日本国憲法81条を読みながら、既習事項を思い出しつつ、三権分立の抑制と均衡の仕組みを再確認する。	裁判所による違憲立法審査権の行使が、米国連邦最高裁などに比べ、謙抑的であることの理由を考えさせ、三権分立について理解を深めるよう導く。
展開1 (20分)	戦後、過去10件の最高裁判所違憲判決の特質をつかむ。	既習事項を振り返りながら、過去10件の最高裁違憲判決を概観し、家族に関する法律が違憲とされた事例が多いことに気づく。	生徒が記録を取りやすいように配慮し、憲法の基本的人権の構造を踏まえつつ、最高裁判所が違憲と判断する事件の特質をつかませる。
展開2 (20分)	日本国憲法における外国人の人権保障を考える。 ここで10分間の休憩	憲法の条文の主語のうち、「すべて国民は」と「何人も」の異同について考え、過去の外国人の人権保障に関する最高裁の判例を振り返りながら、本判決への関心を高める。	社会権・参政権などが国籍によって保障の範囲が異なることに気づかせ、本判決を報道した新聞の写真に注目させながら、子どもたちが国籍を取得したことについて、当事者がどんな気持ちを抱いたかを考えさせる。
展開3 (20分)	当事者の気持ちを考えながら国籍法違憲訴訟最高裁大法廷判決(本判決)を生徒同士で学ぶ。	(1984年に国籍法が父系主義から父母両系主義に改正されたことも予備知識に入れ)、本判決を報道した新聞の情報を中心に学び、日本国籍を獲得できた日本で暮らすフィリピン国籍の女子児童・生徒の心情を考察する。	筆者の執筆した論考(2008年)を必要に応じて参照しながら、子どもの人権保障の観点から、本判決が導かれていることに気づかせる。
展開4 (20分)	本判決の最高裁判所の判断を生徒同士で評価する。	グループでの話し合い活動を通して、国籍とは何か、国民とは何か、国とは何かを考える。	判決のもたらす今後の課題などに適宜触れ、自分が将来、もしも国際結婚をするとしたら、といった当事者意識を涵養するよう努める。
結び (20分)	きょう学んだことをまとめる。	きょう学んだことをノートにまとめ、自由に記述する。	学習成果のまとめとして、自由な表現で記述を促す。

4. 学びの軌跡

　大学教員である筆者が高校3年生36名の授業で「飛びこみ」の実践をし、生徒たちにどのような知識が定着し、思考をうながせたかを軽々に論ずるわけにはいくまい。筆者なりに生徒たちが記録や感想を記述できる時間を、授業内に充分に用意したつもりであるが、生徒たちのノート記述を見ながら、学びの

軌跡をささやかに振り返ってみたい。

4-1　展開1と展開2の学び

　公民科「政治・経済」の既習事項を活かしつつ、違憲立法審査権行使の謙抑性とともに、少数派（ここでは外国籍の子ども）の人権保障の機能としての違憲立法審査権の特質を理解させるように試みた。生徒たちの学び合いよりも、講義形式を重視した形となったが、生徒の中からは以下のような反応があった。

展開1と展開2のあとの反応

- 最高裁判所の判決にはグローバル化にともなう diversity や家族観の変化が表れていると思った。
- 外国人は日本で少数派、マイノリティになる。そこでも人権を守るべきである。
- 親子同士が結婚せずとも、日本国籍を得るケースが発生。日本人の条件とは？
- 自分の知らないことばかりで、日本に日本人としていると、気づかないことがあまりに多いと感じました。自分が外国に住み、他国籍人としていることになれば、同じ立場になることを思うと、このようなニュースを見たときの意識が変わり、しっかり考えなくてはいけないと思いました。

　Diversity、マイノリティ、日本人の条件、他国籍人など、本授業の展開を的確にとらえている記述が散見できた。また、ノート記述も生徒の工夫の凝らしたものが見受けられた。

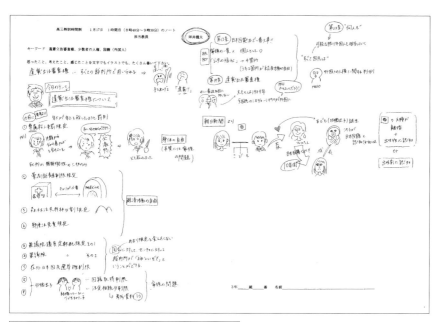

生徒のノート記述
（イラストなども挿入されている）

第13章　国籍法違憲訴訟から外国人の子どもの人権を考える公民科授業実践

4-2 展開3と展開4の学び

　後半は、本判決について新聞を用いて説明し、グループでのディスカッションを徐々に取り入れた。日本で暮らすフィリピン国籍の子どもの家族に注目させながらも、父母の婚姻は「子にとっては自らの意思や努力によっては変えることのできない父母の身分行為に係る事柄」という本判決の一節に注目させ、子どもの人権について考察するようにうながした。

展開3での子どもの人権に関する記述例

- 子供は家族という血縁関係の中の一部である前、ひとりの人間である。どんな人間であっても、人権は尊重すべきだ。それは世界共通認識でないといけないと思う。
- 今回紹介された事例は子供が日本人として生きることを望んでいるが、すべてが必ずしも同じであるわけはない。父親の認知が得られた場合、子供がまだ幼いならば、母親が国籍を仮決定し、その後、子供がある程度の年齢、たとえば18歳までと時間づけをして正式に国籍を決定できる仕組みを作るのはどうだろうか。自らの人生を人権を尊重した上で自ら決めるべきである。
- 外国人は日本においてこれからもっと増えていくわけであり、その分、様々な家族が生まれるのは回避できない。そのような状況において、子供の権利を守ることがまず一番大事なのではないか。子供は親を決定することができないのであり、社会的弱者である。そういった子供の権利を保障することは必要だと思った。

　また国籍を子ども自身が選ぶ、という発想が見られ、グループによってはフランスの事例を挙げて、次のような意見も見られた。

展開3でのグループディスカッションでフランスの事例が出た記述

- 日本に滞在する外国人が増えてきている現代の日本では、外国人の子供の権利を見直す必要があると考えた。フランスの国籍法の話を聞いて、それを日本に導入することが子供の権利を守るのによいと感じた。しかし移民・難民の問題にはあまり対処していないと感じる日本はフランスと大きく異なるので、簡単に導入できることでも無いと考えた。

展開4はグループで自由に話し合い、その内容をノートに記述させることを試みたが、筆者の発問が「本判決をどう思うか」という抽象的なものであったため、生徒に「何を話し合えばよいのか」を明確に示すことができなかった反省点がある。「何とか議論を」と思った筆者が、思わず偽装認知、仮装認知の問題（DNA鑑定の是非）に言及してしまったため、議論が少数者の人権保障というテーマからずれてしまったことは、授業の構成として適切ではなかった。

展開4でDNA鑑定の積極的な活用を考えてしまった生徒の記述

- 「誰が親か」や「親の認知があるかないか」で国籍を決めようとするから複雑になってしまうと思いました。それなら生まれてくる子全員にDNA鑑定をさせて父か母かの国籍をとりあえず両親に決めさせて、改めて大人になったときに本人に決めさせるのがいいと思いました。

　DNA鑑定の問題点を指摘する生徒もいたが、科学技術の発達について、慎重な取扱いが求められることを本時のなかで取り上げることはできなかった。
　もちろん外国籍の子どもという少数者の人権を考察することを通じて、これからの多文化社会を生きる上で大切なことに気づいている生徒も多い。筆者は、後半の展開3と展開4のキーワードとして、多文化社会、シチズンシップを生徒にさりげなく提示していたが、そこに意図的かどうかは別にして反応した記述もあった。

展開3と展開4で多文化社会への気付きが読み取れる記述

- 国籍をあまり意識しない生活を送る私たちがいる一方で、国籍について毎日考えざるを得ない生活を送る人がいると言うことを忘れてはならないと思った。
- 外国人が観光客以外でも増えているこの世の中、多数派に属する私たちが積極に少数派に歩み寄り、どうしていくべきか、どうしたら少数派が快適に暮らせるかを主体的に考えることが大切だと思いました。
- 裁判所の人が「自分はどの国の出身で、何人なのか」と苦しみ悩んでいる人たちの救済をしていると書かれており、そう言われてみると、私も「日本人って何だろう」「日本人と呼べるのはどこまでの範囲なんだろう」また「国境」とはいったい何なのかを深く考えさせられた。

5. 新たな実践に向けて

　2018年3月30日に高等学校新学習指導要領が公表された。そこでは公民科の目標について、「社会的な見方・考え方を働かせ，現代の諸課題を追究したり解決したりする活動を通して，広い視野に立ち，グローバル化する国際社会に主体的に生きる平和で民主的な国家および社会の有為な形成者に必要な公民としての資質・能力を（次のとおり）育成することを目指す」とされた。「社会的な見方・考え方」の中には、自分とは異なる境遇で暮らす人々（外国籍で暮らし、日本国籍の取得を望む人々）への想像力も含まれよう。それは多文化社会への想像力である。

　高等学校公民科の学習で、教科書の文字や資料から吸収していることを、実際の事例のなかから考える機会を作り、「社会的な見方・考え方」を広げることも、今後さらに求められる。ふだん国籍を意識することのない多くの日本人にとって、「外国人の問題を問うことは、日本人である自分自身を問うことでもある」（松尾, 2013: 227）ことを考えられた本実践での生徒のノート記述は、示唆に富む。

　憲法学者の長谷部恭男は「多様な生き方、考え方に寛容で人々の幸福の増進をめざす平和な社会に、あらゆる人々が魅力を感じるに違いないと信じている。比較不能で多様な価値の競合がこの世の現実だとすれば、なおさらそうであろう」（長谷部, 2000: 71）と述べる。子どもたちが、主体的に多文化社会で生きるために、参加型民主主義を理解・実践するための必要な想像力の涵養を、教師自身が公民科の授業で教材化していく必要があろう。憲法判例の活用はその一つの可能性なのではないか。

《注》
1) 読売新聞・日本経済新聞とも2008年6月5日付朝刊（東京本社版）による。
2) 外国人の子どもの教育問題について、判決当時の有力な論考として小内（2008）を参照されたい。
3) 判決中の補足意見や反対意見をみると、司法による直接の救済について、合議での激しい議論が窺われる。
4) もちろん、国籍取得のみを目的とした仮装認知を防止する問題、外国に在住する本事例

同様の子どもの日本国籍請求の問題など、国籍法のあり方を問う課題は山積している。
5) 毎日新聞 2008 年 6 月 5 日付朝刊（東京本社版）による。
6) マサミ・タピルさんのその後は、東京新聞社会部編（2013）を参照されたい。
7) 5) と同じ。

【引用文献】
厚生労働省（2006）「平成 18 年 人口動態統計月報年計（概数）の概況」https://www.mhlw.go.jp/toukei/saikin/hw/jinkou/geppo/nengai06/index.html（最終閲覧日 2019 年 3 月 3 日）
小内透（2008）「外国人の子どもの教育問題　過去・現在・未来」『ジュリスト』有斐閣、No.1350、38-44 頁。
坪井龍太（2009）「判例評論　国籍法違憲訴訟最高裁大法廷判決――シチズンシップ教育での本判決活用の可能性を視野に入れながら」東洋英和女学院大学『人文・社会科学論集』第 26 号（2008 年度）、61-73 頁。
東京新聞社会部編（2013）「国籍の違う姉妹」『憲法と、生きる』岩波書店、52-55 頁。
久田邦明（1988）「若者組的共同体に注目」『AERA Mook 家族学のみかた』朝日新聞社、50-53 頁。
中島智子編著（1998）『多文化教育――多様性のための教育学』明石書店。
長谷部恭男（2000）『比較不能な価値の迷路――リベラルデモクラシーの憲法理論』東京大学出版会。
松尾知明（2013）『多文化教育がわかる事典――ありのままに生きられる社会をめざして』明石書店。
森茂岳雄（1996）「学校と日本型多文化教育――社会科教育を中心として」駒井洋監修、広田康生編『講座　外国人定住問題〔第 3 巻〕多文化主義と多文化教育』明石書店、93-123 頁。

「実践研究」の類型

　「実践研究」といわれる研究は多様である。どのような研究を「実践研究」とするかは、なかなかに難しい。ここでは、「実践研究」を構成する要素を、以下の六つに整理した。

①実践開発の理論的検討 ＞ ②実践構想の開発 ＞ ③開発した構想の実践 ＞ ④実践の全体像・学びの実態 ＞ ⑤実践の成果と課題の考察 ＞ ⑥新たな実践構想開発

　「実践研究」は、この六つの要素の組み合わせによって、以下の四つの類型に分けることができる。

類型	要素	概要
(1) 実践構想開発研究	①＋②	検討した学習論・教材論に基づいて、単元構想や教授書を作成する。
(2) 実践報告	①〜④	検討した学習論・教材論に基づいて、単元構想を行い、実際に実践し、その実態まで報告する。
(3) 実践研究	①〜⑤	検討した学習論・教材論に基づいて、単元構想を行い、実際に実践し、その実態を踏まえて、実践の成果と課題の考察を論じる。
(4) 再構成型実践開発研究	①〜⑥	検討した学習論・教材論に基づいて、単元構想を行い、実際に実践し、その実態に基づく実践の成果と課題の考察をフィードバックした新たな実践の構想を開発する。

　一般に「実践研究」とされるのは、(3)の類型である。「実践研究」は、研究対象が授業実践であるため、構想の開発に留めるのではなく、実際に実践にかけること（要素③）が必要である。加えて「研究」である以上、実践に関するエビデンス（要素④）とその分析による考察（要素⑤）が必要である。

　本書第Ⅲ部に掲載された「実践研究」は、すべて「(4)再構成型実践開発研究」である。「(3)実践研究」の開発研究的側面を強化した類型である。六つの要素に関する記述の濃淡はあるが、新たな実践を「開発」して、その成果と課題を子どもの学びの実態を根拠として考察した上で、その考察をフィードバックし、よりよい新たな実践構想（要素⑥）を開発している。

（桐谷正信）

第Ⅳ部
北米の社会科における多文化教育の展開

　第Ⅳ部は、多文化教育の実践、研究が活発に行われている北米の社会科における多文化教育の展開についての論考を集めた。前部までの13の論考は多文化教育そのものに焦点を当てて、理論研究と実践研究を展開している。これに対し、社会科の内容領域が「多文化教育として」どう展開されているか、それが社会科においていかなる意味をもつかを検討した研究と、公教育カリキュラムが「多文化教育として」どう企図されているかを検討した研究を掲載した。これらの論考はいずれも、多文化社会における社会科のありようを示唆してくれている。

　第14章は、アメリカの法教育における社会正義のプログラムを取り上げて分析することを通して、多文化法教育の展開を解明している。

　第15章は、アメリカにおけるアクション・シビックスの代表的なプログラムを比較することで、社会正義を志向するシティズンシップ教育の方法的特徴を明らかにしている。

　第16章は、合衆国の未編入領土としてアメリカ式の教育を展開してきたグアムの社会科におけるアイデンティティ形成と多文化教育の共存の問題を指摘している。

　第17章は、集団的アイデンティティを保持しながらもカナダに帰属する自覚を育てるという、社会科共通カリキュラム・フレームワーク策定の特徴を浮き彫りにしている。

第14章

アメリカの社会科における多文化法教育の展開

磯山恭子

1. はじめに

　本章の目的[1]は、アメリカ合衆国（以下、アメリカと略）の法教育（Law-Related Education）における社会正義[2]のプログラムを分析することを通じて、多文化法教育（Multicultural Law-Related Education）の展開を明らかにすることである。本小論で着目する多文化法教育とは、多文化主義に基づく法教育を指している。本小論では、法教育の背景の一つである多文化主義の規範理論に基づき、これまで、あまり着目されてこなかった多文化法教育プログラムの内容構成の特色を考察する。

　アメリカの法教育とは「法律家ではない者を対象に、法全般、法形成過程、法制度と、それらが基づいている原理と価値に関する知識と技能を提供する教育」であると定義される（Law-Related Education Act of 1978, P. L. 95–561）。法的リテラシー（legal litercay）の育成を教育目標とする法教育は、多様な制定法のみならず法的な概念、民主的な価値や文化的な背景による慣習といった広義の法を教育内容とし、多様な教育方法を取り入れるものである（Study Group on Law-Related Education, 1978）。

　アメリカに多数存在する多文化法教育プログラムには、次の三つの課題がある。第一に、アメリカ全体に影響力をもつ国家レベルのものではなく、各州の個別の実態に合わせた州レベルのものが多い。第二に、対象学年を特定の学年に限定したものや、多文化法教育の理念が不明瞭なものが少なくない。第三に、多文化法教育プログラムには、各州のマイノリティの権利の現状をもと

に、各州の個別の法的事象をテーマに構成されている傾向が見られる。

そこで、本小論では、法教育プログラム"Diversity and the Law（多様性と法）"（Mertz, 1995）および"Desegregation in Delaware: Celebrating Brown（デラウェア州の人種差別の撤廃――ブラウン判決を讃える）"（Delaware Law Related Education Center, 2015）をもとに考察する。"Diversity and the Law"は、発達段階に応じて、アメリカ全体にとって普遍的な多文化法教育プログラムを構成している。"Desegregation in Delaware: Celebrating Brown"は、各州の個別の法的事象にとどまらず、アメリカ全体で共有される法的事象をテーマに構成されている。そのため、これら二つの法教育プログラムは、先述した課題を克服する代表的な多文化法教育プログラムとして、注目に値するものであると考える。

2. 多文化法教育の理念

多文化教育および民族性に関する研究者であるコルテス（C. E. Cortes）は、文化的リテラシー（cultural literacy）と法的リテラシーとの関係性から、多文化法教育の理念を論じている（Cortes, 1980）。文化的リテラシーとは、「社会および世界における文化と民族の完全な理解」（Cortes, 1980: 56）を意味する。法的リテラシーとは、「アメリカの法システムと関連する概念、技能、手続きの明確な理解」「法システムと関連する個人および社会の価値の完全な探究、理解、応用」（Cortes, 1980: 56）を意味する。

これらの文化的リテラシーと法的リテラシーとは、相互に関連しているとされる。具体的には、「人は、法に関する視点から、民族的および文化的な経験を理解することがなければ、文化的リテラシーを身につけることができない。また、人は、社会正義のための闘争を支援したり、妨げたりする法の役割をはじめ、私たちの法システム、法機関、法に関する手続きが、民族的および文化的に関係し、影響していることを理解することがなければ、法的リテラシーを身につけることができない」（Cortes, 1980: 56-57）とコルテスはまとめている。

このことから、多文化法教育の基本的な考え方は、次の三つに整理することができると考える。第一に、多文化法教育は、文化的リテラシーと法的リテラシーとの関係性を視野に入れて成り立っていることである。第二に、多文化法教育は、法的な見方と民族的および文化的な見方を相互に関連づける試みで

あることである。第三に、多文化法教育は、法システム、法機関、法に関する手続きの中でも、とりわけ社会正義に関する法の役割に注目していることである。

コルテスは、多文化主義に基づく法教育を、多文化法教育と呼んでいる。そして、多文化法教育の目標として、表14-1の通り、12の観点を具体的に提示している。これらの12の観点は、多文化法教育の中核となる目標、理解に関する目標、技能に関する目標、最終的な目標として、次のように分類することができる。

①の観点には、多文化法教育の中核となる目標が挙げられている。この観点から、多文化法教育の中核となる目標は、法的実践能力（legal competence）の実際的な育成と多文化社会における市民的資質の育成にあることがわかる。法的リテラシーに位置づく法的実践能力とは、日常生活と法との関連を意識し、主体的に法に関与し、理性的な判断に基づく意思決定を行い、市民として積極的に責任ある行動をする能力である（Rowe, 1992）。

表14-1　多文化法教育の目標

①個人および集団の目的を達成するために、法の技能を利用する実践能力を育成するとともに、法に基づく多文化社会における責任ある市民として、効果的に役割を果たすことができる。
②多文化社会において、生徒がその役割を果たすように、法や法形成過程に関する基本的な概念を理解できる。
③異なる民族的および文化的集団に属する人（異なる性別、年齢集団、経済状況および身体的状態をもつ人）に対する様々な影響や、社会正義と人間の尊厳への追求との関係など、アメリカ合衆国の法、法形成過程および政治のシステムの原理、理想と現実に関する知識を高める。
④民族的および文化的集団の構成員が直面する特別な問題など、ほかの社会勢力、社会変化および社会問題の法的な主張のための法と法機関との関係を理解できる。
⑤個人の自由、集団の要求と願望、効果的に社会を機能させることとの間に起こる紛争など、一般的な社会の特性として紛争を理解できる。
⑥民族的および文化的で、多様な国家的解釈や法、法システム、法の履行に対する見方、法に関連する事象、価値、行動など、社会的な現象への対立し合う考え方や、多様なものの見方を考えることを学習する。
⑦私たちの社会をつくっている社会や多様な集団（民族的および文化的集団）の見方、価値、理想と関わらせて、自分自身の価値や態度を分類することができる。

⑧民族的なものの見方と、態度と行動に対する文化的な要因の影響への理解など、探究、批判的思考、分析と統合に関する技能を育成する。
⑨民族的および文化的集団に関わりのあることなど、様々な状況の中で、適切な行動の選択肢をいくつか見つけ、これらの行動の予想される結果を主張することができる。
⑩政治システム、効果的な法システムの利用と、変化する法への参加など、多文化的で、民主的な社会の枠組みの範囲で知識をもち、決定を考え、適切で効果的な行動をすることができる。
⑪社会的なカリキュラムが民族的集団と法との関係を教育する方法など、法に関する社会的なカリキュラムを認識できる。
⑫アメリカ合衆国の法の基本的な原理や価値と、それらの他国の法システムとの類似性や相違性を理解できる。

(Cortes, 1980 より筆者訳出)

②から⑤の観点には、多文化法教育の理解に関する目標が挙げられている。換言するならば、これらの観点から、多文化法教育の内容事項を把握できる。具体的には、「法や法形成過程に関する基本的な概念」「民族的および文化的集団に属する人に対する様々な影響や、社会正義と人間の尊厳への追求との関係」「民族的および文化的集団の構成員が直面する特別な問題の法的な主張のための法と法機関との関係」「個人の自由、集団の要求と願望、効果的に社会を機能させることとの間に起こる紛争」である。

⑥から⑩の観点には、多文化法教育の技能に関する目標が挙げられている。これらの観点から、多文化法教育では、思考技能、表現技能、社会参加技能をはじめとする様々な技能習得が目指されることがわかる。具体的には、「法的なものの見方や考え方、多様なものの見方や考え方」「社会や多様な集団の見方と自己の価値や態度の形成」「探究、批判的思考、分析と統合に関する技能」「適切な行動の選択肢と予想される行動の結果の主張」「法への参加など、多文化的で、民主的な決定と行動」である。

⑪と⑫の観点には、多文化法教育の最終的な目標が挙げられている。これらの観点から、多文化法教育では、「社会的なカリキュラムの認識」「アメリカ合衆国の法の基本的な原理と価値の理解」が最終的に目指されることがわかる。

多文化法教育とは、法と民族性との関係性の視点から多文化主義をとらえ、子どもに必要な意識や能力を育成するための教育である。このような多文化法教育を考察するにあたり、石山文彦による多文化主義の規範理論に関する研究

は示唆に富んでいる。様々な多文化主義に関する議論がなされているが、多文化主義とは、様々な「差異の政治」の要求の是非の判断のための原理を追究する理論であり、様々な民族、国家による文化および価値への積極的な認知を要求する実践である（石山，1997：43-46, 2003：45）。多文化主義の規範理論の分析から、三つの基本前提があるとされている（石山，1997：43-60）。第一に、自由の基盤としての文化の重要性である。具体的には、「自由を実現可能にする基盤的条件の一つとして文化を位置づけ、そのことを根拠として、豊かな文化の維持の必要性」（石山，1997：47）を説くことを意味している。第二に、集団的アイデンティティの承認の必要性である。具体的には、「個人にとってのアイデンティティの重要性」（石山，1997：48）が主張され、「アイデンティティを他者から適切に承認される」（石山，1997：48）ことを意味する。第三に、政治的統合を可能にする同胞意識の必要性である。具体的には、「諸個人の政治的結合を可能にするには、同胞意識の共有が必要であると考えられており、さらにこの同胞意識の基礎として、文化の共有が位置づけられている」（石山，1997：49）ことを意味する。このことには、次の二つの観点を視野に入れることが求められるとされている。第一に、「政治的結合に伴う諸個人間における利益と負担のバランス」（石山，1997：49）である。第二に、「文化を共有する集団を、民主主義的に行動する能動的主体として位置づけること」（石山，1997：49）である。

3. 多文化法教育の背景

先述した多文化法教育の理念から、多文化法教育カリキュラムは、社会正義をスコープとして構成されていると言える[3]。そこで、法教育の理念を踏まえながら、その社会正義の背景を整理していく[4]。

法教育は、グローバル教育、多文化教育、批判的思考の育成のための教育と並び、市民的資質教育（Citizenship Education）を代表する様々な方法論の一つである（Parker and Kaltsounis., 1986）。市民的資質教育に関する研究者であるパーカー（W. C. Parker）とカルスーニース（T. Kaltsounis）によれば、法教育は、「様々な発達段階にある個人が法に関係する方法」（Parker and Kaltsounis, 1986: 16）にあたる法的な見方・考え方を育成するものであるとされる。法教育には、「市民

に必要な正義という概念を育成する」(Parker and Kaltsounis, 1986: 16) ことを目指す市民的資質教育であるという特色があるとされる。すなわち、法教育は、アメリカの法の根底の価値である正義を市民が再認識し、そのような正義に関連する法的な問題を解決するための技能を市民が獲得するものであると判断できる。

　さらに、法教育のナショナル・スタンダードとして、1995年に作成された"Essentials of Law-Related Education（法教育指針）"(American Bar Association Division for Public Education, 1995) からも、正義という概念の重要性を読み取ることができる。これによれば、法教育において認識されるべき基礎的教養としてとらえられる法教育の内容として、正義という概念があげられ、その事項として、次の六つが提示されている。具体的には、「様々な社会における正義の理想と実践」「アメリカの政府と社会における裁判とほかの機関の役割／裁判制度の専門家」「社会における論争や紛争を解決するための当事者対抗主義とほかの機構の役割」「特定の実践、決定およびできごとが正義の理想を実現するあるいはしないという考え方」「アメリカとほかの社会において正義の実現が個人や集団にとって理想を高めるという考え方（歴史的にも現在でも）」「合衆国の裁判制度のある特質や価値の定義」である（American Bar Association Division for Public Education, 1995: 7）。

　このように、法教育の理念では、正義の取り扱いが重視されている。多文化法教育の理念では、正義の中でも、とりわけ民族的、文化的多様性やマイノリティ、人種差別といった社会正義の取り扱いが重視されていることがわかる。

4. 多文化法教育プログラムの特色

4-1　法教育プログラム "Diversity and the Law" の内容構成

　"Diversity and the Law" は、1995年にアメリカの弁護士の組織である American Bar Association（アメリカ法律家協会）のメルツ（G. Merts）によって開発された。本組織は、1971年以降、多数の国家レベルの法教育カリキュラムの開発に取り組んでおり、法教育の進展と拡充に大きな役割を担ってきた。"Diversity and the Law" は、教師と法律専門家との連携を視野に入れた "Lawyers in the Classroom（教室における法律家）" シリーズのうちの一つである。

"Diversity and the Law"は、社会正義の視点に基づき、第4学年から第6学年までの小学校高学年段階、第6学年から第8学年までの中等学校段階、第9学年から第12学年までの高等学校段階の生徒を対象に、第4学年から第12学年までの多文化法教育プログラムを構成している[5]。"Diversity and the Law"のねらいは、生徒に多文化主義の法的な側面を教えることである。

　"Diversity and the Law"には、法案を提案し、模擬公聴会を行うという特徴的な学習活動がある。生徒は、多様な立場の視点を踏まえながら、提案された法案を分析し、議論をする。その議論の後で、生徒は、提案された法案を可決するか、否決するか、修正するかを投票し、意思決定を行う。

　具体的には、表14-2の通り、"Diversity and the Law"は、小学校高学年段階を対象とする「マイノリティの保護」、中等学校段階を対象とする「合衆国憲法、国勢調査と多様性」、高等学校段階を対象とする「多様な生徒集団への教育の権利」を法的な内容としている。

　小学校高学年段階では、授業の目標を二つ設定している。第一に、マイノリティの立場とマジョリティの立場という概念を理解し、活用できることである。第二に、法に関する概念に、生徒がもっているマイノリティの立場とマジョリティの立場に関する知識を当てはめることである。小学校高学年段階の授業では、生徒は、マジョリティとマイノリティの概念を事象に当てはめて考え、社会における人々に当てはめて考え、法的な原則に当てはめる学習をする。

　中等学校段階と高等学校段階では、共通する授業の目標を三つ設定している。第一に、公立学校において登録されている生徒を分類することの合憲性を定義している判決と立法機関制定法を知ることである。第二に、特定の集団を排除する公立学校の存在に関する賛成と反対の議論を知ることである。第三に、不平等な教育機会を是正しようとする法案を評価するように、法的な歴史や政治的な歴史を当てはめることである。さらに、高等学校段階では、多様性を認識するとともに、アメリカの人口において、多様性が増している傾向を説明することを、第四の授業の目標として設定している。中等学校段階の授業では、生徒は、あるグループの利益のために学校における多様性を最も認めるとする取り組みだけでなく、公教育において、アメリカ社会における人種差別の撤廃の試みを学習する。高等学校段階の授業では、ある状況のもとで、学校

表14-2 "Diversity and the Law" の内容構成

学年	テーマ	内容
第4学年〜第6学年	マイノリティの保護	法律専門家によって指導される授業は、マジョリティとマイノリティの概念に焦点を当てている。まず、生徒は、事象に注目し、次に、私たちの社会の人々に注目し、さらに法的な原理に当てはめるようになる。電話帳に掲載されている地域の教会やレストランを分類するために、生徒は、小集団による学習活動を行う。そして、生徒は、どれがマジョリティで、どれがマイノリティなのかを決定する。小集団による学習活動の後、法律専門家は、生徒の発見の報告を聞き、多様性の概念を議論する。生徒は、社会におけるマジョリティ集団とマイノリティ集団の一覧をつくり、望んであるいは環境によって、マジョリティ集団とマイノリティ集団の一員になることを認識し、法律によって保護されているマイノリティを学ぶ。法律専門家の訪問の後で、多様性というテーマのもとで、生徒に掲示板をつくらせる。マイノリティの権利を保護するために、クラスや学校のルールを書かせるよう促す。
第6学年〜第8学年	合衆国憲法、国勢調査と多様性	法律専門家によって指導される授業は、アメリカ社会、とりわけ公教育における人種差別の撤廃のための試みに焦点を当てている。そのことと同時に、ある集団の利益のために、学校の人種差別を復活させる努力に焦点を当てている。まず、生徒は、アメリカ合衆国国勢調査によって示されていることから、人口の多様性が増していることと、民族的アイデンティティの強調が増していることを発見する。次に、小集団による学習活動を行い、生徒は、公教育のシステムにおいて、特定の集団の統合を認めるアメリカ合衆国最高裁判所判決を考える。さらに、クラス全体は、ある集団の利益のために、生徒を分離する動向を調査し、この目的に対して提案された法案の合憲性を評価する。法律専門家の授業の後で、最も生徒の多様性を認めた集団のための分離された学校に関する自分自身の法案を作成させる。さらに、ある集団のための分離された学校か特別な学校をつくる動向に関する模擬公聴会を開催する。
第9学年〜第12学年	多様な生徒集団への教育の権利	法律専門家によって指導される授業は、アメリカ合衆国、とりわけ公教育における人種差別の撤廃の措置の法的な動向に焦点を当てている。そのことと同時に、ある状況のもとで、学校の人種差別を復活させる試みに焦点を当てている。導入の作業として、生徒は、人口の多様性が増していることと、民族的アイデンティティの強調が増していることを発見するために、アメリカ合衆国国勢調査の年表を解釈する。小集団による学習活動を行い、生徒は、公教育のシステムにおいて、特定の集団の統合を許可するアメリカ合衆国最高裁判所判決を考える。さらに、クラス全体は、人種集団、ジェンダー集団、宗教集団の利益のために、人種集団、ジェンダー集団、宗教集団を排他的に扱う学校を設立しようとする動向を調査し、この目的に対して提案された法案の合憲性を評価する。法律専門家の授業の後で、最も生徒の多様性を認めた集団のための分離された学校に関する自分自身の法案を作成させる。さらに、文化的多様性の憲法に基づく保護に関する生徒会議を開催するよう考える。

(Mertz, 1995より筆者訳出)

における多様性を最も認めようとする最近の試みだけではなく、公教育において、アメリカ合衆国における人種差別の撤廃の措置を求める法的な動向を学習する。

4-2 法教育プログラム "Desegregation in Delaware: Celebrating Brown" の内容構成

"Desegregation in Delaware: Celebrating Brown" は、Delaware Law Related

Education Center, Inc.（デラウェア州法教育センター）によって開発された。本組織は、2007年以降、州レベルの法教育カリキュラムの開発に取り組んでおり、デラウェア州の学校および地域社会に法教育に関するサービスを提供している。教育者、法律専門家、そのほかのコミュニティのリーダーとの連携に基づく本組織は、法の支配に基づく社会で機能する必要がある生徒のために、学習の体験と技能の開発を積極的に促進することを目指している。

"Desegregation in Delaware: Celebrating Brown" は、ブラウン判決を讃えて、デラウェア州が学校の人種差別の撤廃とブラウン判決において果たした独自の役割を強調するために開発された。アメリカ合衆国最高裁判所によるブラウン判決には、1954年の黒人と白人を分離して公立学校で教育する人種別教育を違憲とする第1次ブラウン判決[6]と、1955年の人種統合の実現された公立学校に黒人を入学させ、必要かつ適切な措置を教育委員会にとらせるため、事件を連邦裁判所に差し戻す第2次ブラウン判決[7]がある。ブラウン判決は、カンザス州、デラウェア州、サウス・キャロライナ州、ヴァージニア州、ワシントン D.C. の同様の訴訟が統合されて争われた。"Desegregation in Delaware: Celebrating Brown" は、このようにブラウン判決で重要な役割を担ったデラウェア州の判決を年代順に、国家の公民権法の発展と関連づけて、第4学年から第12学年までの多文化法教育プログラムを構成している。

具体的には、表14-3の通り、"Desegregation in Delaware: Celebrating Brown" は、「デラウェア大学の人種差別の撤廃」「デラウェア州のブラウン判決」「ミルフォードの抵抗」「ブラウン判決の実行の紛争」「ベルトン対ゲッブハートとブラー対ゲッブハートの模擬裁判シナリオ」を法的な内容としている。

「デラウェア大学の人種差別の撤廃」の授業では、授業の目標を三つ設定している。第一に、パーカー対デラウェア大学の判決を分析し、判決の結果についての結論に達することである。第二に、「法の支配」が、法廷がどのような場合に決定することができるかを説明する方法を記述することである。第三に、裁判所の判決が私たちの社会をどのように変えるかを決定することである。

「デラウェア州のブラウン判決」の授業では、授業の目標を四つ設定している。第一に、パーカーに関する知識をベルトンの事例に適用し、州裁判所と連邦裁判所との関係を説明することである。第二に、公平および公正の原理と、

どのようにその原理がパーカーの事例を解決するために活用されるかを説明することである。第三に、二つの人種差別のある学校システムを比較して、人種差別が、アフリカ系アメリカ人と白人の子どもに及ぼした影響を、理解することである。第四に、裁判所に提示された書類を分析することで、アメリカ合衆国最高裁判所のブラウン判決へのデラウェア州とウィルミントン教育委員会の初動の対応を評価することである。

表14-3 "Desegregation in Delaware: Celebrating Brown" の内容構成

授業のテーマ	主要な問いと授業の概要
1. デラウェア大学の人種差別の撤廃	どのように、「法の支配」は、伝統と変化との対立のバランスを取るために、役立つか？ 　この授業は、1950年に、裁判所に命じられて、デラウェア大学の人種差別の撤廃に導いたパーカー対デラウェア大学の判決学習である。この判決では、生徒に、「分離すれども平等」と「法の支配」の概念とともに、これらの概念がこの特定の判決にどのように適用されたかを分析させる。この授業は、法を通じて公共政策の伝統、変化、適応に焦点を当てている。
2. デラウェア州のブラウン判決	どのように、裁判所は偏りなく公平で公正であることを判断するために情報を利用するか？ 　この授業では、ブラウン判決におけるデラウェア州の役割の重要性を教えるために、デラウェア州の二つの学校の人種差別の事例による文書を使用する。生徒は、州法と連邦裁判所の制度の関係、公平および公正の原理、およびブラウン判決にデラウェア州がどのように対応したかを考察する。それは2002年のPBSのドキュメンタリー「ジム・クロウの歴史」を支援するために開発されたワシントン州オリンピアのエバーグリーン州立大学図書館のリザ・R・ログナスによって開発された授業の一部を使用する。弁護側の冒頭陳述、フレデリック・ウェルサムの証言、漫画のイメージ、そしてサイツ判事の意見の一部は、ログナスの授業を基にしており、許可を得てこの資料を使用している。三つの展示品は、第2次ブラウン判決のアメリカ合衆国最高裁判所判決に関与したデラウェア州の法廷弁護士からのものである。二つの判決の背景と、どのように判決が裁判所を移動したのかということに関する表もある。
3. ミルフォードの抵抗	どのように、政府は、効果的に、法における論争となる変化を実行することができるか？ 　この授業では、ミルフォード教育委員会が、1954年のアメリカ合衆国最高裁判所のブラウン判決に対応するために、ミルフォード高校の人種差別の撤廃を試みた時に、デラウェア州のミルフォードで起こったことを評価するために、文書の分析やそのほかの主要な情報源を使用する。生徒に、アメリカ合衆国最高裁の判決を実行する際の地方政府、州政府および国家政府の役割と責任を考察するよう促す。

授業のテーマ	主要な問いと授業の概要
4. ブラウン判決の実行の紛争	どのように、政府は、国民の要求と欲求の変化に適応しようとしているか？　この授業では、デラウェア州、バージニア州、および原告のための弁護士によってアメリカ合衆国最高裁判所に提出された報告書の一部を使用する。これらの立場と、第2次ブラウン判決のアメリカ合衆国最高裁判所判決を比較する。生徒は、元の第1次ブラウン判決の判決の実行にあたり、アメリカ合衆国最高裁判所の判決の有効性を評価するよう求められる。
5. ベルトン対ゲッブハートとブラー対ゲップハートの模擬裁判シナリオ	第6学年から第8学年：なぜ、アメリカの民主主義にとって、「すべての人は生まれながらにして平等である」という主張が重要か？　どのようにして、時間の経過とともに、この文言の意味は、変化したか？　第9学年から第12学年：どのようにして、裁判所は偏りなく公平で公正であることを判断するために、情報を使用しているか？　この授業は、アメリカ合衆国最高裁判所の判決として有名なブラウン判決の一部となったデラウェア州の二つの学校の人種差別の撤廃の判例の架空のシナリオである模擬裁判で成り立つ。平等の原則と、どのようにこの原則がアメリカ独立宣言とアメリカ合衆国憲法の両方に含まれているかに焦点を当てる。それには、判決の冒頭陳述の分析を含み、判決では、生徒が弁護士と証人の役割を演じることになる。最終的な評価では、生徒は、事例で、それぞれの立場に、中心となる考え方、要点、および論点を補強する例証を要約した最終論告を書く。

（Delaware Law Related Education Center の HP より筆者訳出）

「ミルフォードの抵抗」の授業では、授業の目標を三つ設定している。第一に、国家、州、地方の政府の三つの組織の様々な役割を理解することである。第二に、どのようにブラウン判決がデラウェア州の学校システムに影響したかを説明することである。第三に、デラウェア州ミルフォードで、裁判所の判決を実行する際の州政府の役割と責任の有効性を評価することである。

「ブラウン判決の実行の紛争」の授業では、授業の目標を三つ設定している。第一に、判決にあたりアメリカ合衆国最高裁判所の先例を使用すること、裁判所は判決にあたり先例を無視するかもしれないことを学ぶことである。第二に、第2次ブラウン判決の文書で、学校における人種差別の撤廃の問題を取り上げた様々な立場を分析することである。第三に、第2次ブラウン判決の事例で、アメリカ合衆国最高裁判所が決定することを予測し、裁判所の実際の決定を評価することである。

「ベルトン対ゲップハートとブラー対ゲップハートの模擬裁判シナリオ」の授業の目標は、模擬裁判を行い、冒頭陳述および証言の中心となる考え方を分

析し、原告あるいは被告の立場で最終論告を作成することを目指している。

5. 多文化法教育プログラムの分析

　"Diversity and the Law" および "Desegregation in Delaware: Celebrating Brown" は、公民権法の制定過程をテーマとする多文化法教育プログラムであることに、両者の共通性が認められる。その一方で、多文化法教育プログラムの構成の方法には、両者の特色も見えてくる。

　"Diversity and the Law" は、過去、現在、未来という時間の流れの中で、現代的な課題として公民権法の制定過程をとらえている。生徒が、法案を提案する模擬公聴会を行うことで、法的な判断と意思決定を行う学習活動を展開している。"Diversity and the Law" の内容構成には、発達段階に応じて、先述した多文化主義の規範理論の三つの基本前提の視点を取り入れているという特色がある。これらの授業では、多様性および統一性の原理を活用し、事例に応じてそのバランスを考慮し、判断に基づき意思決定する学習過程を重視していると言える。

　それに対して、"Desegregation in Delaware: Celebrating Brown" は、過去の事実をもとに、デラウェア州の法システムの発展として公民権法の制定過程をとらえている。生徒が、ブラウン判決の模擬裁判を行うことで、法的な判断と意思決定を行う学習活動を展開している。"Desegregation in Delaware: Celebrating Brown" の内容構成には、多文化主義の規範理論の基本前提のうち「集団的アイデンティティの承認」「政治的統合を可能にする同胞意識」の視点を取り入れているという特色がある。これらの授業では、公平および公正の原理を活用し、その原理を事例に適用し、判断に基づき意思決定する学習過程を重視していると言える。

6. おわりに

　本小論では、アメリカの法教育における社会正義のプログラムを分析することを通じて、多文化法教育プログラムの内容構成の特色を明らかにしてきた。
　多文化法教育プログラムの内容構成は、先述した多文化主義の規範理論の

基本前提である「自由の基盤としての文化」「集団的アイデンティティの承認」「政治的統合を可能にする同胞意識」を位置づけている。法教育の教育内容である法とは、民主的な社会において、多様な価値観をもつ人々によって議論が繰り返され、それぞれに主張する多様な価値観への合意のもとで生み出されたものである。法教育では、このような法の本質が、ともすれば限定された価値観を反映し、統一性の原理を提示するものとしてとらえられかねないこともある。

しかしながら、多文化法教育では、多様な価値観をもつ人々が存在する意味を考え、多様な価値観の対立から起こる法的な問題をもとに議論し、実際に法的な判断と意思決定を行う学習活動を構成している。このような学習活動によって、多様性および統一性の原理とのバランスを考慮したり、公平および公正の原理を適用したりする中で、多様な価値観から具体的に何を選択し、実際に何に合意すべきかといった法の本質に光を当てることができる。したがって、多文化法教育は、このような法の本質をより的確に認識し、多様な価値観の対立から起こる法的な問題を議論し、それらの問題の解決のために意思決定し、行動できる市民を育てる実践として考えうる。

　＊本章は、磯山（2012）をもとに加筆修正したものである。

《注》
1) 磯山（2012）では、多文化法教育のカリキュラムの内容構成の原理を解明した。それに対して、本章は、多文化法教育のカリキュラムの多様性とその特色を提示することを主なねらいとしている。
2) Adams ら（1997）によれば、社会正義の教育は、「集団の要求にかなうために合意のうえで形づくられる社会において、すべての集団の完全で平等な参加」を求めるものである。人種差別、性差別、同性愛差別、反ユダヤ主義、障害者差別、階級差別を、その中心的な内容とするものである。
3) 多文化法教育プログラムには、Constitutional Rights Foundation. (1999). "The Challenge of Diversity" などがある。
4) 詳細は、磯山（2006）「社会科における法教育の方向性」日本社会科教育学会出版プロジェクト編『新時代を拓く社会科の挑戦』第一学習社、240-242 頁を参照されたい。
5) 第6学年が、小学校高学年段階および中等学校段階に位置づけられている。このことには、アメリカでは、各州によって学校制度が異なることが影響している。
6) Brown v. Board of Education of Topeka, 347 U. S. 483 (1954).

7) Brown v. Board of Education of Topeka, 349 U. S. 294 (1955).

【引用文献】

石山文彦（1997）「多文化主義の規範理論」日本法哲学会『多文化時代と法秩序（法哲学年報 1996）』有斐閣、43-46 頁。

石山文彦（2003）「人権と多文化主義」『ジュリスト』1244 号、有斐閣、45 頁。

磯山恭子（2006）「社会科における法教育の方向性」日本社会科教育学会出版プロジェクト編『新時代を拓く社会科の挑戦』第一学習社、240-242 頁。

磯山恭子（2012）「アメリカの社会科における多文化的法教育の特色――社会正義の内容構成の分析を通じて」日本社会科教育学会『社会科教育研究』No.116、81-92 頁。

Adams, M., Bell, L. A., & Griffin, P. (Eds.). (1997). *Teaching for diversity and social justice.* New York: Routlegde.

American Bar Association Division for Public Education. (1995). *Essentials of law-related education.* A Guide for Practitioners & Policymakers.

Constitulonal Rights Foundation. (1999). *The challenge of diversity.*

Cortes, C. E. (1980). Multicultural law and humanities education: Preparing young people for a future of constructive pluralism. In L. C. Falkenstein & C. C. Anderson (Eds.), *Daring to dream: Law and the humanities for elementary schools* (pp.56–61). Chicago: American Bar Association.

Delaware Law Related Education Center, Inc. (2015). *Desegregation in Delaware: Celebrating Brown.* Retrieved from http://delrec.org/page.php?item=desegregation（最終閲覧日 2018 年 1 月 31 日）

Law-Related Education Act of 1978. (P. L. 95–561)

Mertz, G. (1995). *Diversity and the Law.* Chicago: American Bar Association.

Parker, W. C. & Kaltsounis, T. (1986). Citizenship and law-related education. In V. A. Atwood (Ed.). *Elementary school social studies: Research as a guide to practice* (pp.14–33). Silver Spring, MD: National Council for the Social Studies.

Rowe, D. (1992). Law-related education: An overview. In J. Lynch et. al. (Ed.). *Cultural diversity and the schools: Vol.4. Human Rights, Education and Global Responsibilities* (pp. 75–79). The Falmer Press.

Study Group on Law-Related Education. (1978). *Final report of the U. S. Office of Education.* U. S. Government Printing Office. (ED175 737). pp.1–3.

第15章

アメリカにおける「社会正義」を志向するシティズンシップ教育
――アクション・シヴィックスの事例分析

久保園 梓

1. はじめに

　本章の目的は、アクション・シヴィックス（Action Civics）の事例分析を通して、「社会正義（social justice）」を志向するシティズンシップ教育[1]の方法的特徴を明らかにすることである。

　アメリカ合衆国（以下、アメリカと略）において、人種・民族的アイデンティティの多様性を保障しながら、国家としての統一をはかることは、「現在進行形の挑戦」（バンクス, 2006）である。そして、これに対して、教育の領域からアプローチしてきたのが多文化教育である。今日の多文化教育では、社会階層やジェンダー、性的アイデンティティなど、さまざまなマイノリティを視野に入れ、「社会正義」を志向する教育へと、射程を広げている。また、上記の変化はアメリカ社会科にも影響を及ぼしており、特に2000年代以降、「社会正義」の観点を取り入れた研究や実践が盛んにおこなわれるようになった（長田, 2017）。これまで、日本の社会科教育研究は、アメリカの多文化教育から多くの示唆を得てきた。しかし、「社会正義」を志向した近年の実践に関しては、十分に着目してこなかったという経緯がある。そこで本章では、「社会正義」を志向する実践事例として、アクション・シヴィックスに着目する。アメリカの公立学校では、子どもの民族的背景や社会経済的地位によって、シティズンシップ教育の機会や質に格差が生じることが明らかにされている。この現状を問題視したNPOや教師によって実践されているのが、アクション・シヴィッ

クスである。アクション・シヴィックスを通して、子どもたちは、身近に存在する不正義に関わる問題の解決に取り組むことになる。アクション・シヴィックスは、「社会正義」を志向する教育実践への理解を深める上で恰好の研究素材である。

以上を踏まえ、本章では以下の手順より研究を進める。第一に、アメリカの公立学校における多文化教育の現状を概観し、アメリカのシティズンシップ教育における「社会正義」の位置付けを確認する。そこでは、子どもたちが、身近で具体的な不正義に関わる問題の解決に取り組む過程を通して、帰納的に導き出される概念として「社会正義」をとらえる。第二に、アクション・シヴィックスの代表的論者であるレヴィンソン（Levinson, M.）の議論を通して、アクション・シヴィックスの理念を把握する。第三に、アクション・シヴィックスに係る代表的なプログラムを比較することにより、「社会正義」を志向するシティズンシップ教育の育成方法を提示する。

2. アメリカのシティズンシップ教育における「社会正義」の位置づけ

2-1 アメリカ公立学校の現状と多文化教育の理念

近年の多文化教育の一般的な傾向性として、学校におけるシティズンシップ教育に多様性の観点を取り入れることがある。たとえばバンクス（2006）は、多文化教育が成功するためには、学校を一つのシステムとしてとらえ、学校全体を包括的に変革していく必要があると主張する。またレヴィンソン（Levinson, 2007）は、市民性の育成を目的の中核に据える公立学校（common schools）を、多文化教育に不可欠なものととらえる。しかしその一方で、学校教育に関する統計データの分析に基づき、現代の学校教育において、多文化教育の理念は実現されていないと主張する。その理由は、次の三点である。第一に、学区内で生活する住民が、学校に所属意識を持てずにおり、その適切な運営に責任を感じていないからである。第二に、学校が在籍生徒の比率からみる多様性を賞賛しすぎることで、結果として、その学校が多文化教育の目的の達成を怠ってしまうからである。人口統計的には民族的な統合が実現されたとしても、そのことが、多様性へと真正に開かれたことを保障するものではない。第三に、所

得や民族性による居住の選別化によって、公立学校の中に、事実上の分離学校 (de facto segregated schools) が存在するからである。

　以上の理由からレヴィンソンは、現在の公立学校は多様性を尊重した市民性の育成に適合しておらず、21世紀に存在する公的な組織の中で最もインクルーシブから遠く離れたものの一つになってしまったと主張する (Levinson, 2013)。しかしこの主張は、アメリカに住むすべての子どもを例外なく受け入れ、その教育を担う使命をもつ公立学校に期待を寄せ、可能性を見出しているからこそのものである。彼女の主張より得られる示唆は、学校の現状を正確にとらえたうえで、多文化教育の理念に基づいた教育実践に取り組むことの必要性である。たとえ学校で多文化教育の理念を浸透できたとしても、それらが子どもたちの日常的経験と大きく乖離していたら、彼ら／彼女らが学校教育に意義を見出すことは難しい。多文化教育の理念から学校の変革を構想するのではなく、学校の現状や子どもの日常的経験を踏まえた上で、多文化教育の理念に基づく学校を目指すべきである。

2-2　「社会正義」を志向するシティズンシップ教育の類型

　レヴィンソンのこのような主張は、「社会正義」を志向する近年の研究および実践に共通するものである。たとえばタイソンとパク (Tyson & Park, 2008) は、「社会正義」を志向するシティズンシップ教育研究を次の二種類に大別する（表15-1）。

表15-1　「社会正義」を志向する二つのアプローチ

	ロゴセントリック・セオリー型	グラウンデッド・セオリー型
アプローチ	演繹的	帰納的
出発点	理想的な概念としての正義	不正義の具体的事例
中心概念	公正や公平	抑圧や支配
強調点	再分配／手続き	抵抗／承認
コンセプト	普遍性や文化的中立性	特定の歴史や文化
観点	すべての人々	被抑圧者
代表的な理論	Rawls (1971), Barry(1989), Kohlberg (1981)	Young (1990), Collins (1991, 1998), Adams, et al. (1997, 2000)
理論的背景	政治的リベラリズム	ポストモダン的批判理論

（Tyson & Park, 2008: 31 より筆者訳出）

第一に、理想的な概念としての「正義」を出発点とし、規範的で普遍的な立場から演繹的に再分配を構想する「ロゴセントリック・セオリー型」である。第二に、「社会正義」を目標としてだけでなくプロセスとしてもとらえ、不正義にあたる具体的な事例を出発点とし、帰納的に「社会正義」を追究する「グラウンデッド・セオリー型」である。長田（2017）は、この分類を引用しながら「社会正義」を志向するアメリカ社会科の先行研究を整理し、1990年代以降、「ロゴセントリック・セオリー型」から「グラウンデッド・セオリー型」へと、カリキュラムの基盤が移行したことを指摘している。

　上記を踏まえ、本章では、ウェイド（Wade, 2007）における「社会正義」の定義に依拠する。すなわち、シティズンシップ教育における「社会正義」とは、すべての人の基本的ニーズを満たし、コミュニティの形成に関わる市民として生活するための潜在的な力を身につけるプロセス、またはそのような状態を意味する（Wade, 2007: 5）。さらに、身近で具体的な不正義に関わる問題の解決に取り組むなかで、子どもたちが「社会正義」の概念を追究していく学習を、「社会正義」を志向するシティズンシップ教育実践と位置付ける。なお、ここでとらえる基本的なニーズとは、食べ物や衣服、住居だけでなく、安心や安全に関わる適切なケアも含むものである。また、潜在的な力を満たすには、教育や健康管理などとともに、個人として尊重され、尊厳を有し、夢を追いかける機会にめぐり会うことが必要となる（Wade, 2007: 5）。

3. アクション・シヴィックスの理念

3-1　シティズンシップ教育におけるレヴィンソンの基本的視座

　子どもたちが、自らの生活するコミュニティから問題を発見し、問題を解決するために計画を立て、実行した行動をふりかえるといった一連の活動は、アメリカでは長い伝統を有する学習法である。1990年代以降、教育現場に急速に浸透したサービス・ラーニング（Service-Learning、以下 SL と略）や、あらゆる教科で取り組まれるプロジェクト型の学習も、この系譜に含まれる。そのような中にあって、ある一定の組織や研究者は、子どもたちが権利と責任を有する市民として問題の解決に取り組み、制度や政策に影響を与えようとする学習活動に言及するにあたり、アクション・シヴィックスという表現を用いる（Levine

& Kawashima-Ginsberg, 2017: 5)。その中心で活躍するのが、レヴィンソンである。

　レヴィンソンは、社会科教師として公立学校に勤務した経験を踏まえ、多文化社会におけるシティズンシップ教育の課題を「市民としてのエンパワメントの格差（civic empowerment gap）」として概念化した（Levinson, 2012）。スキルや態度の育成を重視した質の高いシティズンシップ教育を受ける機会は、生徒の民族的背景や社会経済的地位によって異なる。これは、市民性の育成を使命とした社会科および学校教育が、実際には貧困層やマイノリティの子どもの市民性育成に寄与できない可能性を示唆するものである。この問題意識に基づいて提唱されたのが、アクション・シヴィックスであった。アクション・シヴィックスは、レヴィンソンと問題意識を共有する六つの団体によって生み出された。レヴィンソンと諸団体は、2010年に全米アクション・シヴィックス協議会（National Action Civics Collaborative、以下NACC）を設立し、各団体の取り組みに関して協議を重ねて、共通する教育理念や教育方法を抽出し、アクション・シヴィックスを誕生させた。そのため、アクション・シヴィックスに明確な定義は存在しない。本章では筆者なりに、「子どもの日常的経験から生じる様々な問題を、子ども自身が社会的課題としてとらえ、他者と協働しながら解決を目指す学習活動の理念であり、方法である」と定義し、分析を進める。

　アクション・シヴィックスという表現が新たに創り出された所以を理解するためには、レヴィンソンのSLに対する考え方が参考になる。レヴィンソンは次の三つの観点から、SLを批判的に分析する（Levinson, 2012: 220–224）。第一に、SLが「脱政治的」な教育実践になりがちだからである。SLは、ボランティア活動を中心として、政治を扱わない傾向にある。また、現行の社会システムや支配的価値を問い直すような異質な意見の存在を保障していない。結果的に、政治への諦観や社会変革への無力感を助長する可能性がある。第二に、SLで取り組む社会的活動が、短期的で対処療法的なものになりやすい。そのため、社会構造を理解し、分析するスキルを身につける機会を提供できていない。ボランティア活動に参加した生徒が、支援相手に対する差別意識を強めてしまったという実践報告もある。そして、第三に、SLで実施するサービス活動は個人的なものが多く、他者や他組織との集合行動に繋がらない場合が多いからである。多様性を尊重した協働活動を重視せず、ただサービス活動を実施するだけでは、十分な教育的効果を得ることは難しくなる。

3-2 アクション・シヴィックスで育成を目指す市民像

　SL は、連邦政府の強力な影響の下でトップダウン式に全米に広まった。そのため、目的が曖昧なままに実践されることも多い。アメリカ社会科における SL の第一人者であるウェイドもこの点を懸念し、「社会正義」を志向した SL の必要性を唱えていた（Wade, 2008）。アクション・シヴィックスは、ウェイドの主張を積極的に概念化し、実践へと浸透させていくことを目的としたものと解釈することもできる。この違いは、ウエストハイマーとカーニ（Westheimer & Kahne, 2004）の三つの市民像を参照することで、より明確にすることができる。彼らは、2 年にわたる調査研究の成果から、シティズンシップ教育に関わる教育者の有する市民像には、「個人として責任ある市民」(personally responsible citizen)、「参加する市民」(participatory citizen)、「社会正義を志向する市民」(justice-oriented citizen) の三つがあることを明らかにした。

　この三つの市民像とアクション・シヴィックスおよび SL を照らし合わせて考えてみると、レヴィンソンの SL に対する見解が、SL を「個人として責任ある市民」の育成を目指した教育実践ととらえるところから生じたことがわかる。しかし、市民としてのエンパワメントの格差を埋めるには、「参加する市民」や「社会正義を志向する市民」の育成こそを目指すべきである。そして、社会構造を批判的に分析し、リーダーシップを発揮しながらコミュニティに参加する経験を子どもに保障する必要がある（図 15-1）。

個人として責任ある市民	参加する市民	「社会正義」を志向する市民
誠実で、責任をもち、法に従うようなコミュニティの一員。	既存の制度やコミュニティの構造の中で、積極的に参加し、リーダーシップを発揮する。	長きにわたり不正義を再生産してきた既存の制度や構造に対し疑義を唱え、討議し、変革を目指す。
サービス・ラーニング		 アクション・シヴィックス

図 15-1　アクション・シヴィックスで育成を目指す市民像
(Westheimer & Kahne, 2004 をもとに筆者作成)

4. アクション・シヴィックスのアプローチ

4-1 発展を続けるアクション・シヴィックス

　アクション・シヴィックスのアプローチは、子どもたちが日常的経験から社

会問題を発見し、解決に向けた活動を展開するためのストーリーを組み立てるという意味において、プロジェクト型の構成をとる。では、アクション・シヴィックスは、どのような方法的特徴をもつのか。

2010年にNACCが設立された際、アクション・シヴィックスのフレームワークとして、次の四つの原則が抽出された。すなわち、①「集合行動（collective action）」へのコミットメント、②子ども自身の関心や経験、そして自らの意見を子どもの言葉で表現する「子どもの声（student voice）」、③行動や権利、そしてリーダーシップにおける「子どもの主体性（youth agency）」、④実践のプロセスをより豊かなものにするための「リフレクション（reflection）」である（Gingold, 2013）。

2010年以降今日に至るまで、アクション・シヴィックスは様々に深化や発展を遂げ、その内容もより具体的なものへと変化してきた。2018年2月には、NACCの創設団体の一つであるジェネレーション・シティズン（Generation Citizen）によって、ボトムアップ式に成長を続けるアクション・シヴィックスのランドスケープが作成された[2]。具体的には、プログラムを構成するコードとして、①学習プロセスと学習成果物において子どもを意思決定者とみなす「子どもの声」、②学習プロセスにシミュレーションのみならず実際の市民的実践を取り入れる「具体的な行動（real world action）」、③その場しのぎの活動ではなく、社会問題の根本的な原因に関与する「構造的変革（systemic change）」、④経験したことをふりかえる「リフレクション」、⑤より教養ある決定をするための「慎重な話し合いと詳しい研究（deliberative discussion/ research）」、⑥子どもたちとアクション・シヴィックスを実践する教師を支援することを目的とした学校外組織による「ファシリテーションの支援」、⑦独自のプログラムを有している訳ではないが、アクション・シヴィックスをサポートしている組織との「連携」、の七つが抽出された。

帰納的に抽出されたこれらの特徴に加え、前述のレヴィンソンによるSLへの批判を踏まえると、アクション・シヴィックスの方法的特徴は次の三点に整理できる。第一に、子どもを民主的主体としてとらえ、教育実践のプロセスの意思決定者とみなす「子どもの声」を基盤とすることである。第二に、社会問題の根本的な原因を探りながら、権力関係を分析していく中で、社会システムの関係図を編み直すことを目指した「構造的変革」をプログラムに

取り入れることである。第三に、短期的、個人的、脱政治的な行動ではなく、継続的、協働的、政治的な行動としての「集合行動」を現実世界で実践することである。

　アクション・シヴィックスは、貧困層やマイノリティの子どもたちによる学習活動を念頭においている。つまり、様々な不正義の問題に向き合う子どもたちの基本的ニーズを満たし、彼／彼らの潜在的な力を身につけるためには、これら三つの方法的特徴をプログラムに効果的に取り入れる必要があった。表15-2は、代表的なアクション・シヴィックスのプログラムを三つ取り上げ、類型化を試みたものである。以下では、この表15-2を適宜参照しながら、アクション・シヴィックスの三つの方法的特徴をより詳しく説明してみたい。な

表15-2　アクション・シヴィックス実践の類型

名称	Project Soapbox	Making Citizens Relevant, Making Citizens Effective	Community Action and Problem Solving Process
作成団体	ミクヴァ・チャレンジ	ジェネレーション・シティズン	アース・フォース
団体のミッション	公正な社会の形成に取り組む、教養あって活動的な市民となるために、子どもをエンパワーすること。	子どもたちに、活動的な市民として民主主義に参加するために必要な知識とスキルを提供すること。	現在および将来の環境とコミュニティを改善する積極的な市民を育てること。
団体の主な活動内容	教師によるアクション・シヴィックス実践の支援と、子どもと公共政策を繋ぐプラットフォームの形成。	大学生ボランティアをコーチとして派遣し、アクション・シヴィックス実践を支援すること。	科学的原則を用いて現実社会の問題を分析し、市民が社会システムに働きかける支援をするためのプログラムの実施を支援すること。
プログラムの対象学年	中等教育段階（小学校での実践も可）	中等教育段階（小学校での実践も可）	義務教育段階（中等での実施数が多い）
各プログラムにおけるアクション・シヴィックスの方法的特徴			
子どもの声	自らの意見を他者に伝え、他者との協働を促すための演説を作成する。	プログラムの展開における意思決定者は、子どもたちである。	「市民科学者」として科学研究に参加し、持続可能な社会の形成に向けた提言をする。
構造的変革	関心のある問題の背景を調べ、客観的な調査データを演説に取り入れる。	コミュニティの問題の根本原因や権力関係を分析し、影響力のあるキーパーソンを定める。	公共政策と市民の習慣や行動の違いに着目し、環境汚染の根本原因を探究する。
集合行動	聞き手に行動を呼びかける内容を、演説に取り入れる。	キーパーソンに働きかけ、効果的な活動に向けた戦略をたてる。	学習者自身の強みと関心をベースに、市民活動に向けた戦略をたて、実践する。

（筆者作成）

お、三つの方法的特徴を説明する際に言及している事例に該当する項目は、太線で囲んで示している。

4-2 アクション・シヴィックスの三つの方法的特徴
(1) 子どもの声（student voice）

すべての子どもは、それぞれの生活環境に応じた異なる生活経験を持っている。これは、アクション・シヴィックスが大切にする前提条件である。子ども一人ひとりの社会的文脈を考慮することなく、「社会正義」というビジョンを達成するためのツールとして、子どもの市民参加を使用してはならない。子どもたちが、不正義の問題に向き合い、解決に向けた行動を起こすためには、自らの考えや主張が他者に聞かれる価値のあるものであり、社会的な影響力を持ちうるものであるということに気づかせることが、何よりも重要となる。つまり、子ども一人ひとりの「子どもの声」を基盤にして、協働的な参加活動を構想する必要がある。

たとえば、ミクヴァ・チャレンジ（Mikva Challenge）の"Project Soapbox"では、子どもが自らの意見を他者に伝え、他者との協働を促すための演説（public speaking）を作成する。具体的には、演説テーマを決定し、文章を作成し、発表練習に取り組み、学校内外の様々な人を巻き込みながら、聴衆の前で発表するという機会をつくりだす。そこでは、子どもたちが身の回りの現実を対象化し、自己の経験を反省的に描き出すためのスキルを育成すること、そして、子どもたち自身が、自分と異なる立場の人々と意見を共有し、協働的に社会を作り上げようとする民主的実践のプロセスの主体となる学習を構築することの必要性がそれぞれ強調されている（久保園, 2018）。

(2) 構造的変革（systemic change）

ウエストハイマーとカーニ（Westheimer & Kahne, 2004）の分類にも顕著に表れているように、「社会正義」を志向するシティズンシップ教育を実施するうえでは、長きにわたり不正義を再生産してきた既存の制度や構造を批判的に分析し、制度や政策の変革を目指す観点が必要不可欠である。この観点を学習活動に取り入れるために、アクション・シヴィックスでは、次の二点に注力する。

第一に、子どもたちの個々の関心に基づき、クラスで協働して取り組む問題

を一つに絞りこむ活動である。ここでは、子どもたちは社会問題の構造に着目し、社会科学の調査手法を用いて、社会問題の「根本的な原因」（root cause）がどこにあるのか探る。第二に、「根本的な原因」にアプローチするための行動を計画する。ここでは、達成できるゴールを適切に設定するために、影響力のある「キーパーソン」を見つける活動を取り入れる。たとえば、ジェネレーション・シティズンが取り組むプログラムでは、子どもたちに「政策決定者に最も影響を与えることができる人はだれか？」、「私たちが最も影響を与えることができる人はだれか？」という二つの問いを投げかける（Millenson, Mills & Andes, 2014）。そして、両方の問いへの回答で重なり合う人がいないか、検討するのである。

　社会問題の構造に影響を及ぼすためには、関係する権力関係を適切にとらえ、子どもと「原因の根本」を繋ぐ他者の協力を得る必要がある。こうすることで、子どもたちは、「自分たちでできること」から、「誰かの協力を得てできること」までを考えるようになり、解決策の幅を広げることができる。

（3）集合行動（collective action）
　特に、貧困層やマイノリティの子どもたちとプロジェクトに取り組む場合、アクション・シヴィックスが目指すものは、子どもたちに日常生活では出会うことのないような人々と出会わせ、「見たことのない世界（a world you've never seen）」（Levinson, 2012: 184）に触れる経験をさせることである。そのためには、公的な政治活動への関与や、公共政策に影響を及ぼす戦略的な活動、ソーシャル・ネットワークの効果的な活用などを含めた、長期的・継続的な行動計画をたてる必要がある。コミュニティの人々を巻き込み、変化を引き起こすことを目指すのである。

　たとえば、アース・フォース（Earth Force）のプログラムを活用したサウスカロライナ州の小学校の生徒たちは、川を挟んで隣接する二つのコミュニティ間の断絶を解消し、住民同士の交流と新鮮な野菜の供給を生み出すために、"Bike Bunch"というキャンペーンを組織した。両コミュニティを繋いでいる橋に、自転車と歩行者用のレーンを設置することを市に要請したのである。アメリカでは、新鮮な野菜を入手できるかどうかは、どの地域に居住しているかに大きく依存する。このような構造的な問題を解決するために、子どもたちは、住民

を対象とした調査や、全米の動向、橋のデザインに関する調査などに継続的に取り組み、調査結果を橋の建設に関わる協議会に報告した。子どもたちはコミュニティの形成に関わる市民としてこれらの活動に取り組み、7年にわたって続けられた要請によって、最終的にレーン設置という結果を導いた。

5. おわりに

　本章の目的は、アクション・シヴィックスの事例分析を通して、「社会正義」を志向するシティズンシップ教育の方法的特徴を明らかにすることであった。結論として、アクション・シヴィックスは、「子どもの声」、「構造的変革」、「集合行動」の三つの特徴を有していることが明らかとなった。「子どもの声」をとおして、子どもたちは、自らの考えや主張は他者に聞かれる価値のあるものであり、社会的な影響力を持ちうるものであることを実感する。そして、身の回りに潜む不正義に関わる問題を社会構造的に分析することで、制度や政策などの「構造的変革」を目指す。そして、制度や政策に何かしらの変化をもたらすためには、複数の他者と関係を築きながら、持続的に「集合行動」を取ることが必要になるのである。

　冒頭で述べたとおり、アメリカの多文化教育は、「社会正義」を中核的な概念としながら新たな展開をみせている。しかし、実際の教育場面で不正義の問題を取り上げ、それについて議論したり行動したりするのは、簡単なことではない。すでに数多くの批判がなされているように、これまでの多文化教育実践は、表面的な文化の理解に焦点が置かれ、抑圧や差別の問題を見過ごしてきた傾向にある[3]。アクション・シヴィックスの方法的特徴である三つの観点は、このような批判を乗り越え、教師が実際に「社会正義」を志向する実践に取り組む上で、有効に機能するものであると考えられる。

　最後に、本章では、三つの方法的特徴の抽出にとどまり、アクション・シヴィックスの全体像とプログラムの具体的な構造を明らかにすることはできなかったということを指摘しておきたい。今後の課題である。

《注》
1) アメリカにおける civic education、citizenship education は、論者や領域によって用いられ方に幅のある語であり、明確に両者を区別することは難しい。本章では便宜上、両者をシティズンシップ教育と訳している。
2) 「Action Civics Landscape」https://landscape.generationcitizen.org/（2018年10月25日）
3) アメリカの多文化教育の展開と現状に関しては、第1章（森茂・青木論文）でより詳細に言及されている。

【引用文献】
久保園梓（2018）「アメリカにおける『子どもの声』を基盤とした市民性教育プログラムの意義——プロジェクト・ソープボックスを事例として」公民教育学会『公民教育研究』第25号、49-62頁。
長田健一（2017）「社会正義志向の社会科教育に関する研究の展開と方法——アメリカにおける実証研究の事例に焦点を当てて」全国社会科教育学会『社会科教育論叢』第50集、101-104頁。
バンクス、ジェームズ・A著、平沢安政訳（2006）『民主主義と多文化教育——グローバル時代における市民性教育のための原則と概念』明石書店。

Gingold, J. (2013). Building an evidence-based practice of Action Civics: The current state of assessments and recommendations for the future. *CIRCLE Working Paper #78*, Medford, MA: CIRCLE.
Levine, P. & Kawashima-Ginsberg, K. (2017). *The republic is (still) at risk–and civics is part of the solution*. Medford, MA: Jonathan M. Tisch College of Civic Life, Tufts University.
Levinson, M. (2007). Common schools and multicultural education. *Journal of the Philosophy of Education Society of Great Britain, 41* (4), 625-642.
Levinson, M. (2012). *No citizen left behind*. Cambridge: Harvard University Press.
Levinson, M. (2013). Diversity and civic education. In D. Campbell, M. Levinson & F. Hess (Eds.), *Making civics count: Citizenship education for a new generation* (pp.135-159). Cambridge: Harvard Education Press.
Millenson, D., Mills, M. & Andes, S. (2014). *Making civics relevant, making citizens effective: Action civics in the classroom*. New York: International Debate Education Association.
Tyson, C. & Park, S. (2008). Civic Education, Social Justice and Critical Race Theory. In J. Arthur, I. Davies & C. Hahn (eds.), *The SAGE handbook of education for citizenship and democracy* (pp.29-39). London: SAGE Publications.
Wade, R. (2007). *Social studies for social justice: Teaching strategies for the elementary classroom*. New York: Teachers College Press.

Wade, R. (2008). Service-learning. In Levstik, L. & Tyson, C. (Eds.), *Handbook of research in social studies education* (pp.109-123). New York: Routledge.

Westheimer, J. & Kahne, J. (2004). What kind of citizen? The politics of educating for democracy. *American Educational Research Journal, 41* (2), 237-269.

第16章

グアムの社会科における先住民学習と多文化教育

中山京子

1. はじめに

社会科教育研究において、グアムの社会科に着目する理由は以下である。

①多文化化が急速に進行する中で、社会科教育におけるアイデンティティの育成の一つの事例として検討する。

②日本の社会科教育研究はアメリカ合衆国（以下、アメリカと略）を中心とした欧米のものに追随する傾向が強く、研究対象地域も欧米に加えアジアが多いが、太平洋諸島と日本の歴史的・経済的関わりの深さを考えると、太平洋諸島、とりわけ至近距離にあるグアムの社会科教育に注目する意義がある。

③グローバル時代におけるシティズンシップ教育の研究が広がっている中、17世紀からグローバル化の波に翻弄され続け、太平洋戦争前後から常に市民とは何かを問い続けてきたグアムの社会状況における社会科教育を検討することで、シティズンシップ教育への示唆が得られるのではないか。

こうした課題意識から、グアムの公立学校におけるアイデンティティの育成について、社会科教育を中心に検討する。

2. 多文化化するグアム

グアムの場合、法的には「ネイティブ・チャモロ」とは、アメリカ海軍による統治が始まった1899年4月11日以降にグアムで生まれた住民、その子孫であり、1950年のグアム基本法によって合衆国市民となった人びととその子

孫を指す。ここでは言語や血筋は規定されていない。血筋、言語、統計区分によっては、正確な「チャモロ」人口を見いだすことは難しい（中山, 2012a）。

グアムは日本からの解放後、再度アメリカ統治下におかれ、政治的にも経済的にもアメリカ主導となった。開発が進み、軍事産業、観光産業が展開され、経済活動が進展したが、これらは島外からの影響であり、グアムの人々自身が選択をしてきたわけではない。産業の発展とともにグアムへの移民の流入が続き、グアムの多文化化が進んできた。1940年には、チャモロ人口は全人口の90.5%にあたる22,290人であった。しかし、1970年にはチャモロ人口は55%となり、28%が多様な地域からやってきたアメリカ市民権をもつ者、15%が外国人となった。1986年にマーシャル諸島やミクロネシア連邦とアメリカ連邦政府との自由連合協定が発効されたため、これらの島の人びとがアメリカ領域内に居住し働くことが可能となり、グアムへの流入に拍車をかけ、2010年にはチャモロ人口は45%を下回っている。近年は特にフィリピン人の流入が目立ち、1960年には8,580人だったが、2000年には40,729人となり、人口の26%を占めている。2010年にはチャモロが59,381人、白人が11,321人、フィリピン系が41,944人、ミクロネシア・太平洋系が11,000人となり、チャモロ人口は首位を保っているが、チャモロ以外の総計には及ばなくなっている。移民の流入に加え、本土への流出、異人種・異文化間結婚によるハイブリッド化が、ますますチャモロをマイノリティ化させている。

グアムの政治的地位向上のために活動をしてきたアグオン（K. B. Aguon）は文化多元主義について、以下のように指摘する。

文化多元主義は、アメリカの現実や状況に応じるアメリカ独自の哲学といってよく、文化的遺産を維持することができる。文化多元主義者は、アメリカ人として、しかしながら文化的に異なる個人として存在することを主張する。移民社会アメリカを支える装置として文化多元主義は重要である。しかし、グアムでは意味合いが異なる。グアムの独特な社会状況では、文化多元主義者の理論はあてはまらない。「メルティング・ポット」や「多文化」という用語が今日のグアムの現実を語るためにしばしば、しかも大雑把に用いられる。グアムは多文化化しているものの、多文化的要素がグアムの基盤をつくるというようなメルティング・ポットではないにもかかわらず、アメリカが課した考え方をそのまま持ち込もうとしている状況がある（Aguon, 1993: 97-100）。

アメリカ本土では、移民の流入の結果、「メルティング・ポット」にはならず、現在も社会問題を孕みながら文化多元社会のあり方を模索しつけているが、スペイン支配によって混血や文化的ジェノサイドが過去に起こっている小さい島グアムでは、「メルティング・ポット」の考え方や「文化多元主義」の考え方が島を支配する立場の者に都合がよいという側面がある。そして外国人が土地を買い、基地関連業や観光産業に従事する外国人労働者の流入が続けば、先住民は周辺化され、グアムを自分たちの手でコントロールできなくなる恐れがある。しかし、先住民族であるチャモロは、チャモロの存在や文化を圧迫するようなメルティング・ポットの考え方も文化多元主義も容認してはいない。

3. 社会科におけるアイデンティティの育成

3-1　グアムの教育改革

　グアムの教育は、アメリカ連邦政府から資金援助を受け、"unincorporated territory of the United States"（合衆国未編入領土）という地位の中で、アメリカ式の教育を展開してきた。第二次世界大戦後、アメリカは英語教育の徹底を図り、本土から教員を雇い入れ、チャモロ語の使用を公の場や学校で禁止した。日本統治の影響を消し去り、迅速に「アメリカ化」をはかり、アメリカ領としての機能をもたせ、太平洋上の前線基地としての拡大をはかる必要があったからである。

　チャモロ語の使用は「劣るもの」であり英語の獲得は成功への鍵とみなされ、チャモロ語継承にむけた取り組みは公的な場では影を潜めた。こうして、チャモロ語話者は激減し、若い世代は英語が第一言語となり、母語を失った子どもたちはチャモロのアイデンティティが希薄になり、祖父母世代との距離が生じ始めた。

　1960年代になると、アメリカ本土における公民権運動の高揚とともに、先住民の権利運動も喚起された。この運動の波は太平洋先住民にも波及し、1970年にグアムの公立学校で二言語教育が導入された。1974年、公法12-132においてグアムの公式言語は英語とチャモロ語であると認められた。そして、チャモロ語の衰退とアイデンティティの喪失を目の当たりにしたこと

から、グアム政府はチャモロ学習を重視し、チャモロ語の授業とチャモロ文化学習を取り入れ始めた。こうして、アメリカに準拠した教育にチャモロ語や文化の学習が追加された形の教育が行われるようになった。1991年、チャモロの活動家らによって、「植民地主義の征服と市民の抵抗」が掲げられ、運動団体である「チャモル・ネイション」が設立された。こうしたアイデンティティ覚醒と運動の動きによって、グアムの教育界にもチャモロ・アイデンティティの育成の気運が高まった。しかし、本土出身の教員が多いこと、連邦政府からの支援によって教員の給料が一部賄われていること、教員や生徒の関係者に米軍関係の仕事に就労している者が多いことなどから、独立運動に展開するようなイデオロギーの教育につながることはなく、ソフトなアイデンティティ育成に落ち着いている。

　1990年代に入ると、連邦政府は州政府の公教育に関与するようになった。まずは、1994年に立法化された「GOALS 2000: アメリカ教育法」(Educate America Act) と「アメリカ学校改善法」(Improving America's Schools Act) である。この二つの法律を通じ、連邦政府は州および地方教育機関に対して全国的な学力水準の達成を強く要請した。さらに2002年に「落ちこぼれ防止法 (No Child Left Behind Act: NCLB)」が制定され、連邦政府が定める教育水準の達成を州や地方教育機関に命じるとともに、それを達成することができない公立学校に対し、生徒の転校や補習の提供さらには学校再編という制裁措置を課した。その結果、アメリカの公教育は連邦政府の強い統制のもとに置かれるようになった (小池, 2011)。こうした教育改革により、全国統一スタンダードが示され、それに基づいた全国統一テストが実施されるようになった。その成績によっては予算配分の格差が生じるなどした結果、全国的なスタンダードに準拠した教育が行われるようになった。

　その動きはグアムにも影響を与えた。1996年、幼稚園から12年生までの「標準的学習内容と指導法」(Content Standards and Performance Indicators) の概要が、教育省の standards-based education に導入された。このスタンダードはグアムの教育実践に影響を与え、すべての領域でナショナルスタンダードに照準が定められた。1999年1月、教育委員会は10の科目・領域に「標準的学習内容と指導法」を導入した。これが授業案などにある程度影響をもたらしてきたものの、従来通りに教師の裁量に比較的委ねられ、本土のような統制機能

はあまりはたらかず、10年以上改訂されることはなかった。しかし、グアム政府自体が経済難に陥り、公務員の人件費削減などが検討される中、教育に関しても大規模な見直しが行われ、2009年、「標準的学習内容と指導法」は言語技術および読み方、数学、科学、社会科、芸術、世界の言語、健康、体育、教育技術の9の科目・領域に再整理された。改訂は the Pacific Resources for Education and Learning（PREL）によってファシリテートされ、小学校、中学校、高校の経験豊かな教師の協力によって進められた。そして、完成したものは教師や管理職に配布され、グアム教育委員会に所属する教師は改訂版「標準的学習内容と指導法」に準拠した教育活動が求められるようになった。

3-2　社会科教育の内容と文化の取り扱い

　グアム教育省（2010）によると、全米社会科協議会（The National Council of Social Studies, NCSS）が示したカリキュラムスタンダードとマサチューセッツ州のスタンダードを活用している[1]。アメリカ教師協会（the American Federation of Teachers, AFT）によって示された Sizing Up State Standards 2008 と、マサチューセッツで高評価を得ているフォーダム財団（Fordham Foundation）によって示された The State of Standards 2006 の双方を用いている。

　グアムにおける社会科のコア・カリキュラムでは、すべての学年において、①より高度の思考と学びのプロセス、②シティズンシップ／人格的実践と信条③基本的なアメリカの価値、④経済的基礎知識、⑤アメリカ民主政治、⑥グローバルな気づきと地理的スキル、⑦文化的多様性と地理的スキル、⑧テクノロジーを身につけることが求められている（Guam Department of Education, 2010）。

　つまり、「グアムはアメリカである」ことを学ぶのである。「基本的なアメリカの価値」「アメリカ民主政治」を幼稚園から8年生までを通して身につけることが求められている。高校では「アメリカの政治」「グアム史」「合衆国史」「世界地理」「世界史」が科目として設置されている。第8学年までの各学年の学習概要は以下の表16-1のように示されている（Guam Department of Education, 2010: 692-694）。

表16-1　グアム社会科における各学年の学習内容

幼稚園：(省略)
第1学年：家庭、学級、学校、コミュニティとの関わりについて学ぶ。過去、現在、未来の出来事を区別することにより、時代や年代の概念を発展させる。生徒は合衆国とグアムの賛歌とモットーを認識する。生徒は教室、学校、地区の簡単な地図をつくる。商品とサービスの概念、働く事の価値がわかる。歴史的遺構とよいシティズンシップを示した特別な人々について知る。生徒は、家庭習慣、言語、伝統の大切さを説明し、テクノロジーが家庭生活の様子をどのように変えたか認識する。生徒は、情報を関連付けたり分類したりする。食糧、衣類、家などの基本的に必要な物を家族はどのように入手するか学ぶ。
第2学年：生徒はグアム島や国家同様、地域の歴史における意義ある個人や出来事のインパクトについて調べることを通して、地域学習をすすめる。大切な習慣、象徴、信条を表す祝い事についての知識を得る。生徒は、地域の芸術産業や工芸産業の意義を認識する。そして学んだことを書いたり、発表したり、作品作りをしたりしてコミュニケーションを図る。
第3学年：生徒は、グアム、合衆国、外国の民族的・文化的な祝い事について学ぶ。彼らは、地域や島、国家の文化を形づける実在したヒーローと伝説上のヒーローの役割を学ぶ。生徒は、昔と今において、人々がどのようにコミュニティを変えてきたのかについて学ぶ。生徒は、重要な選択、障害を克服、ほかの人をより良くするための犠牲、新しい考えや成果、コミュニティをもたらした事業に乗り出したような英雄的な男性、女性の生き方を学ぶ。変化をもたらし、世論と決定に影響を与え、すべての人々にとって重要な問題の解決に参加した人々に関する認識と追求を通して知識を広げる。生徒は、個々人によってもたらされた経済、文化、科学的貢献の理解を深める。
第4学年：グアム史　生徒はグアムの多様な人種、民族、地域集団の人々の貢献を理解する。生徒は古いチャモロ文化から、スペイン人との接触、アメリカ人との接触、日本人との接触、現代まで、グアムの豊かな歴史をより深く理解する。地理、経済、市民の概念は歴史的なコンテクストの中で派生している。生徒は、グアム史における重要な出来事や考えについて、分析、解釈、知識表現処理をするためのスキルを身につけ、多様な文化や民族的背景をもつ人々による貢献を理解する。グアム史における地形の影響と文化地理について調べる。合衆国政治機関に関する基礎的な思考は、グアムの物語の一部として含まれる。

第5学年：南北戦争までの合衆国史　生徒は、始まりから南北戦争後の再構築までの合衆国史を学ぶ。先コロンブス期、ヨーロッパ人の探検、植民と革命期、合衆国の成立、南北戦争につながる出来事、再構築を含む。生徒は、地形を生かした人間の活動と関連づけて合衆国内の多様な地域について学び、どのように人々が環境に適応したのか認識する。生徒は独立宣言にみる重要な考えや合衆国憲法のような、合衆国の政治を表象する根本を知る。生徒は権利章典において保障されている基本的権利について調べる。批判的思考力、関連、分類、情報要約を通して、影響と結果を描く。

第6学年：先史時代から現代までの世界史　生徒は人類史の全体を概観する。先史時代から現代までの重要人物、出来事、事件を学ぶ。西洋文明の重要な出来事や事件を分析することを通して、世界史における伝統的な歴史的な事項について学ぶ。西洋以外の文明も同様である。生徒は歴史と主な宗教の影響と、哲学的伝統について調べる。

第7学年：世界地理　生徒は、世界の地域における人々、場所、環境について重点的に学ぶ。世界中の人々、文化的特徴、地形、天候、経済環境、移民や定住パターンなどから、知識、スキル、物の見方を身につける。地理の空間概念は、人類と環境の間の相互作用研究のための枠組みとして用いられる。地理学的な資源を用いて、生徒は調査とテクノロジースキルを駆使して、地理学的な問いをしたり答えたりする。特に強調すべきなのは、生徒の理解と地理学的概念とスキルを日常生活に位置づけることである。

第8学年：南北戦争から現代までの合衆国史　生徒は、合衆国史の学習を継続する。第5学年において合衆国史を先史時代から南北戦争とその後の構築までを学んだ。今度は南北戦争後から現在までを学習する。歴史的内容は、政治的、経済的、社会的出来事や問題に焦点化され、産業化、都会化、西部開拓、主な戦争、世界大恐慌、国内外の冷戦とその後の時代、市民権を含む改革運動を扱う。

（下線部筆者）

　コア・カリキュラムの概説では、「アメリカであるグアム」が強調されているが、各学年の学習概要においては、第4学年まではグアム独自の項目が含み込まれていることがわかる。第5学年以降になると、一般的なアメリカ本土のカリキュラムと大差はない。これは社会科のカリキュラム作りが同心円拡大主義にのっとり、低学年から学年が上がるにつれて、学習対象範囲が空間的・地理的に拡大をしていく構造をとっているからである。しかし、アメリカ本土

に行ったことがない島の子どもたちが、5年生といえども合衆国史を学ぶことに切実性をもつことは難しい。

学習内容に関して、「文化」「歴史」「地理」「政治」の各項目にすべての学年で求められる理解が示されている。たとえば、アイデンティティの育成に関する、「文化」領域の項では次のように述べられている。

　　生徒は信条様式、知識、価値、多様な文化の伝統とそれらのものの考え方がどのように人間の行動に影響を与えているかについて学ぶ。文化について学習することは、生徒が自分自身を理解し、個々人や多様な集団の人を理解するのに役立つ。生徒は、文化と文化的様式がどのように機能するのか理解するために、適応と同化といった複雑な文化の概念を学習する。生徒は、民主的で多文化的な社会の中で、異なる文化的な利益をもたらすものからくる多様なものの見方を学ぶ。これは、生徒が太平洋の、国家の、さらに広きに渡る人々の間の豊かな文化的多様性について、学び祝うことに役立つ。

（Guam Department of Education, 2010: 704–705）

未編入領土でありながらアメリカの一部と位置づけ、多文化社会化が加速するなかでチャモロのアイデンティティ育成とからめてどのように「文化」を扱うのか。スタンダードの中から「文化」に関する部分、「グアム」が記載されている第1～4学年の部分を下記に紹介する（表16-2）。

表16-2　グアム社会科における「文化」の取り扱い

スタンダード1：文化
　生徒は信条様式、知識、価値、多様な文化の伝統とそれらのものの考え方がどのように人間の行動に影響を与えているかについて学ぶ。
第1学年
　1. <u>グアム</u>、合衆国、世界の民話、伝説、物語を読んだり聞いたりしたあとで、主な登場人物とその才能を述べる。2. 有名人ついての物語を読んだり聞いたりしたあとで、異なるエスニックグループ、信条、時代の特性や特有な特色について述べる。3. <u>グアムの人々</u>と合衆国の人々は、多様な異なる宗教、コミュニティ、家族の祝い事や習慣があることを説明し、祝い事や習慣はクラスや生徒の家族によって行われていることを述べる。

第2学年
　1．家族や大人の支援を受けながら、出身地の伝統的な食べ物、習慣、スポーツ、ゲーム、音楽などについて説明する。2．<u>グアムと合衆国</u>にみられる、外国からの伝統や習慣の例を示す。

第3学年
　1．家族や大人の支援を受けながら、出身地の伝統的な食べ物、習慣、スポーツ、ゲーム、音楽などの意義について詳しく説明する。2．<u>グアム</u>と合衆国にみられる、外国からの伝統や習慣の起源を説明する。3．クラスの文化やコミュニティ内の世代グループ間の相違点を述べる。4．地元や地区に保存されている歴史的な物や遺跡を観察して説明し、その機能や構造、意義に関する疑問をまとめる。

第4学年
　1．<u>チャモロの伝統や習慣</u>と、グアムのほかのエスニックグループのそれとの相違点を話し合う。2．異なる物語、伝説、神話を要約して、過去の理解にどのように役に立つか説明する。3．<u>グアムにおけるほかの文化的集団を知り、島の文化的多様性に感謝</u>を示す。4．ある文化がほかの文化に影響を与えて、それが変化をもたらすことについて事例リストを作成する。5．ヨーロッパ人の探検以前の多様な<u>ミクロネシアの島々の集団</u>の生活様式を比較し、彼らが居住していた地域を説明する。6．<u>グアム賛歌</u>をチャモロ語と英語で歌い、意味を説明する。7．<u>地元の祝い事の起源と意義</u>を述べる。例：<u>独立記念日</u>、<u>Feast of Santa Marian Kamalin</u>、<u>解放記念日</u>、<u>退役軍人の日</u>など。

（下線部筆者）

　表16-2の第4学年の1.については、授業案「チャモロの伝統や習慣と、グアムのほかのエスニックグループのそれとの相違点を話し合う」が40分の構成として示され、本時の目標は「授業において生徒は、異なる文化の集団がグアムの価値を改善しているかについてどのように理解しているか説明することができる」とある。獲得する語彙として、「エスニック集団、エスニシティ、伝統、文化、習慣、文化的多様性」が挙げられ、主な発問として、①異なる文化の集団がグアムの価値を改善しているかについてどのように理解しているか、②グアムのエスニック集団の同じところはなにか、③グアムのエスニック集団の異なるところはなにか、の三つが挙げられている。そして以下のように詳細な授業の展開が示されている。

〈授業の展開〉

導入（Anticipatory Set）：5分

　生徒同士で話し合いをするために問い「異なる文化的集団がグアムの評価をよりよくしていることについて、どのような意見をもっているか」を示し、様々な意見を出させて、話し合いの様子を聞きながら、クラス全体で共有していく。

展開（Instruction and Strategies）：15分

・グアムのエスニック集団を網羅する文章をグループに配布する。それぞれのグループは異なる集団について読む。
・グループの生徒は彼らが選んだものを読み、文化の鍵となる要素について線を引く。
・文化的貢献の視点からエスニック集団を比較するために、食べ物、祝い事、宗教、習慣など目に見えるものを用いながら、絵や図に表す。

まとめ（Guided Practice）：15分

・グループの生徒は、読んだものの中から比較するために伝統や習慣に関する情報を共有する。

　同じく第4学年の2.のカリキュラムガイド「生徒は異なるエスニック集団と彼らの文化を比較対照する」では、主発問として「物語、伝説、神話は私たちの過去を理解するのに役立つだろう」と示され、詳細な授業を展開するための手法が示されている。加えて、神話や伝説などの民話を用いた授業方法が示され、そこでは鍵となる語彙として、「意見、歴史的事実、伝説、神話、要約、セレナ、アルパン、プンタン パゴン、プンタンとフウナ、チャイフィ ガダオ、タオタオモナ、ドゥエンダス」が挙げられている。セレナは人魚、プタンとフウナはグアム島の創世主である巨人の兄妹、チャイフィは火の神、ガダオは島の南部に住んでいたとされる勇壮な伝説上の巨人、タオタオモナは超人的能力をもつ先祖の霊である。日本では戦後の教育改革において、神話や創世記など「神」に通じるものはすべて排除されたが、創世記や宗教観は文化的アイデンティティの形成に結びつくものである。多文化化が進む日本では、近年学校教育に求められるようになった「伝統・文化」の教育と結びつく形で神話が復活しつつある。グアムでは、チャモロのアイデンティティの育成と同時に、島の

外にルーツをもつ子どもにも、自文化を意識させつつも、基準をチャモロ文化に置くことで、チャモロの島グアムという認識をもたせるような構造となっていると言えよう。

4. おわりに

　以上に、グアム公立学校におけるアイデンティティの育成に関して、社会科教育を中心に述べた。社会科スタンダートにおいて、「古いチャモロ文化から、スペイン人との接触、アメリカ人との接触、日本人との接触、現代まで、グアムの豊かな歴史」とした表現があるが、本当に「豊かな歴史」（Rich History）と言えるのだろうか。先住民族チャモロにとって、外部との接触は身体的にも文化的にも虐殺を意味してきた。チャモロ舞踊を通してチャモロ文化復興運動を牽引するフランク・ラボン氏（中山, 2012a: 165-169）も、マジェラン来島以降のチャモロの歴史に関して文化的ジェノサイド（cultural genocide）という表現を用いる。ジェノサイドの歴史を「豊かな歴史」と認識することは、コロニアリズムを肯定することになる。グアム教育委員会がグアム学習のための教科書としている教科書シリーズ Hale'-ta はコロニアリズムを否定し、チャモロの民族自決を求め、社会科スタンダードの考え方や表現とは相容れない。

　グアムの多文化化が進む中で、いかなるエスニックバックグラウンドをもつ生徒にも「アメリカ」としての国家意識をもたせ、アメリカ社会の構成原理「多からなる一」（E Pluribus Unum）を意識化させ、統合機能を働かせることは好都合と言える。そして、多文化教育を導入することは、多文化化が進む学校社会においてもエスニックバックグラウンドが異なる生徒集団同士の均衡を表向きには保つことができる。しかし、エスニックグループの「貢献」を学ばせる手法は多文化教育の基本的なスタイルであるが、誰に対する「貢献」をどのように取り上げるかによっては、チャモロ・ナショナリズムも見え隠れする。アメリカの多文化教育の考え方を踏襲しつつ、チャモロ優位な教育の傾向をみることがある。グアムの公教育におけるチャモロ・アイデンティティ育成との取り組みと多文化教育は共存できる思考なのであろうか。先住民族が先住民としてのアイデンティティを教育を通して強化し、土地（島）を守ることは、グローバル化して人の移動が著しい中で、非難されることなのか、多文化教育を

推進し、共生の島づくりを目指すべきなのか。多文化社会におけるシティズンシップの論考に一石を投じている。

　社会科教師育成の課題もある。グアムやサイパンで出会った社会科教師は、本土出身者や高等教育をアメリカ本土で受けた人が多い。チャモロ・アイデンティティが強い教師は、チャモロ舞踊やチャモロ語を中心とする文化学習の教師になる傾向がある。つまり学力テストや大学入試に必要となる主要科目としての社会系科目は、島出身以外の教師が担当していることが多い、もしくは高等教育をグアム以外で受けた教師が担当していることが多いという状況がある。当然ながら、合衆国準拠のスタンダードにそった考え方によって授業がスムーズに展開されることが予想される。こうした状況に対して、社会科教師の自主的な協議会では、チャモロ・アイデンティティが強く、ポストコロニアルな思想をもつ教師からの異議が唱えられることもあるという。

　以上のように、合衆国準拠のスタンダードにチャモロを主体とした視点の導入を図ることの利点と矛盾が混在していると言える。これは、グアムだけではなく、北マリアナ諸島の社会科も同様の点を指摘することができる。グアムをはじめとしたマリアナ諸島の植民地化の歴史とともに、多文化社会の進行を加速させてきた背景に、日本人によるリゾート産業開発とそれに伴う従業員の流入があったことを心に留めておきたい。

　　＊本章は、中山（2012b）をもとに加筆修正したものである。

《注》
1) Guam Department of Education (2010). *K-12 Content Standards and Performance Indicators* より。

【引用文献】
小池治（2011）「アメリカの教育改革とガバナンス」『横浜国際社会科学研究』第16巻第1号、1-17頁。
中山京子、ラグァニャ, ロナルド T.（2010）『入門　グアム・チャモロの歴史と文化——もうひとつのグアムガイド』明石書店。
中山京子（2012a）『グアム・サイパン・マリアナ諸島を知るための54章』明石書店。

中山京子（2016b）「社会科における多文化教育の再構築―ポストコロニアルの視点から先住民学習を考える」日本社会科教育学会『社会科教育研究』No.116, 35-44頁。

Aguon, K. B. (1993). The Guam dilemma: The need for a pacific island education perspective. In *Hale'-ta Hinasso': Put Chamorro* (Insights: The Chamorro Identity) Vol.1,（pp.89-101）. Political Status Education Coordinating Commision.

Guam Department of Education (2010). *K-12 content standards and performance indicators.*

第17章

カナダにおける多文化主義的カリキュラムへの挑戦と新たな課題――WCPプロジェクトに焦点を当てて

坪田益美

1. はじめに

　「カナダはアメリカというゾウと同衾しているネズミ」。そう形容したのは、多文化主義を世界で初めて国家政策として導入したピエール・エリオット・トルドー元首相である。カナダはアメリカ合衆国（以下、アメリカと略）に隣接し、政治的にも経済的にも、そして文化的にも多大なる影響を受けながらも、時にはアメリカとは一線を画す毅然とした姿勢を示し、自立した主権国家を維持してきた。カナダはその立地条件からも、また人種構成からも、そしてその文化的特徴の類似性からも、否応無しにアメリカと同一視されることは避けられない。事実、政治的にも経済的にも、そして文化的にもアメリカ的要素なしに、まったくのオリジナルなカナダの姿を見出すのは困難なことである。しかしながら、カナダはオーストラリアなどと同じ、植民地としての地位を長らく維持してきたという、アメリカとは明らかに異なる歴史的背景をもつ。連邦結成後も立場は英領北アメリカであり、母体である英国に忠実にあることで、アメリカからの支配を逃れ、少しずつ自治体制を確立し、アメリカとは対照的に平和的な独立を果たした国である。闘争的歴史に形容されるアメリカに比して、カナダは平穏な多文化主義国家のモデルであるとの印象を持たれるのはそうした経緯も手伝ってのことであろう。カナダは、穏健的な民主主義社会を形成するために、アメリカのような強固な結束による統一ではなく、多様なまま共存する方法を採用することで、緩やかな結束による多種多様な民族や地域の平和的共生を可能にしてきたと言える。カナダは、現在もケベック州の独立を平和

的に回避する努力を続けており、移民の流入に関しても比較的寛容な国家である。

　ただし、比較的穏健な精神的風土をもつカナダとは言え、その成立史において対立や闘争がなかったわけでは当然ない。カナダの多文化主義国家への歩みは、アメリカの「同化主義→融合主義（メルティング・ポット）→文化多元主義（サラダボウル、モザイク）」という同じような過程を辿ってきたのである。また、移民国家である起源をもつカナダの、最初の入植民であるフランス系と遅れて入植してきたイギリス系の間の対立は、今に至っても完全に解消したとは言い難い。それにもかかわらず、カナダが主権国家として様々な点で強大なアメリカに隣接しつつも、政治的にも社会的にも自立し得ているのは、国民国家としての統合が成功している証である。それは世界に先駆けて国家政策として遂行した多文化主義の功績であり、そして同時に、国民形成教育、すなわちシティズンシップ教育の功績でもあると言える。2001年度以降、特定の民族や出自を選択することができるようになったカナダの国勢調査において、2006年度以降は特定の民族や出自ではなく、「カナディアン」を選択する人々が総人口の約3分の1を占めるようになったことは、一つの証左と言えるだろう。多文化主義は、ミドル・パワーであるカナダが、強大なアメリカの影響を受けながらも自立するための、いわば生き残りをかけた戦略であり、それが見事に功を奏したと言えるのではないだろうか。

　そこで本章では、多文化主義をすべての国民に浸透させるべく取り組まれた教育活動について紹介してみたい。ここでは特に、カナダが目指すあり方を象徴するとも言える、Western Canadian Protocol（WCP）プロジェクトに焦点を当て、共通フレームワーク（以下, FWと略）開発の取り組みと新たな課題について検討する。

2. カナダにおけるシティズンシップ教育の概況

　表17-1は、カナダの「建国」[1]から2004年あたりまでの、多文化・シティズンシップ教育の方向性の変遷をまとめたものである。この表は特に、多文化教育という観点から見たシティズンシップ教育の変遷であるが、それがまさにカナダという国家・社会が目指してきた国家像の変遷をも示している。

表 17-1　カナダにおけるシティズンシップ教育の方向性の変遷

	第一期	第二期	第三期	第四期	第五期
	1867 〜 1940 年	40 〜 63 年	63 〜 70 年代	80年代〜90年代半ば	90年代終盤〜現在 (2004)
教育の傾向	イギリス系への同化を理想として強要した。例外としてアフリカ系やアジア系などは同化不可能とされ、分離学校が設立された。	文化的多様性を重視し、異文化を維持したうえで**融合**することによってまとまろうとした。しかし融合は実質的には同化の前段階と考えられた。	**ナショナル・アイデンティティ**の明確化と国民が共有するための教育の必要性が重視された。	「権利と自由に関するカナダ憲章」に拠る市民性の定義が定着、**社会的正義と平等**が重視され、「反民族主義」教育が各州、地域で開発・導入された。	多様性尊重の重視による実質的な社会的不平等への懸念を克服するものとして、多様性に基づく「**社会的結束**（Social Cohesion）」が重視される。
社会的背景	・連邦結成 ・第一次世界大戦→同化による強固な国家統一が求められた。	第二次世界大戦の戦中・戦後の混乱の中で、カナディアンとして、一つにまとまる必要があった。	国際情勢が安定するとともに、カナダの独自性が問われ始めた。	カナダ初の独自の憲法が施行されたことで、その憲法に基づく市民の育成が求められていた。	新自由主義的政策の影響を受け、社会的弱者と強者の格差が広がり、社会不安を抱えていたため、市民同士のつながりによる社会形成が必要とされた。

（Joshee, 2004: 146-150 をもとに筆者作成。太字は筆者）

　なお、カナダにおいてシティズンシップ教育は、その教育対象の違いにより、二つに大別される。一つは「市民権」の獲得を目的とした、移民を「国民化」するためのシティズンシップ教育である。そして二つ目は、その国家・社会で生まれ育つすべての子どもたちを"カナディアン"ならびに民主主義社会の担い手へと育てることに焦点化したシティズンシップ教育である。

　移民国家としても知られるカナダにおいて「シティズンシップ教育」と言う場合、従来は前者の「市民権」を獲得するための教育に対して関心が寄せられることが、日本ではより一般的であったと言える。事実、前者の意味でのシティズンシップ教育については、岸田（1999）、大岡（2005）、児玉（2006）などによって、さまざまな角度からの研究が蓄積されている。カナダでも、「シティズンシップ教育としての社会科」よりも、世間一般的に、そして行政的には、「市民権」獲得のためのシティズンシップ教育の方が、より一般的に、かつ大々的に国家をあげて取り組まれてきた傾向があったことは否めない。しか

しながら、1990年代後半から、後者の意味でのシティズンシップ教育への関心が高まり始めた世界的潮流の例に違わず、カナダでも、国家および民主主義社会を積極的に担い、運営して行く主体としての市民を育てるシティズンシップ教育への関心が高まり始めた。そして、2000年以降、全州の教育省がシティズンシップの育成を強調した社会科への改訂や新教科・科目の導入を行うなど、学校における後者の意味でのシティズンシップ教育への取り組みが改めて盛んになった。

　筆者が「改めて」という言葉を用いたのは、カナダにおいて後者の意味での「シティズンシップ教育」は、近年始まった新しいものではないからである。「『シティズンシップ』の育成は、おそらく、通常カナダ人が、社会科の目的として認知し、信じてきたものである」というトムキンズ（Tomkins, 1986: 15）の指摘に象徴されるように、カナダではそもそも民主主義を支えるシティズンシップの育成を目的として、1920年代にアメリカより社会科が「輸入」されている。ただし、この「社会科」は系統主義への世界的な潮流に違わず、次第に学問中心型のものへと変型して行ったのである[2]。

　その後、1982年に多文化主義を大々的に掲げたカナダの憲法である「カナダ自由と権利の憲章」が採択されたことで、教師たちはカナディアン・シティズンシップについての議論の基盤としてこの憲章を用い始めた（Joshee, 2004: 144）。これを契機に、1980年代から1990年代に、「自由、正義、法の適正手続、不同意、法の支配、平等、多様性、忠誠心」などを含むシティズンシップの主要な概念が明らかにされた。シアーズら（Sears, A. et. al., 1998）によれば、1990年代のカナダの多くのカリキュラム文書がこうした方向性を反映していた。特に、1971年以降始まった多文化主義政策のより良い実現、普及を目指して、国家をあげて多文化主義を浸透させるための教育の開発が推奨された（すなわち多くの助成金が提供された）ため、この時期に多くの多文化教育研究・開発が行われた。一方で、1990年代前半からカナダでは、経済面における世界的競争に打ち勝つことを重視した風潮の中で、経済人として成功するための教育、職業人として機能するための教育が積極的に展開されており（Hebert & Sears, 2000: 6）、シティズンシップ教育の重要性はまたも薄れていた（Osborn, 2001: 36）。そうしたなか、1990年代終盤からシティズンシップ教育が改めて強調されることとなったのは、「若者の知識低下、思いやりの希薄化、投票率の

低下、統治機構に対する無批判な態度といった傾向」や、「国家や世界の問題に対する有効感の欠如や疎外感」が、カナダでも社会問題化してきたからである (McKay & Gibson, 1999: 1)。1999年にはオンタリオ州が10学年に、シティズンシップの育成を中核目標とした「公民 (Civics)」を必修科目として新規に導入し、以降、各州でシティズンシップ教育を重視した社会科のカリキュラム改訂が盛んに行われることとなった。

カナダでは、連邦結成時から教育に関しての権限は州政府に一任されている。したがって、学校制度から学習内容に至るまで、すべて州がその決定権を有している。しかし、連邦政府が教育にまったく介入しないということではない。国家の重要事項に関する教育(多文化教育・シティズンシップ教育・環境教育など)に関しては、連邦政府による指針の提言、教育の開発NPOへの資金提供、教材の作成および配布などの支援を行う方針をとっている。また、各州の教育大臣が一堂に会する教育大臣会議 (Council of Ministers Education, Canada: CMEC) は、シティズンシップ教育における国家基準、あるいは共通目標の確立をさまざまな機会に提唱してきている (Shields & Ramsay, 2004: 40)。しかし、現実には、何をそれらの基準や共通目標とするかなどで合意が得られず、学校教育におけるシティズンシップ教育の統一は連邦政府レベルでは実現されていない。こうした状況の中でも、共通FWの作成が地域的に成功している事例がある。それがWCPプロジェクトと大西洋岸地域の四州 (Atlantic Provinces Education Foundation: APEF) が共同で作成した二つの共通FWである[3]。このうち本章では、共通FWの中に、アボリジニ[4]やフランス系固有のアイデンティティの維持・形成を明確に位置づけていることから、WCPを取り上げる。

3. WCPプロジェクトの概要

WCPプロジェクトは1993年にアルバータ州、ブリティッシュ・コロンビア州(以下、BC州)、マニトバ州、サスカチュワン州、北西準州、ユーコン準州の4州2準州の教育大臣が結んだ協定によりWCPプロジェクトとして発足した、共通カリキュラムFWの開発組織である。その後、2000年にはヌナブト準州が参加した。発足当初は、数学、科学、言語技術の共通FWおよび教材の開発が行われてきた。社会科カリキュラムの共通FWの開発は1998年か

ら着手された。社会科に関しては、2001年以降、BC州とアルバータ州が離脱し、残りの2州3準州で継続することとなった。2002年からその名称が現在のWNCP（Western and Northern Canadian Protocol）に改称され、その2002年版のFWが各州の社会科カリキュラムの基盤となっている。ちなみに、K-12学年までの一貫したカリキュラムの作成を望んだアルバータ州は、2000年にWCPを離脱しているが、2000年までに作成されたWCPのFWを基に10-12学年を加えて、独自のカリキュラムを作成している。なお、本章では、WCPという名称を使用していた期間の資料を使用するため、WCPプロジェクトという名称に統一する。

　WCPは、基礎教育に関する協同研究を行うにあたり、次の4点を主な目的として挙げている。すなわち、①高水準の教育、②共通の教育目標、③管轄から管轄への移動を容易にすることを向上させる（すなわち、ある州で学校教育を受けた者が、他州の学校や大学へ移動することが容易にできる）ことを含む、教育的機会へアクセスする際の障害を取り除く、④教育資源の最適な利用を保証することである（WCP for Collaboration in Basic Education, 2000: 3）。これらを主な目的として、1993年にカリキュラム開発のための指針となるFWの協同作成に合意したのである。社会科に関しては、まず1992-98年の社会科教育研究を精査することから始めている（McKay & Gibson, 1999）。なお、それらの社会科教育研究はイギリス系、アボリジニ、フランス系のパースペクティブから整理されたものが、それぞれ表17-2にあるように三つの報告書（以下本論文では三つを総称して『報告書（1999）』と記す）にまとめられている。その『報告書（1999）』を基に大まかな『社会科共通カリキュラム・フレームワーク K-G12開発のための基礎文書（Foundation Document）』（2000）を作成し、WCPの検討委員会において、その文書を基盤として2001年に『社会科共通カリキュラム・フレームワーク K-G9検討草案（2001）』（以下『草案（2001）』）を作成した。この『草案（2001）』が各州に配布され、各州はイギリス系（マジョリティであるため、一般的なパースペクティブのことを指す）、アボリジニ、フランス系それぞれの検討会議を設置することとなった。その検討会議では教育省内部および社会科の専門家、教員などから参加者や意見を募り、内容を吟味してそこで出された意見を一つにまとめ、WCPへとフィードバックする。たとえばアルバータ州を事例とすると、アボリジニ・フランス系の検討会議と、そのほかに公開会議に参加でき

るそれ以外の社会科の専門家や教員のボランティアを募るほか、ファックスやオンラインでも意見を募るなどの方法を採った。そうした各州の三民族および広く一般の教員の意見を最大限考慮した上で、最終的に一つの『社会科共通カリキュラム・フレームワーク K–G9（2002）』にまとめられた（表17-2参照）。

表17-2　WCP社会科共通フレームワーク開発の作業行程（筆者作成）

年	文書
1999	・より一般的なもの『社会科の未来を創り直す』Reshaping the Future of Social Studies: Literature/ Research Review. Edmonton: Alberta Learning. ・アボリジニに関するもの『教育へのアボリジニの視点：社会科のフレームワークにおける文化的文脈の視点』Aboriginal Perspective on Education: A Vision of Cultural Context within the Framework of Social Studies: Literature/ Research Review. Edmonton: Alberta Learning. ・フランス系に関するものは『フランス系教育のためのWCP社会科共通カリキュラム・フレームワークの開発へ向けた関連研究の概観』Overview of Related Research to inform the development of the Western Canadian Protocol Social Studies (K-12) Common Curriculum Framework for Francophone Education. Edmonton: Alberta Learning.
2000	・『社会科共通カリキュラム・フレームワークK－G12開発のための基礎文書』Foundation Document for the Development of The Common Curriculum Framework for Social Studies Kindergarten to Grade12.
2001	・『社会科共通カリキュラム・フレームワークK－G9（G10-12は順次開発予定）検討草案』The Common Curriculum Framework for Social Studies Kindergarten to Grade9 (Grade10-12 to be developed) Working Draft: For Consultation Purposes Only.
2002	・『社会科共通カリキュラム・フレームワークK-G9』The Common Curriculum Framework for Social Studies Kindergarten to Grade9

　WCPに関して特筆すべきことは、FWの開発過程においてアボリジニとフランス系のグループの検討委員会をそれぞれ設置したことである。それは北アメリカにおけるカリキュラム開発プロセスにおいては、ほかに例を見ない画期的なアプローチであった（Shields & Ramsay, 2004: 40）。そして前出の『報告書（1999）』の内容が反映され、FWには、アボリジニとフランス系の子どもたちに配慮した特別の達成目標が随所に設定されている。また、社会科学習全体において、アボリジニやフランス系をはじめとする移民などのパースペクティブを取り入れ、考慮することが強調されている（WCP for Collaboration in Basic Education, 1999: 19）。しかし重要なことは、これら別々の特性や需要をもつ多様

な民族が、その特異性を対等に配慮されながらも、一つの共通 FW をまとめたという点にある。異なる集団がそれぞれ独自の FW を作成するのではなく、各集団の異なるパースペクティブを包摂したうえで、共通のものあるいは共有化できるものを作り上げたということが、本研究で特に注目した点である。

WCP（2000）は、この三つの立場（イギリス系、アボリジニ、フランス系グループ）が対等なパートナーとして協働することが、多様であるカナダ社会を反映しており、彼らのバランスを重視しようとする理想にかなうものであると説明する。このことから、建国以来の主要な三民族が対等にその固有性を配慮され、共通の社会科カリキュラム FW を開発する行為そのものが、いわば WCP が子どもたちに培いたいカナダ精神であるということでもあると言える。

4. WCP プロジェクトにおける社会科カリキュラムのフレームワーク

FW の構造は図 17-1 に示す通りである。まず各学年で学習する内容のテーマが設定され、社会科学習の方向性を提示する核となるものとして、各学年に「シティズンシップ」および「アイデンティティ」に関する成果規準（Learning Outcomes）が、それぞれ「価値観・態度」「知識・理解」に分類されて設定される。この中には、アボリジニの生徒にはアボリジニとしての、フランス系の生徒にはフランス系としての個別的成果規準（Distinctive Learning Outcomes）が設定されている。それはたとえば、9 学年（以下 G9）の「カナダ市民（あるいはカナダの先住民族・イヌイット・メティス、フランス系の市民）としての自身の役割や責務、権利を行使する意欲を示す」（WCP for Collaboration in Basic Education, 2002: 89）といった成果規準に、端的に表現されている。

そして、社会科の内容を構成する学習内容領域（General Learning Outcomes）が「文化とコミュニティ」など六項目設置され、それぞれの領域における成果規準がまた、「価値観・態度」「知識・理解」に分類されて細かく設定される。

では、FW で核となるシティズンシップとアイデンティティという二つの学習成果はどのような関係性にあるのだろうか。WCP によれば、「強固なアイデンティティの感覚は、個人間の関係性に不可欠な基盤となり、アクティブで責任ある市民としてコミュニティに参加する能力」（WCP for Collaboration in Basic

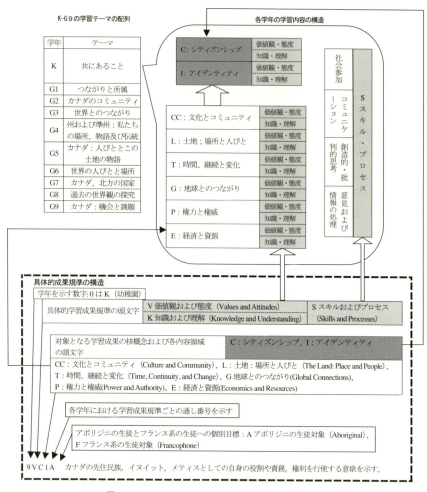

図 17-1　フレームワークの構成要素（筆者作成）

Education, 2002: 19)、すなわちシティズンシップの基礎として位置づけられる。そのうえで、それぞれの集団のアイデンティティを通して「カナダに所属している」という意識の涵養が重視されている。本 FW では、固有の集団的アイデンティティを承認・受容し、促進することによって、より「深い多様性」[5]に基づくカナディアン・アイデンティティが構想されていると言える。

5.「深い多様性」に立脚したカナディアン・シティズンシップ

　学年相互の関連性という観点より、シティズンシップの成果規準を分析すると、以下のような四つの段階を見出すことができる[6]。

　K–G3 の段階では、他者と共に生きること、何かを分け合うこと、コミュニティとは何かについての理解、カナダにおける多様な民族、先住民、フランス系のコミュニティについての認識を深めることが目指される。すなわち社会とは何か、コミュニティとは何かについて多様であることを前提に学習することを通して、生徒は自分自身と社会およびその関係性についての多様なあり方を理解することとなる。そしてこの時期は、地域、多様な集団、州、国家、地球の様々な規模のレベルで、社会という自分を超えた大きな世界における一部としての自覚を生徒に促す段階を意味している。

　G4–G7 はより具体的に、カナダにおける多様な集団、言語、文化などについて正しく認識すること、カナダの複雑なアイデンティティについて理解することが目指される。歴史的な内容が中心となる G4・G5 では、過去の積み重ねの上に今の自分があること、すなわち、過去からも人間のアイデンティティが構成されることを学習するとともに、個や小さな集団が大きな集団の威力によってその生活や生き方を左右されることについて学習する。また、州あるいは準州やカナダが経験してきた、異文化の接触がもたらした悲劇と豊穣化の具体的な歴史も学習する。地理的な内容が中心となる G6・G7 では、土地や自然環境、位置関係などの地理的要因によっても、人間のアイデンティティは形成され、変化させられることを学習するとともに、人間という存在が自然という大きな世界の中では、小さな一部でしかないことも学習する。G7 では、北方の国家としてのカナダの特性と、類似した地域の国家との共通性や差異を比較することを通して、「カナダらしさ」を発見し、アイデンティティを獲得することが目指されている。そうしたカナダの一員であることの意味（所属しているということの意味）、カナダの一員であると同時にアボリジニであるということの意味（アイデンティティの多重性の意味）、「所属していること」に付随する役割・権利・制約についても考察させる。以上のことから明らかになることは、G4–G7 が多様で多元的であり続けられることこそが、誇るべきカナディアン・アイデンティティの卓越性であること、そうした個を活かす共同体の価値が個

あるいは集団の相互作用や依存の関係性より形成されることを認識させるとともに、個や小さな集団への大きな集団の影響力や威力をコントロールするためには市民の参加が必要不可欠であることを理解させる段階であるということである。

G8では、歴史上のさまざまな社会に広がっていた世界観について考察させ、人の視野や物事の判断規準が、所属している社会に規定されてしまいがちであることに気づかせる。ここでは、「未開」であるのか「文明的」であるのかということに関しても多様な見方があり、したがってそれは一つのパースペクティブ、世界観でしかない、といった学習目標も設定されており、ここからG8は生徒の社会認識を拡げることを意図していると考えることができる。

以上の学習内容を踏まえ、G9では再びカナダという文脈においてシティズンシップの焦点化がなされる。そこで目指されるのは、二言語政策や多文化主義に象徴される、対話を基盤とした「差異の調整」を押し進める、カナダの市民としてのシティズンシップの育成である。

以上の分析から、WCPではK–G9にわたって、①多様な集団的アイデンティティを保持しながらもカナダの一員であるという自覚、すなわち「深い多様性」に基づくカナディアン・アイデンティティを促し、②多様な集団間の相互承認と連帯の必要性を相互依存、個や小さな集団の尊厳の保護といった側面から強調し、③「差異の調整」を基盤とする対話的な共生の有効性・重要性を理解させることで、それらをカナディアン・シティズンシップとして育成しようとしているということが言える。

6. おわりに

WCPのFWは以上の通り、建国以来の主要三民族のアイデンティティを丁寧に尊重しようとしたものである。なお、WCPのFWはあくまでFWであり、それを各州が具体的なカリキュラムに構成していく段階、あるいは教師が授業を構想する段階で、適宜必要な配慮をするための、ガイドラインである。その意味でも、WCPの取り組みは重要な指針を提示したと評価できる。特に、多文化主義を提唱し、そこにおける「深い多様性」の尊重を重視するテイラー(C. Taylor)の、まさに重要な論点である「アイデンティフィケーションの極

(pole) の多元性」(Taylor, 1993: 58) を承認し、「国家への所属の仕方の多元性をも承認し受容する」(Taylor, 1993: 183) ということを、社会科カリキュラムの基となる FW において具体化したことは、極めて意義深い。ただし、多文化主義の観点からすれば、次のような疑義・批判もあり得るだろう。ほかの民族・文化は尊重しないのか？ と。実はこの問いは、WCP の FW がはらんでいる看過すべきでない問題を示唆している。

　連邦政府が多文化主義を掲げて動き出した時、ケベック州だけはその政策から距離を置いた。現在も多文化主義に対しては批判的である。多文化主義に反して彼らが主張するのがインターカルチュラリズムである。そもそも多文化主義という思想自体、定義がいまだに確定しているとは言い難いため、様々な議論が非生産的に行われている感を禁じえないが、インターカルチュラリズムを提唱している中心的な論客であるブシャール (2012: 2-8) によれば、多元主義を志向する点で両者は共通しているものの、少なくともカナダの多文化主義は、「マジョリティの文化」というものを認めない点に賛同できない理由があるという。つまりそれは「主要な三民族」も認めない、ということでもある。この意味で、WCP の FW は看過すべきでない問題をはらんでいるのである。

　ケベック州は、州内においてはフランス系が完全なるマジョリティであるにもかかわらず、アメリカ大陸では完全なるマイノリティとなるという、極めて微妙な存在である。カナダ全体においては、いまや英系カナダ人の割合は 30％程度となり、絶対的マジョリティではない。とはいえ、英語話者の割合は圧倒的多数であり、そうした意味では苦労なく英語は継承されていくであろう。しかしフランス語、フランス系カナダ文化はそうではない。この点で、ケベックはいわば文化相対主義と言えるカナダの多文化主義には背を向け、マジョリティの文化を上位に置いた上で、そのほかのすべての文化をできる限り尊重するようアコモデーション（調整）し続けることを志向する、インターカルチュラリズムを目指すのである。

　カナダの多文化主義とインターカルチュラリズムの対立は、国内ではマジョリティであるが世界的には圧倒的マイノリティである日本に対して、大変重要な示唆を与える。我々も今少し、慎重に見極めていく必要があるかもしれない。

＊本章は、坪田（2008）をもとに加筆修正したものである。

《注》
1) 厳密に言えば、1867年7月1日の連邦結成による「カナダ自治領」の誕生は、実質的には「独立」ではなく、あくまで「自治植民地」であるに過ぎなかったものの、カナダにとってはこの日が建国記念日として認識されており、事実上の「建国」であると言ってよいと考える。
2) 詳細は、坪田（2013）を参照のこと。
3) 1994年、大西洋岸でニュー・ファンドランド・アンド・ラブラドール、ニュー・ブランズウィック、ノバ・スコシア、プリンス・エドワード島の4州が立ち上げたカリキュラム共通原案開発プロジェクトである。
4) カナダでも多くの場合、先住民族（First Nations）という呼び名も一般的ではあるが、WCPでは先住民族を含む総称としてアボリジニという言葉が用いられている。特に西部カナダでは、イヌイットやメティス（先住民と仏系のダブル）といった民族と先住民族との違いへの配慮であると考えられるため、それに倣って本論文でもそれらを区別して表記することとする。
5) 詳細は坪田（2008）を参照のこと。
6) 学習内容・展開についての詳細は、坪田（2008）を参照のこと。

【引用文献】
大岡栄美（2005）「『市民性』をめぐるナショナリズムとグローバリズムの交錯──カナダにおけるシティズンシップ週間プロジェクトを中心に」山本信人編著『多文化世界における市民意識の比較研究 市民社会をめぐる言説と動態』慶應義塾大学出版会、177-196頁。
岸田由美（1999）「多文化社会の市民像とその教育に関する試論」筑波大学比較・国際教育学研究室『比較・国際教育研究』第7号、9-20頁。
児玉奈々（2006）「外国人の法的地位とシティズンシップ教育」関口礼子・浪田克之介編著『多様社会カナダの「国語」教育──高度国際化社会の経験から日本への示唆』東信堂、35-52頁。
坪田益美（2008）「『深い多様性』に基づくカナダのシティズンシップ教育── WCP社会科共通フレームワークの分析を手がかりに」日本国際理解教育学会『国際理解教育』Vol. 14、26-45頁。
坪田益美（2013）「カナダにおけるシティズンシップ教育の動向──『社会的結束』の重視に着目して」日本カナダ学会『カナダ研究年報』第33号、55-71頁。
ブシャール、ジェラール（2012）「基調講演『インターカルチュラリズム』とは何か─ケベック、そしてグローバルな観点から」青山学院大学国際交流共同研究センター『国際シ

ンポジウム「多文化社会の課題と挑戦―インターカルチュラリズムの可能性」報告書』2-8頁。

Joshee, R. (2004). Citizenship and multicultural education in Canada: From assimilation to social cohesion. In J. A. Banks (Ed.), *Diversity and citizenship education: Global perspectives* (pp.127-158). San Francisco: Jossey-Bass.

Hebert, Y. & Sears, A. (2000). *Citizenship education*. Canadian Education Association, P.6. Retrieved June, 12, 2007 from http://www.cea-ace.ca/media/en/Citizenship_Education.pdf

McKay, R. & Gibson, S. (1999). *Reshaping the future of social studies: Literature/ Research review*. Edmonton: Alberta Learning. p.1.

Osborn, K. (2001). Democracy, democratic citizenship and education. In J. P. Portelli & R. P. Solomon (Eds.), *The erosion of democracy in education: From critique to possibilities* (pp.36.). Calgary, Alberta: Detselig Enterprises.

Sears, A. M., Clarke, G. M., & Hughes, A. S. (1998). *Learning democracy in a pluralist society: Building a research base for citizenship education in Canada*. A Discussion Paper Prepared for the Council of Education, Canada. University of New Brunswick. Retrieved 12, June, 2004 from http://www.cmec.ca/stats/pcera/compaper/98-63en.pdf

Shields, P. N. & Ramsay, D. (2004). Social studies across English Canada. In A. Sears & I. Wright (Eds.), *Challenges & prospects for Canadian social studies* (pp.40). Vancouver: Pacific Educational Press.

Taylor, C. (1993). *Reconciling the solitudes: Essays on Canadian federalism and nationalism*. Montreal & Kingston: McGill-Queen's University Press..

Tomkins, G. S. (1986). *A common countenance: Stability and change in the Canadian curriculum*. Scarborough: Prentice-Hall.

Western Canadian Protocol for Collaboration in Basic Education. (2000). *Foundation document for the development of The common curriculum framework for social studies: Kindergarten to Grade 12*.

WCP for Collaboration in Basic Education. (1999). *Foundation document for the development of The common curriculum framework for social studies: Kindergarten to Grade 12*.

WCP for Collaboration in Basic Education. (2002). *Common Curriculum for Social Studies: Kindergarten to Grade9*. Winnipeg: Manitoba Education, Training and Youth.

あとがき

　本書は、多文化教育研究会の 25 周年を記念して出版するものである。
　本研究会は、1992 年の発足以降、ほぼ月 1 回の研究会を開催し、社会科に限らず、広く多文化教育に関心のある研究者、実践者、大学院生、学部学生などが数多く参加してきた。多文化教育の研究と実践を深化する場であると同時に、若手研究者の研究道場の機能も果たしてきた。多文化教育研究会で研鑽を積んで、アカデミック・ポストを得た者も十指に余る。研究会での検討テーマは多岐に渡っており、裾野は広大になっている。研究会代表の森茂をはじめ、発足メンバーが社会科教育研究を専門としていたため、本研究会には社会科教育研究者・実践者が数多く参加しているが、言語教育や音楽教育、授業研究、カリキュラム研究、教育政策、教育社会学、外国人児童生徒教育など、多様な研究領域の研究者・実践者も参加し、学際的な多文化教育研究を重ねてきている。本書は、その多くの参加者の中で、特に社会科という教科に焦点を当てて研究している者を中心に執筆に当たった。
　森茂が、1991 ～ 92 年度にかけて文部省の科学研究費補助金「社会科における多文化教育の比較研究」（課題番号：03680259）を取得し、その最終年度の研究に、当時博士後期課程に進んだ川﨑と、前期課程に入学した桐谷が参加することになった。この 3 名をメンバーとする研究プロジェクトが、多文化教育研究会の出発である。
　当時は、多文化教育研究への注目はそれほど高くなく、展開されていた研究も、各国の多文化教育の歴史、現状、理念、政策などの分析検討が中心であり、教科教育やカリキュラム、授業実践に焦点を当てたものはほとんど存在しなかった。1980 年に森茂が、いち早く社会科における多文化教育に着目し、その意義を論じた。10 年後、川﨑が森茂に続き、社会科教育における多文化教育に関する研究の土台が形成された。その後、他教科における多文化教育研究に関心をもつ者が研究会に集い、研究・実践の広がりを見せた。

西日本に京都大学を中心とした多文化教育研究会があると聞くが、こちらは比較教育学や教育制度学などの教育基礎学系を主としていたのに対し、本研究会は、教育応用学ともいえる教科教育学や授業研究、カリキュラム研究を中心に、新しい研究を切り拓くことを企図してきた。

　多文化教育は、「一国内や一地域内の多様なものの共存」をテーマに据えた教育改革運動・思想・実践である。本書で一貫して述べたように、従来の教育を、「多様性・社会正義・公正」を尊重したものにどのように変革していくか、その一点に多文化教育のねらいはあるのである。したがって研究会では多文化教育を本質的にとらえるのではなく、「あるべき多文化教育」を考え続ける、というスタンスで25年間歩んできた。

　本書は、社会科を念頭に置いた多文化教育の理論研究、授業実践の分析解釈をもとにした多文化教育の理論研究、社会科における多文化教育の授業実践の研究、北米における多文化教育の展開に関する分析的研究などからなっている。多文化教育について、具体的な授業展開を想定してそれぞれが論じられている。これが本書のほかにはない際立った特徴と言えるだろう。理論研究にはもちろんのこと、実践研究に対しても忌憚のないご意見、ご批判を期待する次第である。本書が、社会科における多文化教育の研究と実践に携わる者にとって一つの指針となることを願ってやまない。

　本書の出版、およびそのもとになった実践と研究に対し、公益財団法人公文国際奨学財団から国際教育関係団体助成を受けた。本研究会のような小さな研究会の活動に理解と支援を賜った同財団に感謝申し上げたい。

　末筆ではあるが、出版事情の厳しい中、本書の公刊を快く引き受けて下さった明石書店の大江道雅社長、および本書を丁寧に編集してくださった小林一郎さんに心から感謝申し上げたい。

2019年4月

編集委員
森茂　岳雄
川﨑　誠司
桐谷　正信
青木香代子

索　引

18 歳選挙権 …………………………… 210
3F（アプローチ）………………… 18, 20, 200

Diversity Studies ……………………… 113
Equity Studies ………………………… 113
ESL（English as a Second Language）クラス 16
LGBT …………………………………… 75
Multicultural citizenship ………… 146, 162
NACC ………………………………… 252
WASP（White Anglo-Saxon Protestant）…… 97
Western Canadian Protocol（WCP）……… 273

【あ】
アイデンティティ ………… 28-29, 60-62, 67-68,
　　　　70-75, 96, 236, 259, 261-262, 266,
　　　　268-270, 274, 281
　社会的アイデンティティ ……………… 24-25
　集団的アイデンティティ ………………… 236
　複合的アイデンティティ ……………… 61-62
　文化的アイデンティティ ………………… 268
「愛と哀しみのサハリン」………………… 202
アイヌ新法 ……………………………… 6, 77
アイヌ（民族）……………… 62, 75-77, 95, 106
アジア系アメリカ人 ……………………… 14
アグオン（K. B. Aguon）………………… 260
アクション・シヴィックス（Action Civics）
　　　　246-247, 249, 250-251, 253-256
アコモデーション（調整）………………… 283
アース・フォース（Earth Force）………… 253
新しい社会史（New Social History）…… 97-98,
　　　　100, 105-106
アフリカ系アメリカ人 …………………… 14
アメリカ先住民 ……………… 98, 100, 104
アライ …………………………………… 26

移住／移民 ………………………… 67, 76
移住・移民の歴史 ………………………… 205
意思決定 ………………………………… 76
石山文彦 ………………………………… 236
池野範男 ………………………………… 186
一般命題 ……………………………… 64-65
伊藤充代 ………………………………… 121
異文化コミュニケーション ……………… 76
異文化の受容 …………………………… 145
異文化理解 ………………… 53, 86, 92, 200
移民 ………… 14-15, 32, 42-43, 60-62, 66, 69, 73,
　　　　75-76, 87-92, 97-98, 104, 107, 260, 273
夷酋列像 ………………………………… 76
刺青 ……………………………………… 147
インターカルチュラリズム ……………… 283
インバウンド誘致戦略 …………………… 146
ウェイド（R. Wade）…………………… 249
ウェストハイマーとカーニ（Westheimer &
　Kahne）………………………… 251, 254
営業活動の自由 ………………………… 148
「HTB セレクションズ　中国残留孤児訴訟が
　結審　残留孤児の思いとは」…………… 134
「NNN ドキュメント　戦争孤児たちの遺言
　地獄を生きた 70 年」…………………… 133
蝦夷錦 …………………………………… 76
大岡栄美 ………………………………… 274
大きな観念 …………………………… 64, 74
太田満 …………………………………… 62
オカシオ＝コルテス（A. Ocasio-Cortez）… 5
オスラー（A. Osler）…………………… 28
オセアニア州 ……………………… 147, 185
織田雪江 …………………………… 62, 86-87
オールドカマー …… 163-164, 171, 199-201, 218

【か】

外国人観光客……………………………… 146
外国人児童生徒教育……………… 45-46, 50, 53
外国につながる子どもたち………………… 197
概念的多文化カリキュラム → 「多文化カリキュラム」を参照
開発教育……………………………………… 61
華僑…………………………………………… 205
学習指導要領……… 74-75, 77, 81-82, 84, 91, 96, 130, 145
　新学習指導要領………………… 32, 74, 82-83
家族………………………… 213-214, 216-217
「語り継ぐ、神戸空襲の記憶——神戸空襲を記録する会・石野早苗さん」……………… 133
「学校における外国人児童生徒等に対する教育支援の充実方策について」（報告）………… 45, 51-52, 54
合衆国史……………………………………… 97
合衆国史カリキュラム………………… 96-97
葛藤…………………………………………… 75
カナディアン………………………………… 274
カナディアン・シティズンシップ…… 275, 281
カラー・ブラインド………………………… 34
カラー・コンシャス………………………… 35
カリキュラム改革（Curriculum Reform）…… 96
カリキュラム規範（カノン）……………… 21
カリキュラムスタンダード……………… 263
カルスーニース（T. Kaltsounis）………… 236
川﨑誠司……………………………………… 178
寛容…………………………………………… 76
キー概念………………………… 33, 62, 64, 74
岸田由美……………………………………… 274
木村真冬………………………………… 85-86
「逆向き設計」論………………………… 165-166
教育再生実行会議第9次提言（第9次提言）………………………… 45, 51-52, 54
教科横断型単元…………………………… 165
共生…………………………………………… 76
協働的な課題解決………………………… 150
協力…………………………………………… 76
桐谷正信……………………………………… 92
グアム………………… 259-261, 263-264, 266, 269
空間的相互依存作用…………………… 75, 84
グッドマン（D. J. Goodman）…… 5, 24-26, 208
『クラスメートは外国人』………………… 202
グローバル化…… 32, 41-42, 60-61, 81-82, 84, 95, 145, 163, 180, 227
グローバル教育……………………… 61, 236
グローバル資本主義……………………… 61
グローバルな正義（global justice）…… 61, 63
血統主義…………………………………… 214
公共の福祉………………………………… 148
貢献アプローチ……………………… 21, 63, 96
公正……… 14-15, 18, 27-29, 37, 43, 57, 61-62, 69, 76, 106, 110-111, 114
公正教育学…………………………… 112-114
公正・公平………………… 147-148, 158, 160
公正的な判断……………………………… 76
合理的配慮………………………………… 77
　合理的な判断…………………………… 76
小林哲也…………………………………… 44
構造的な変革（systemic change）…… 252, 256
構築主義…………………………………… 34
公的知識（official knowledge）………… 36
公民教育……………………………… 41, 111
公民科………………………… 214, 221-222, 224
公民権運動…………… 14, 18, 33, 35, 97-98, 261
公民としての資質・能力………………… 32
国際人権規約……………………… 216, 219
国際理解教育……………………… 61, 200
黒人………………………………………… 98
国籍…… 24-25, 213-216, 218-222, 224, 226-227
国籍取得制限……………………… 213-214
国籍法……………………………… 215, 217
国民統合………………………………… 60, 103
小嶋祐伺郎………………………………… 61
個人の尊重……………………………… 148
コスモポリタニズム………………… 61, 76

児玉奈々……………………………… 274
「孤独なツバメたち──デカセギの子どもに生まれて」……………………………… 187
子どもの声（student voice）…… 252, 254, 256
コリアンタウン……………………………… 76
ゴルスキー（P. C. Gorski）……………… 119
コルテス（C. E. Cortes）………………… 233
コロニアリズム……………………………… 76
コロンブス……………………………… 265

【さ】

サービス・ラーニング（Service-Learning, SL）
　……………………………… 249–250
在住外国人……………………………… 160
在日外国人（問題）……… 44, 50-51, 62, 75, 77, 85–87, 92, 182, 197
在日外国人教育……………………… 198–199
在日韓国・朝鮮人……………………… 44, 95
在日朝鮮人教育……………………… 198–199
在日朝鮮人子弟の教育に関する文部事務次官通達……………………………… 45–47, 50
在日コリアン……………………………… 197
在留外国人統計……………………………… 76
差別……… 14, 16, 18-19, 22, 24-25, 27, 34, 37, 41, 44, 51, 61, 65, 69, 75, 106
差別・排外意識の克服………………… 207
差別・抑圧構造……………………………… 200
参加……………………………… 76
参加型民主主義……………………… 220, 228
シアーズ（A. Sears）……………………… 275
塩原良和……………………………… 199
志賀照明……………………………… 86–87
持続可能性……………… 181, 187, 189, 194
持続可能な発展……………………………… 76
自尊心……………………………… 76
シティズンシップ……………… 32, 263-264, 270
シティズンシップ教育……… 67, 246, 259, 273–276
　多文化シティズンシップ教育…………… 28
自文化中心主義（的）………… 39-40, 42, 146

島村勲……………………………… 182
自民族中心主義……………………… 21, 65, 75
市民的資質（citizenship）……………… 97, 99
市民的資質教育（citizenship education）236–237
市民的資質の育成……………………… 145
市民としてのエンパワメントの格差（civic empowerment gap）……………………… 250
指紋押捺制度……………………………… 77
社会科……………………………… 275
社会化……………………………… 75
社会行動アプローチ（The Social Action Approach）……………………………… 64
社会史アプローチ……………………………… 99
社会正義（social justice）……… 14, 18, 22, 24, 26–28, 33, 41, 57, 60, 70–73, 76, 232–234, 236–238, 243, 246–249, 251, 254, 257
社会正義のための教育……… 16, 20, 24, 26–28
社会正義の背景……………………………… 236
社会的抗議……………………………… 65, 75
社会的なアイデンティティ →「アイデンティティ」を参照
社会的な特権……………………………… 183
社会的マイノリティ →「マイノリティ」を参照
シャクシャインの戦い／シャクシャインの蜂起……………………………… 76, 106
集合行動（collective action）　252–253, 255–256
集団殺戮学習（genocide studies）……… 72
集団的アイデンティティ →「アイデンティティ」を参照
『収容所監獄の子ども』（A Child in Prison Camp）……………………………… 67
主体的・対話的な学習活動……………… 160
出入国管理及び難民認定法及び法務省設置法の一部を改正する法律（出入国管理法）　6, 107
シュレジンガー Jr.（A. M. Schlesinger, Jr.）104
障がい者……………………… 16, 24–25, 75, 77
障害者差別解消法……………………………… 77
植民地主義……………………………… 262
　新植民地主義……………………………… 61

女子差別撤廃条約……………………… 77
女性参政権請求………………………… 76
シリア難民……………………………… 77
新学習指導要領 →「学習指導要領」を参照
人権……………………………………… 76
人口学習…………………… 87, 89, 91, 93
人種差別… 17-20, 24, 27, 44, 65, 75-76, 97, 237
人種主義………………………… 33-35, 37
人種的・民族的多様性 →「多様性」を参照
人種的マイノリティ →「マイノリティ」を参照
人種・民族的マイノリティ →「マイノリティ」を参照
新植民地主義 →「植民地主義」を参照
『親友録』……………………………… 202
ステレオタイプ …………… 27, 35, 75-76, 200
スリーター（C. Sleeter）…………… 60, 62, 68
スリーターとグラント（Sleeter & Grant）…… 16, 18, 24
生活文化………………………… 81-86, 145
正義……………………………… 23, 60-62
性差別…………………………………… 75
政治参加………………………………… 100
生地主義………………………………… 214
世界の様々な地域……………………… 82, 147
全国在日外国人教育研究協議会……… 199
全国在日朝鮮人教育研究協議会……… 199
全国水平社……………………………… 76
先住民社会……………………………… 70
先住民（族）…… 35, 72, 75, 85, 88-91, 95, 146
先住民学習…………………………… 72-73
戦争孤児…………………………… 5, 131
全米社会科協議会…………………… 127
全米多文化教育学会………………… 57, 114
相互依存………………………………… 76
想像力………………………………… 228
孫美幸…………………………………… 62

【た】
『大統領命令第 9066 号――日系人 11 万人の強制収容』………………………………… 67
多角的・多面的思考…………………… 76
多からなる――（E Pluribus Unum）……… 269
多国籍化……………………………… 213
多言語広報誌…………………………… 76
多元的なアイデンティティ →「アイデンティティ」を参照
多元的・複合的アイデンティティ →「アイデンティティ」を参照
脱構築………… 24, 26, 37, 43, 62, 77, 183, 185
脱植民地化……………………………… 62
田渕五十生……………………………… 163
多文化化……… 41, 82, 85, 92-93, 107, 180, 214, 217, 259-260
多文化カリキュラム…………… 68, 74, 77, 183
　多文化カリキュラム改革のアプローチ…… 63
　　貢献アプローチ…………………… 63
　　付加アプローチ…………………… 63
　　変換アプローチ………………… 63, 96
　　社会行動アプローチ……………… 64
　概念的多文化カリキュラム……… 64, 68
　多文化カリキュラム・デザイン手順……… 64
　多文化カリキュラムのキー概念……… 65
多文化教育………… 14-24, 27-29, 32-35, 37-38, 41, 43, 44-45, 50, 54, 57, 60-64, 67-69, 74, 76-77, 92-93, 96-98, 104, 146, 186, 219, 236, 273, 275-276
多文化教育ガイドライン…………… 127
多文化教育政策………… 44-46, 50-52, 54-55
多文化教育センター…………………… 67
多文化教育のカリキュラム開発……… 61, 69
多文化共生…… 32, 37-39, 41-43, 53, 62, 85-87, 163-166, 172, 174, 176-178, 180, 198
多文化共生教育…………………… 45, 198
多文化共生社会… 40-42, 50, 181-182, 194, 198
多文化共生推進プラン……………… 181
多文化共生都市ビジョン…………… 191
多文化シティズンシップ教育…………… 28
多文化社会……… 32-33, 40-43, 67, 82-85, 95,

　　　　　　　　　101, 104–105, 107, 151, 158, 160, 213
多文化・社会正義のための教育………　16–18
多文化主義……　33, 60, 71, 83–84, 98, 101, 105,
　　　　　　　　　151, 236, 272–273, 275
　批判的多文化主義………………………　18, 77
　リベラル多文化主義……………………　77
多文化的歴史カリキュラム………　96–97, 105
多文化法教育…………………… 232–237, 244
多文化リテラシー…………………………　21
多民族学習……………………………… 62, 78
多様性……　15–16, 18–19, 21–23, 27–28, 33–34,
　　　　　　39–42, 44, 57, 67, 69, 74, 76, 81–87, 91–93,
　　　　　　95–98, 101–105, 107, 110, 181, 247, 275
　人種的・民族的多様性…………………　113
　文化的多様性……　15, 23, 57, 61, 69, 75, 86–87,
　　　　　　　　　145–146, 160, 237, 263, 266–267, 274
　民族的多様性………………………… 65–66
多様性の中の統一／多からなる一（E Pluribus
　Unum）………………………………… 105
地域社会の一員…………………………… 182
地域の在り方……………………………… 195
地域の課題………………………………… 181
地域紛争…………………………………… 77
地球市民…………………………………… 70
千葉誠治………………………………… 163
地理教育……　41, 81–83, 85, 87, 92–93
チャモル・ネイション…………………… 261
チャモロ……… 259–261, 264, 266–267, 269–270
中国帰国者………………………………… 132
中国残留孤児…………………………… 5, 131
調査月報………………………………… 45–47
地理的認識…………………………… 81, 145
地理的分野……………… 82, 84, 86, 145, 160
テイラー（C. Taylor）…………………… 282
抵抗………………………………………… 75
帝国主義…………………………………… 76
伝統や文化、宗教に関する学習………… 145
統一性…………………………… 101–105, 107
東京オリンピック………………………… 146

同化……………………… 95, 97, 101, 106
同化圧力………………………………… 16
同化主義……………………………… 33, 272
同化政策…………………………… 47, 50, 53
同時多発テロ……………………………… 77
同心円拡大主義………………………… 265
同胞意識………………………………… 236
同和対策審議会答申……………………… 77
同和地区出身者……………………… 75, 77
特権（性）……　18, 22, 24, 34–39, 41–43, 62,
　　　　　　　　　　　　　　　　　75–77, 209
特権集団……………………………… 24–25
『トパーズへの旅』（Journey to Topaz）…… 67
トムキンズ（G. S. Tomkins）………… 275
渡来人…………………………………… 62
トライアンギュレーション…………… 164
トランスジェンダー…………………… 24–25

【な】
長田健一……………………………… 249
永田成文…………………………… 85–86
中村水名子…………………………… 61
中山京子…………………………… 62, 163
ナショナル・アイデンティティ……… 104
難民………………………………… 62, 76
ニエト（S. Nieto）…………… 18–20, 24, 27–28
ニエトとボード（Nieto & Bode）…… 20–21
日系アメリカ人の強制収容…………… 66
日系人…………………………… 67, 185
日系ブラジル人…… 76, 184, 187, 190–191, 195
日韓基本条約………………………… 45–47
「日本人」vs.「外国人」………………… 147
日本人性………………… 38–39, 42–43, 75, 208
日本人ブラジル移民…………………… 76
ニューカマー…………… 163–164, 171, 178, 181,
　　　　　　　　　　　　　　　199–201, 218

【は】
ハイブリディティ…………………………… 62

ハイブリッド化	260	文化衝突	85-86, 92
バイリンガル教育法	15	文化多元主義	33, 85-86, 260-261, 273
バイリンガル・バイカルチュラル教育法	15	文化的アイデンティティ →「アイデンティティ」を参照	
白人性	33-37, 41, 77		
白人性研究	18, 33-34, 38, 77	文化的差異	69
長谷部恭男	228	文化的多様性 →「多様性」を参照	
パーカー（W. C. Parker）	236	文化的に対応力のある授業（culturally responsive teaching）	3
パフォーマンス課題	164-165, 167-169		
パフォーマンス評価	164	文化的リテラシー	233
浜松市多文化共生都市ビジョン	181	文化同化	75
『パラダイス日本』	202	文化の衝突	160
バンクス（J. A. Banks）	28-29, 63, 68, 75, 96, 112, 127, 130	文化本質主義 →「本質主義」を参照	
		文化変容	75
反人種主義（教育）	18, 28	文化摩擦	75
ヒスパニック（系）	5, 14	文化融合	86, 89-90, 93
ピクトグラム	5, 163-167, 169, 172-174, 176-178	紛争	75
		ヘイトスピーチ	198
批判的教育学	18, 20, 23	平和維持活動	77
批判的思考	76	ベル（L. A. Bell）	26
批判的人種理論	18, 26, 34-37	ベル（D. Bell）	35
批判的多文化主義 →「多文化主義」を参照		変換アプローチ	62-63, 96-97
批判理論	18, 23, 33	偏見	16, 18, 34-35, 41, 44, 50-51, 54, 61, 65, 67, 69, 75
表現の自由	148		
平等	14-18, 20, 27, 37, 43, 76, 110	法教育	232, 236-238, 240, 243-244
フィリピン（人）	215-216, 218, 220	法的実践能力	234
深い多様性	281-282	法的リテラシー	232-234
複合的アイデンティティ →「アイデンティティ」を参照		訪日外国人	146
		法の下の平等	213-214
藤原孝章	61	法令違憲判断	214
ブシャール（G. Bouchard）	283	ポスト構造主義	33-34
フックス（B. Hooks）	19	ポストコロニアル	270
ブラウン判決	14, 115, 240-243	「火垂るの墓」	135
部落解放運動	76	ボリウッド（Bolly wood）	89
フリーマン（A. Freeman）	35	彫り物	147
ブリティッシュ・コロンビア州（BC 州）	69	本質主義（的）	33-34, 200
プレッシー判決	115-118	文化本質主義	39
文化遺産	75	ホワイトネス研究	18
文化間教育運動	15-16	本質的な問い（Essential Questions）	166
文化混交	75		

【ま】

マイクロアグレッション……………… 208
マイノリティ…… 15-16, 18, 28, 33, 36-40, 43,
　　　　　　　　　　54, 61, 68-69, 75,
　　92-93, 95-96, 98, 100-101, 106, 145, 213, 246
　社会的マイノリティ……………………… 95
　人種的マイノリティ……………………… 36
　民族的マイノリティ… 65, 88, 91, 98, 100, 106
マイノリティの対抗的な語り…………… 78, 210
マオリ族……………………………………… 146
マジョリティ…………38-42, 44, 53-54, 61-62, 64,
　　　　　　　68, 75, 77, 91-93, 95-96, 105-107, 209
　マジョリティ集団………………………… 61
　マジョリティの意識（価値）変革…… 162-163,
　　　　　　　　　　　　　　　　　178, 199
　マジョリティの特権……………………… 209
松尾知明…………………………………… 162, 208
『まんが　クラスメートは外国人』………… 202
民主主義…………………………… 67, 76, 275
民主主義社会……………………… 22, 27, 272, 274
民族遺産研究振興法………………………… 14
民族研究運動………………………………… 14
民族の多様性　→「多様性」を参照
民族的マイノリティ　→「マイノリティ」を参照
民族紛争……………………………………… 77

メーキング・スペース………………… 69-70, 74
メタ認知…………………………… 162-163, 178
メルティング・ポット………………… 97, 260
森茂岳雄……… 91, 93, 145, 162, 183, 199, 209

【や】

山崎めぐみ………………………………… 62
山本芳美…………………………………… 149
『有刺鉄線の中で――ある日系男性の強制収容』
　……………………………………………… 67
抑圧…………………… 18-19, 24-29, 61, 64, 77
吉水裕也………………………………… 85-86
ヨーロッパ系アメリカ人………………… 21

【ら】

ラドソン-ビリングズ（G. Ladson-Billings）35-36
リベラル多文化主義　→「多文化主義」を参照
琉球民族…………………………………… 95
ルーブリック………………… 164-165, 167, 169
レヴィンソン（M. Levinson）… 247-248, 250
レジデンシャルスクール………………… 72
歴史カリキュラム………………………… 96
歴史教育………………………………… 41, 95
連帯………………………………………… 76

●編著者（50音順）

森茂岳雄（もりも・たけお）［まえがき、第1章、第4章、コラム3、あとがき］
中央大学
主要業績：『真珠湾を語る――歴史・記憶・教育』（共編著、東京大学出版会、2011年）、『多文化教育をデザインする――移民時代のモデル構築』（分担執筆、勁草書房、2014年）、『日本人と海外移住――移民の歴史・現状・展望』（共編著、明石書店、2018年）。

川﨑誠司（かわさき・せいじ）［コラム1、第7章、あとがき］
東京学芸大学
主要業績：『ひとを分けるもの つなぐもの』（分担執筆、ナカニシヤ出版、2005年）、『多文化教育とハワイの異文化理解学習 ――「公正さ」はどう認識されるか』（ナカニシヤ出版、2011年）、『初等社会科教育』（分担執筆、ミネルヴァ書房、2018年）。

桐谷正信（きりたに・まさのぶ）［第6章、コラム5、あとがき］
埼玉大学
主要業績：『アメリカにおける多文化的歴史カリキュラム』（東信堂、2012年）、『「公民的資質」とは何か――社会科の過去・現在・未来を探る』（分担執筆、東洋館出版社、2016年）、「グローバル社会における多文化的社会科教育」日本社会科教育学会『社会科教育研究』No.134（2018年）。

青木香代子（あおき・かよこ）［第1章、コラム2・4、あとがき］
茨城大学
主要業績：「海外日本語教師アシスタント実習プログラムにおける異文化間能力――日本人性に着目して」異文化間教育学会『異文化間教育』47（2018年）、「海外体験学習プログラムを体験した学生はどのように日本、派遣国、自己を見ているか――参加学生の記述に見られた「日本人性」をめぐって」『茨城大学全学教育機構論集　グローバル教育研究』第1号（2018年）、「アメリカにおける社会正義のための教育の可能性――多文化教育の批判的検討を通して」『茨城大学全学教育機構論集　グローバル教育研究』第2号（2019年）。

●執筆者（50音順）

磯山恭子（いそやま・きょうこ）［第 14 章］
静岡大学
主要業績：『テキストブック　わたしたちと法——権威、プライバシー、責任、そして正義』（共訳、現代人文社、2001）、『小学校の法教育を創る——法・ルール・きまりを学ぶ』（共編著、東洋館出版社、2008）、『21 世紀の教育に求められる「社会的な見方・考え方」』（分担執筆、帝国書院、2018）。

太田満（おおた・みつる）［第 8 章］
共栄大学
主要業績：「多民族学習としての小学校歴史学習——アイヌ史の位置づけを中心に」日本社会科教育学会『社会科教育研究』No.117（2012 年）、「多文化共生社会で求められる小学校歴史学習の内容構成—— J. A. バンクスの変換アプローチを手がかりに」社会系教科教育学会『社会系教科教育学研究』第 27 号（2015 年）、「サハリン残留・帰国者学習の教材開発」『共栄大学研究論集』第 17 号（2019 年）。

木村真冬（きむら・まふゆ）［第 9 章］
お茶の水女子大学附属中学校
主要業績：「"豊かさ"を考える地理的分野の導入的学習」『お茶の水女子大学附属中学校紀要』第 40 集（2011 年）、『平成 29 年度改訂中学校教育課程実践講座　社会』（分担執筆、ぎょうせい、2018 年）。

久保園梓（くぼぞの・あずさ）［第 15 章］
筑波大学大学院
主要業績：「アメリカにおける「子どもの声」を基盤にした市民性教育の意義——プロジェクト・ソープボックスを事例として」日本公民教育学会『公民教育研究』25 号（2018 年）、『21 世紀の教育に求められる「社会的な見方・考え方」』（分担執筆、帝国書院、2018 年）。

坪井龍太（つぼい・りゅうた）［第 13 章］
大正大学
主要業績：「ハンセン病医療の歴史を学ぶことを通じて生命倫理学を教職課程で活かす試み」日本生命倫理学会『生命倫理』vol.26、No.1（2016 年）、「大学の教養教育としての法学教育における「更生保護」からのアプローチの試み」日本更生保護学会『更生保護学研究』第 9 号（2016 年）、「特別支援学校における選挙学習の主権者教育への発展可能性」法と教育学会『法と教育』Vol.8（2018 年）。

坪田益美（つぼた・ますみ）［第 17 章］
東北学院大学
主要業績：「「社会的結束」に取り組むカナダ・アルバータ州の社会科カリキュラムの構造——『深い多様性』の尊重と「多様性の調整」に着目して」全国社会科教育学会『社会科研究』第 77 号（2012 年）、「カナダにおけるシティズンシップ教育の動向——「社会的結束」の重視に着目して」日本カナダ学会『カナダ研究年報』第 33 号（2013 年）、「多文化共生社会に向けた社会科の単元構成の枠組み—— "Issues Focused Approach" の可能性」日本社会科教育学会『社会科教育研究』No.125（2015 年）。

津山直樹（つやま・なおき）［第 10 章］
中央大学大学院
主要業績：「相互理解におけるステレオタイプ変容プロセスの臨床的検討——日中大学院生の対話交流のナラティヴ・アプローチ分析を通して」日本国際理解教育学会『国際理解教育』Vol.19（明石書店、2013 年）、『大学における多文化体験学習への挑戦——国内と海外を結ぶ体験的学びの可視化を支援する』（分担執筆、ナカニシヤ出版、2018 年）、「教室型実践における異文化間能力育成——国際バカロレアに基づいた中学校社会科での育成プロセスを事例に」異文化間教育学会『異文化間教育』47（2018 年）。

中澤純一（なかざわ・じゅんいち）［第 11 章］
浜松学院中学校／中央大学大学院
主要業績：「中大連携による国際理解教育の試み」『浜松学院大学研究論集』第 5 号（共著、2009 年）、「中学校社会科地理的分野における「参加型学習」の導入の試み——世界の諸地域・アジア州を中心として」浜松学院大学『教職センター紀要』2 号（2013 年）、「参加型学習を取り入れた権利の保障と公共の福祉における教材開発」『中学校 社会科のしおり』（帝国書院、2018 年）。

中山京子（なかやま・きょうこ）［第 16 章］
帝京大学
主要業績：『先住民学習とポストコロニアル人類学』（御茶の水書房、2012 年）、『グアム・サイパン・マリアナ諸島を知るための 54 章』（編著、明石書店、2012 年）、『グアム・チャモロダンスの挑戦——失われた伝統・文化を再創造する』（明石書店、2018 年）。

福山文子（ふくやま・あやこ）［第 3 章］
専修大学
主要業績：『「移動する子どもたち」の異文化適応と教師の教育戦略』（八千代出版、2016 年）、「「移動する子どもたち」の教育支援政策の課題と可能性——政府関連報告書を国際理解教育の視点から読み解く」日本国際理解教育学会『国際理解教育』Vol.24（2018 年）、「考え・議論する道徳科の指導法——『正答』を『引き出す』授業から意見表明権に基づく『委ねる』授業へ」『専修大学人文科学研究所月報』第 296 号（2018 年）。

松尾知明（まつお・ともあき）［第 2 章］
法政大学
主要業績：『多文化共生のためのテキストブック』（明石書店、2011 年）、『多文化教育がわかる事典——ありのままに生きられる社会をめざして』（明石書店、2013 年）、『多文化教育の国際比較——世界 10 カ国の教育政策と移民政策』（明石書店、2017 年）。

宮崎沙織（みやざき・さおり）［第 5 章］
群馬大学
主要業績：「カリフォルニア州における環境リテラシー育成のための社会科プログラム——環境の原理に基づく学習内容の再構成に着目して」日本社会科教育学会『社会科教育研究』No.108（2009 年）、「アメリカ社会科における環境リテラシーの構造——北米環境教育連盟ガイドラインの分析を通して」中等社会科教育学会『中等社会科教育研究』第 30 号（2012 年）、『21 世紀に求められる「社会的な見

方・考え方」』(分担執筆、帝国書院、2018年)。

山根俊彦(やまね・としひこ)[第12章]
神奈川県立横浜青陵高等学校／横浜国立大学大学院
主要業績:『この差別の壁をこえて――私たちと朝鮮』第2集(分担執筆、公人社、1992年)、『神奈川の中の朝鮮――歩いて知る朝鮮と日本の歴史』(分担執筆、明石書店、1998年)、『まんがクラスメイトは外国人――多文化共生20の物語』(分担執筆、明石書店、2009年)。

社会科における多文化教育
―― 多様性・社会正義・公正を学ぶ

2019年6月20日　初版第1刷発行

編著者　　森　　茂　　岳　　雄
　　　　　川　　﨑　　誠　　司
　　　　　桐　　谷　　正　　信
　　　　　青　　木　　香代子

発行者　　大　　江　　道　　雅
発行所　　株式会社　明　石　書　店
〒101-0021 東京都千代田区外神田6-9-5
　　　　　　　　　電話　03 (5818) 1171
　　　　　　　　　FAX　03 (5818) 1174
　　　　　　　　　振替　00100-7-24505
　　　　　　　　　http://www.akashi.co.jp

組　版　　有限会社秋耕社
装　丁　　明石書店デザイン室
印刷・製本　モリモト印刷株式会社

(定価はカバーに表示してあります)　　ISBN978-4-7503-4859-9

〈出版者著作権管理機構　委託出版物〉
本書の無断複製は著作権法上での例外を除き禁じられています。複製される場合は、そのつど事前に、出版者著作権管理機構（電話 03-5244-5088、FAX 03-5244-5089、e-mail : info@jcopy.or.jp）の許諾を得てください。

異文化間教育学大系【全4巻】

異文化間教育学会【企画】
◎A5判／上製／◎各巻3,000円

第1巻 異文化間に学ぶ「ひと」の教育
小島勝、白土悟、齋藤ひろみ【編】

海外子女、帰国児童生徒、留学生、外国人児童生徒など異文化間教育学が対象としてきた「人」とその教育に焦点をあてる。

第2巻 文化接触における場としてのダイナミズム
加賀美常美代、徳井厚子、松尾知明【編】

家族、小・中・高等学校、大学、外国人学校、地域など異文化間教育が展開する場に焦点をあて、これまで蓄積してきた成果をレビューする。

第3巻 異文化間教育のとらえ直し
山本雅代、馬渕仁、塘利枝子【編】

アイデンティティ、差別・偏見、多文化共生、バイリンガルなど異文化間教育学会が主要な研究主題にしてきたもの取り上げる。

第4巻 異文化間教育のフロンティア
佐藤郡衛、横田雅弘、坪井健【編】

異文化間教育学の大系化や学的な自立の試み、新しい方法論や研究の試みなどを取り上げ、新たな異文化間教育学の手がかりを探る。

〈価格は本体価格です〉

アメリカ多文化教育の再構築 ―文化多元主義から多文化主義へ

松尾知明 著

■四六判／上製／216頁 ◎2300円

アメリカ多文化教育の動向を、文化多元主義から多文化主義への転換からとらえ、学校、教師、カリキュラムなど、多文化主義による教育再構築の可能性を探る。また、批判的エスノグラフィーや白人性研究など、多文化教育研究への新たな視座を拓く論考を収録。

● 内容構成 ●

第1部 多文化教育のパラダイム転換
第1章 文化多元主義から多文化主義へ
第2章 文化概念の再考
第3章 「白人性」への問いと多文化教育

第2部 多文化教育とカリキュラム
第4章 高等教育カリキュラムと多文化主義
第5章 初等中等教育カリキュラムと多文化主義
第6章 多文化主義の視点に立つカリキュラム構築

第3部 多文化教育と教育政策、教師教育
第7章 多文化教育と学校改革
第8章 多文化教育政策の類型と動向
第9章 多文化教育と教師教育

第4部 多文化教育研究への新しい視座
第10章 多文化教育研究への視座
第11章 多文化教育研究と批判的エスノグラフィー

アメリカ多文化教育の理論と実践 ―多様性の肯定へ

【世界人権問題叢書69】

ソニア・ニエト 著
太田晴雄 監訳
フォンス智江子、高藤三千代 訳

■四六判／上製／868頁 ◎9500円

単一文化・単一言語を推進するアメリカの教育現場において、多様な背景をもった生徒たちの文化・言語を尊重する多文化教育の重要性を訴えてきた著者が、子どもへの膨大なインタビューを手がかりとして、多様性を認めあうことの意義と、新しい教育の形を探る。

● 内容構成 ●

第1部
第1章 ステージ設定――アプローチと定義
第2章 なぜケース・スタディ・アプローチを用いるのか
用語について

第2部 社会政治的文脈における多文化教育――理論的枠組みの展開
第3章 レイシズム、差別、生徒に対する期待
第4章 学校の構造的・組織的な問題
第5章 文化、アイデンティティ、学び
第6章 米国の学校における言語的多様性
第7章 学業達成についての考察
第8章 多文化社会における教育と学習に関する多様性の意味

第3部
第9章 生徒から学ぶ
第10章 多文化教育と学校改革
第11章 多様性の肯定――教員、学校、家庭への影響
多文化教育の実践

〈価格は本体価格です〉

異文化間教育
文化間移動と子どもの教育
佐藤郡衛著
◎2500円

異文化間葛藤と教育価値観
日本人教師と留学生の葛藤解決に向けた社会心理学的研究
加賀美常美代著
◎3000円

多文化共生論
多様性理解のためのヒントとレッスン
加賀美常美代編著
◎2400円

多文化社会の偏見・差別
形成のメカニズムと低減のための教育
加賀美常美代、横田雅弘、坪井健、工藤和宏編著 異文化間教育学会企画
◎2000円

多文化共生のための異文化コミュニケーション
原沢伊都夫著
◎2500円

対話で育む多文化共生入門
ちがいを楽しみ、ともに生きる社会をめざして
倉八順子著
◎2200円

多文化教育がわかる事典
ありのままに生きられる社会をめざして
松尾知明著
◎2800円

異文化間を移動する子どもたち
帰国生の特性とキャリア意識
岡村郁子著
◎5200円

教師と人権教育
公正、多様性、グローバルな連帯のために
オードリー・オスラー、ヒュー・スターキー著
藤原孝章、北山夕華監訳
◎2800円

民主主義と多文化教育
グローバル化時代における市民性教育のための原則と概念
ジェームズ・A・バンクス著
平沢安政訳
明石ライブラリー 87
◎1800円

多文化教育の国際比較
世界10カ国の教育政策と移民政策
松尾知明著
◎2300円

多文化共生のためのテキストブック
松尾知明著
◎2400円

多文化共生キーワード事典【改訂版】
多文化共生キーワード事典編集委員会編
◎2800円

21世紀型スキルとは何か
コンピテンシーに基づく教育改革の国際比較
松尾知明著
◎2000円

ヒューマンライブラリー
多様性を育む「人を貸し出す図書館」の実践と研究
坪井健、横田雅弘、工藤和宏編著
◎2600円

自分の"好き"を探究しよう！
お茶の水女子大学附属中学校「自主研究」のすすめ
お茶の水女子大学附属中学校編
◎1600円

〈価格は本体価格です〉

まんが クラスメイトは外国人
多文化共生 20の物語
「外国につながる子どもたちの物語」編集委員会編
◎1200円

まんが クラスメイトは外国人 入門編
はじめて学ぶ多文化共生
「外国につながる子どもたちの物語」編集委員会編
◎1200円

国際理解教育ハンドブック
グローバル・シティズンシップを育む
日本国際理解教育学会編著
◎2600円

シミュレーション教材「ひょうたん島問題」
多文化共生社会ニッポンの学習課題
藤原孝章著
◎1800円

学校と博物館でつくる国際理解教育
新しい学びをデザインする
中牧弘允、森茂岳雄、多田孝志編著
◎2800円

日系移民学習の理論と実践
グローバル教育と多文化教育をつなぐ
森茂岳雄、中山京子編著
◎6800円

社会科教育と災害・防災学習
東日本大震災に社会科はどう向き合うか
日本社会科教育学会編
◎2800円

日本人と海外移住
移民の歴史・現状・展望
日本移民学会編
◎2600円

多文化社会アメリカにおける国民統合と日系人学習
森茂岳雄編著
◎8800円

批判的教育学事典
マイケル・W・アップル、ウェイン・アウ、ルイス・アルマンド・ガンディン編
長尾彰夫、澤田稔監修
◎25000円

アメリカ黒人女性とフェミニズム
ベル・フックスの「私は女ではないの?」
世界人権問題叢書73 ベル・フックス著 大類久恵監訳 柳沢圭子訳
◎3800円

イランカラプテ アイヌ民族を知っていますか?
先住権・文化継承・差別の問題
秋辺日出男、阿部ユポほか著 アイヌ民族に関する人権教育の会監修
◎2000円

世界はきっと変えられる
アフリカ人留学生が語るライフストーリー
山田肖子編 廣瀬桂子編集協力 廣瀬信明絵
◎2000円

入門 ハワイ・真珠湾の記憶
もうひとつのハワイガイド
矢口祐人、森茂岳雄、中山京子著
◎600円

グアム・サイパン・マリアナ諸島を知るための54章
エリア・スタディーズ 105
中山京子編著
◎2000円

グアム・チャモロダンスの挑戦
失われた伝統・文化を再創造する
中山京子著
◎2500円

〈価格は本体価格です〉

多文化社会ケベックの挑戦
ジェラール・ブシャール、チャールズ・テイラー編
竹中豊、飯笹佐代子、矢頭典枝訳
文化的差異に関する調和の実践 ブシャール＝テイラー報告
◎2200円

未来をつくる教育ESD
五島敦子、関口知子編著
持続可能な多文化社会をめざして
◎2000円

新たな時代のESD サスティナブルな学校を創ろう
永田佳之編著・監訳 曽我幸代編著・訳
世界のホールスクールから学ぶ
◎2500円

ユネスコスクール
小林亮著
地球市民教育の理念と実践
◎2400円

多文化共生政策へのアプローチ
近藤敦編著
◎2400円

移民政策のフロンティア
移民政策学会設立10周年記念論集刊行委員会編
日本の歩みと課題を問い直す
◎2500円

「移民国家日本」と多文化共生論
多文化都市・新宿の深層　川村千鶴子編著
◎4800円

多文化社会日本の課題
多文化関係学会編
多文化関係学からのアプローチ
◎2400円

多文化共生と人権
近藤敦著
諸外国の「移民」と日本の「外国人」
◎2500円

地球時代の日本の多文化共生政策
浅香幸枝編著
南北アメリカ日系社会との連携を目指して
◎2600円

多文化社会の教育課題
川村千鶴子編著
学びの多様性と学習権の保障
◎2800円

多様性を拓く教師教育
OECD教育研究革新センター編　斎藤里美監訳
布川あゆみ、本田伊克、木下江美、三浦綾希子、藤浪海訳
多文化時代の各国の取り組み
◎4500円

外国人と共生する地域づくり
牧里毎治監修
大阪・豊中の実践から見えてきたもの
とよなか国際交流協会編集
◎2400円

新 多文化共生の学校づくり
山脇啓造、服部信雄編著
横浜市教育委員会・横浜市国際交流協会協力
横浜市の挑戦
◎2400円

外国人の医療・福祉・社会保障 相談ハンドブック
移住者と連帯する全国ネットワーク編
◎2500円

外国人児童生徒受入れの手引[改訂版]
文部科学省総合教育政策局
男女共同参画共生社会学習・安全課編著
◎800円

〈価格は本体価格です〉